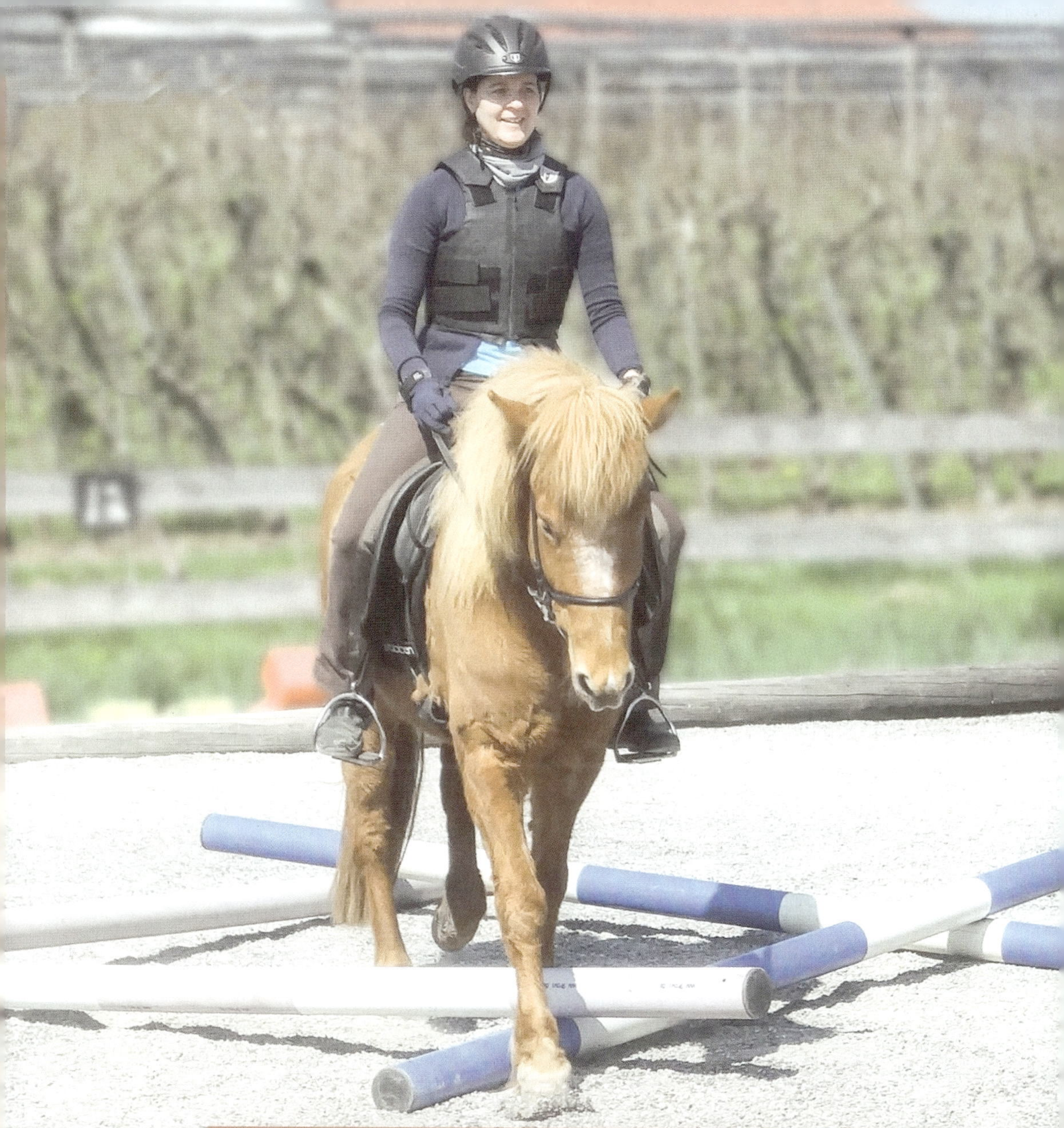

101 ÜBUNGEN FÜR DAS TÄGLICHE REITEN

Sonja Waggershauser

Centered Riding® Instructor Level III

Müller Rüschlikon

Impressum

Einbandgestaltung: R2 I Ravenstein, Verden

Titelfoto: Thomas Waggershauser
Fotos: Seite 13: Petra Decker www.designdecker.de,
Seite 16: Ulli Neddens
Alle anderen Fotos stammen von Thomas Waggershauser
und Hannah-Marie Härle
Die Grafiken wurden von Kerstin Diacont erstellt

ISBN 978-3-275-02250-2

Postfach 103743, 70032 Stuttgart
Ein Unternehmen der Paul Pietsch Verlage GmbH & Co. KG

1. Auflage 2022

Sie finden uns im Internet unter www.mueller-rueschlikon-verlag.de

Gesamtleitung: Claudia König
Innengestaltung: Kerstin Diacont
Druck und Bindung: Graspo CZ, 76302 Zlin
Printed in Czech Republic

Widmung & Autoreninfo

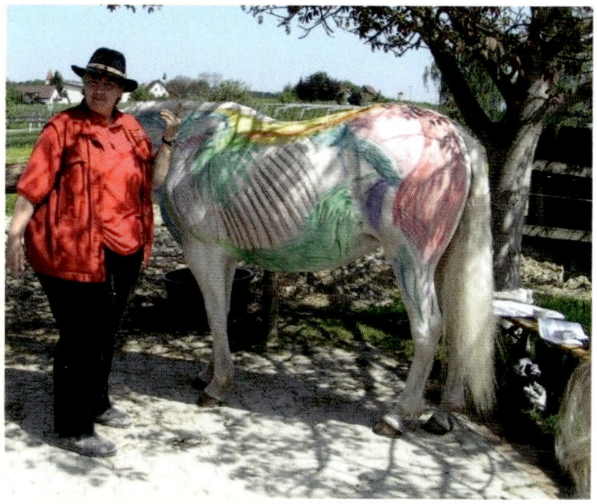

Meine liebe Freundin und Kollegin **Susan Harris** hat mich ermutigt, selbst ein Buch zu veröffentlichen. Eigentlich wollte ich sie bitten, mir ein Vorwort hierfür zu schreiben. Leider ist Susan im April 2021 nach einer schweren Krankheit verstorben. Darum möchte ich das Buch ihr widmen. Ihr ganzes Leben war den Pferden verschrieben, sie hat das Leben vieler Pferde entschieden verbessert, indem sie geduldig, stets positiv und unermüdlich deren Besitzern gezeigt hat, wie man zu guten Pferdemenschen wird. Vielen Dank dafür!

Sonja Waggershauser

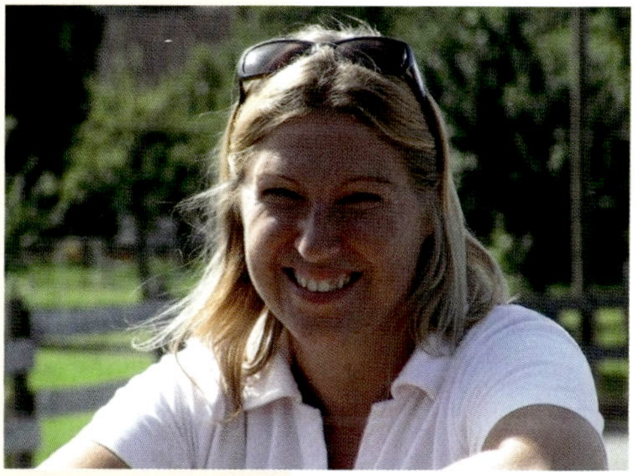

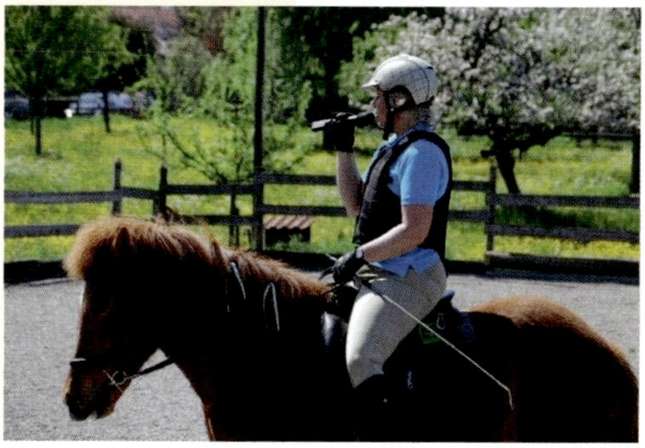

Sonja Waggershauser ist Centered-Riding-Ausbilderin der Stufe 3, staatlich geprüfte Pferdewirtin (Zucht + Haltung), Pferdefachwirtin sowie IPZV-Trainer-C. Zudem hat sie das Goldene Reitabzeichen IPZV und das Goldene Tellington-Abzeichen und ist Faszien-Trainer nach der Franklin-Methode®. Sie betreibt mit ihrer Familie den Bachäkkerhof bei Ravensburg in Baden-Württemberg. Die erfahrene Ausbilderin setzt klassische Elemente sowie Centered-Riding-Methoden beim Training ihrer Pferde ein und gerne auch im Unterricht mit ihren Reitschülern. Sie nimmt seit vielen Jahren auf internationalen Turnieren mit Pferden aus ihrer eigenen Zucht teil. Sonja Waggershauser bietet altersgerechten Unterricht von vier bis achtzig Jahren, vom Freizeitreiter bis zum Turnierreiter. Viele Reiter kommen mittlerweile zu ihren Kursen, um ihre Islandpferde mit Hilfe von Centered Riding zu verbessern. Bei ihr sind alle Rassen willkommen – Warmblüter, Kaltblüter, Vollblüter und Ponys gehören zu ihrem Kundenstamm.

Weitere Infos unter: www.bachaeckerhof.de

Inhalt

Inhalt

Vorwort

Liebe Leser:innen

Das vorliegende Buch ist für alle gedacht,

- die für sich und ihr Pferd Inspiration suchen
- die ihr Pferd durch sinnvolles Reiten motivieren möchten
- die ihr Reiten oder auch ihren Reitunterricht abwechslungsreich und fantasievoll gestalten möchten.

Als Anrede wähle ich das vertrauliche ›du‹, wie es im Training und beim Sport gebräuchlich ist.

Sicherlich könnte man wohl für jede Übung in diesem Buch eine längere Abhandlung schreiben, wenn man alles aufführt, was sie impliziert. Das ist jedoch nicht das Ziel: Es soll ein Büchlein sein, das Anregungen für den täglichen Hausgebrauch enthält. Bei schwierigen Übungen, die einfach nicht klappen wollen, oder dauerhaften Problemen mit einem Pferd wende dich bitte an einen Reitlehrer! Gerne kannst du mir auch ein E-mail senden an: info@bachaeckerhof.de

Generell ist es mir nicht so wichtig, dass du die Übungen ganz genau so, wie ich es hier beschreibe, ausführst.
Lass deiner Fantasie freien Lauf! Auch wenn du die Übungen variierst, zusammenfügst oder etwas anders machst, so ist das genau richtig!
Die Übungen sind von ganz leicht bis eher schwer gestaffelt. Die meisten können durch die Wahl der Gangart von leicht bis schwer verändert werden. Du machst dabei immer nur so viel, wie du kannst und möchtest! Die Idee ist, dass du die Übungen auch über mehrere Tage aufbauen kannst, bzw. Teile davon immer wieder z.B. für dein Aufwärmprogramm verwenden kannst.
Ich bin überzeugt davon, dass diese Übungen mehr Abwechslung und Freude in die tägliche Arbeit bringen und Reiter und Pferd zu mehr Sicherheit und feineren Hilfen verhelfen werden. Die Übungen können natürlich keinen guten Reitlehrer ersetzen, wohl aber die Zeit zwischen den Reitstunden sinnvoll überbrücken.
Immer wieder haben mir meine Reitschüler erzählt, dass sie sich schwertun, Abwechslung in ihren Reitalltag zu bringen. Aus Gewohn-

heit oder vielleicht auch aus Bequemlichkeit wird immer dasselbe trainiert, egal ob auf dem Reitplatz oder im Gelände. Da wird dann z.B. immer die gleiche Runde im Gelände, immer die gleiche Abfolge von Übungen und Bahnfiguren geritten. Daher nun also das Büchlein mit Vorschlägen ›für jeden Tag‹, damit du und dein Pferd optimal motiviert bleiben.

ÜBRIGENS:
Auch als Reitlehrer nützt einem die Struktur, die durch diese Übungen vorgegeben wird. Das Unterrichten wird durch diesen roten Faden angenehmer. Es kann dir auch neuen Input geben und dir Inspiration für deine Reitstunden sein.

Unser Pferd ist der beste Reitlehrer, aber wir müssen lernen, auf die Zeichen des Pferdes zu hören!
(Den Schülern dies beizubringen, ist in meinen Augen die Hauptaufgabe eines Reitlehrers.)

Vieles kannst du selbst analysieren. Versuche vor, während und nach einer Reitstunde hinzuhören und zu fühlen: Wie wirkt das Pferd am Ende der Stunde? Fühlt es sich besser an, bewegt es sich freier? Dann war es auch gut. Schau nach dem Absitzen deinem Pferd ins Gesicht! Sieht es zufrieden und entspannt aus? Schnaubt es ab? Verlasse dich auf deine Einschätzung! Sei kritisch mit dir selbst im Sinne von: ›Ich möchte immer mein Bestes geben.‹
Bei manchen Übungen ist es hilfreich, wenn du jemanden hast, der dich beobachten kann, dir z.B. Feedback gibt, wo sich die Beine deines Pferdes in einer bestimmten Bewegungsphase befinden. Der Feedback-Geber muss sich unter Umständen gar nicht mit dem Reiten auskennen, er muss nur genau hinschauen können. Oft ist es auch hilfreich, die Übung vor dem Reiten selbst abzugehen, damit wird sie ›klarer im Kopf‹. Dabei kannst du dir vorstellen, wie, wann und wo du welche Hilfen gibst (mentales Training).

Auch wenn in diesem Buch nicht besonders auf das Training des Pferdes ohne Reiter eingegangen wird, so denke ich, dass jedes Pferd regelmäßig an der Hand bzw. ohne Reiter gearbeitet werden soll. Die meisten der Übungen können auch problemlos an der Hand absolviert werden.

Da ich seit weit über 20 Jahren Centered-Riding-Ausbilderin bin und nach diesen Prinzipien unterrichte, ist es natürlich selbstverständlich, dass ich dir in meinem Buch diese Grundlagen auch erklären möchte und in den Übungen auch immer wieder darauf zurückkomme. Wenn du mehr darüber erfahren möchtest, so empfehle ich dir die Bücher von Sally Swift und Susan E. Harris aus dem Müller Rüschlikon Verlag.

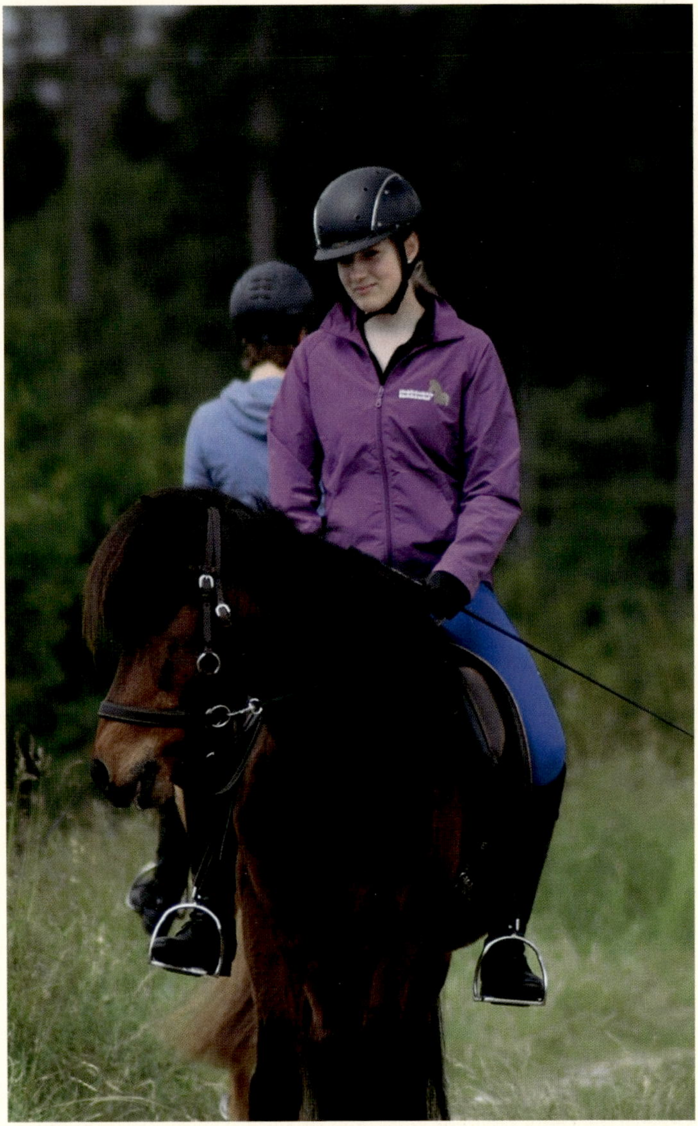

Reiten aus der Körpermitte nach Sally Swift

Balance, Leichtigkeit und Rhythmus, welcher Reiter würde das nicht wollen?

Genau das möchte das Reiten aus der Körpermitte erreichen: Pferd und Reiter in perfekter Harmonie. Centered Riding® wurde von Sally Swift als eine Methode entwickelt, die Kommunikation zwischen Pferd und Reiter zu verbessern.

Die vier Grundlagen von Centered Riding sind:

- Zentrieren in die Körpermitte
- Richtiges Atmen
- Sanfte Augen
- Bausteine aufbauen für das Gleichgewicht

Das ›Erden‹ ist das Fundament, auf dem die vier Grundlagen aufbauen.

Der sanfte Blick

Die Art, wie wir unsere Augen einsetzen, kann unseren Körper steif machen. Die Augen beeinflussen die Balance unseres Kopfes.

Das Pferd kann unsere Augen zwar nicht sehen, aber es kann unsere Spannung spüren!

Wie schnell passiert es, dass wir uns verspannen, wenn wir uns konzentrieren. Dabei bekommen wir ›harte Augen‹, mit denen wir nur einen engen Blickwinkel erfassen. Das geschieht häufig, wenn wir alles besonders gut machen möchten: Vor lauter Konzentration bekommen wir einen starren Blick. Der starre Blick wirkt sich direkt auf unseren restlichen Körper aus: Wir werden starr und unbeweglich und haben keine Möglichkeit mehr, mit der Bewegung des Pferdes mitzugehen. Wir brauchen stattdessen einen ›sanften Blick‹ (›weiche Augen‹) mit weitem Blickwinkel, so dass wir möglichst viel von der Umgebung wahrnehmen.

Doch dürfen wir die ›weichen Augen‹ nicht falsch verstehen. Ein verschlafener Blick ist kein sanfter Blick. Wenn wir unfokussiert oder mit Schlafaugen durch die Gegend reiten, wird das Pferd Angst bekommen. Als Fluchttier muss es sich auf uns verlassen können! Wenn wir nicht ›aufpassen‹ und keine klaren Vorgaben machen (Richtung, Tempo), muss es dies selbst tun und übernimmt die Führung.
Es gibt also durchaus auch Situationen, in denen du ›harte Augen‹ anwenden musst, z. B. beim Springen, wenn du einen ganz klaren Fokus auf einen Sprung hast. Pferde verstehen durchaus ›harte Augen‹. Beobachte, was passiert, wenn du eine Portion Heu in den Paddock legst: Wie wird das dominante Pferd den anderen sagen, dass sie da nicht ran dürfen? Es wird ein Ohr zurücknehmen, die Augen sind mit einem klaren Gedanken auf das Heu gerichtet. Auch hier haben wir den ›harten Blick‹. Ein klarer Gedanke (hier: bleibt weg von meinem Heu) stellt sich über die gesamte Körpersprache dar. Und im Endeffekt kommt alles aus der Körpermitte (so die Quintessenz des Centered Riding).

Übung für die sanften Augen

Setz dich gerade in den Sattel und spüre deine Sitzknochen. Nun fixierst du einen bestimmten Punkt. Schau nur auf diesen einen Punkt, als ob du ihn mit deinen Augen kopieren möchtest. Wie fühlt sich dabei dein Gesicht an? Deine Augen? Wie fühlen sich deine Sitzknochen an? Wie atmest du?
Nun schließt du kurz die Augen, atmest tief ein, und schaust mit offenen, entspannten Augen erneut auf denselben Punkt. Obwohl du auch jetzt nur auf diesen einen Punkt schaust und deinen Kopf nicht abwendest, wirst du feststellen, dass du noch viele andere Dinge sehen kannst! Du kannst in Gedanken all das aufzählen, was du vor dir bzw. um dich herum siehst; du wirst merken, dass dein Gesichtsfeld enorm

links: harte Augen
rechts: weiche Augen

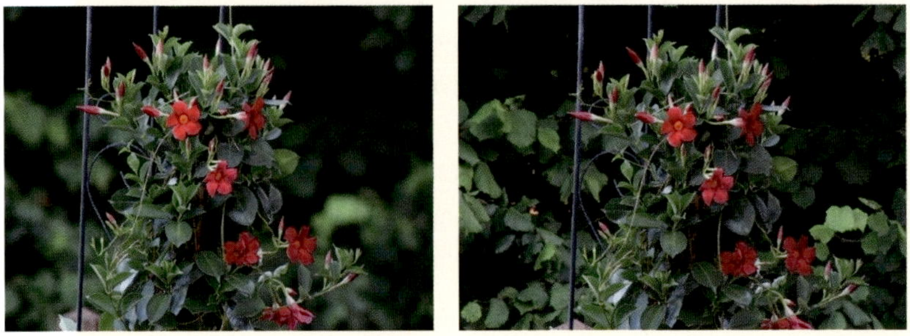

weit reicht! Nun kannst du auch an deine Wangen denken, an deine Augen und an deine Sitzknochen. Was gibt es für einen Unterschied zum vorherigen Sehen? Kannst du spüren, dass du freier atmen kannst?
Du kannst diese beiden Arten zu schauen – den starren Blick und den sanften Blick – als Nächstes auf deinem Pferd in Bewegung testen. Achte auf verschiedene Stellen in deinem Körper oder auch bei deinem Pferd, und wechsle zwischen dem sanften und dem starren Blick ab. Zum Beispiel kannst du an dein Atmen, an deine Fußgelenke, an deine Schultern, an deine Sitzknochen und an deine Zügelverbindung zum Pferd denken. Achte darauf, wie sich dein Pferd bewegt, wie es den Kopf trägt, wie es anhält, wie es sich in den Übergängen verhält.

Vor kurzem hatte ich diese Übungen mit einer Reiterin auf dem stehenden und später auf dem sich bewegenden Pferd gemacht. Mein Schulpferd hat jedes Mal den Kopf geschüttelt, wenn sie den starren Blick angewendet hat! So hat man deutlich gesehen, dass das Pferd den starren Blick als nicht angenehm empfindet und den Reiter korrigieren möchte. Viele Pferde schnauben sofort ab, wenn der Reiter gerade etwas an sich selbst verbessert hat, so auch, wenn er die ›Augen sanft macht‹.

Richtiges Atmen

Auch wenn wir nun schon unser ganzes Leben lang atmen: Wir müssen uns in manchen Situationen immer wieder daran erinnern, dass und wie wir atmen sollen. Irgendwie schleicht sich das Nicht-richtig-Atmen oder das Atem-Anhalten in unseren Körper hinein. Dummerweise vor allem dann, wenn wir etwas besonders gut machen wollen.
Besonders im klassischen Reitunterricht solltest du immer, wenn du eine Anweisung ausführen sollst, davor und danach an das Atmen denken, denn das Luft-Anhalten blockiert jede Bewegung und macht den Reiterkörper und in der Folge den Pferdekörper starr.

Beim Einatmen weiten sich Bauch und Brustkorb normalerweise nach außen. Das Zwerchfell senkt sich beim Einatmen nach unten und macht Platz für die Organe. Die Rippen gehen in alle Richtungen auseinander. Das Ausatmen geht dann wie von selbst, da das Zwerchfell wieder nach oben kommt und die Luft herauspresst. Die Rippen fallen wieder zusammen. Der Bauch wird flacher.

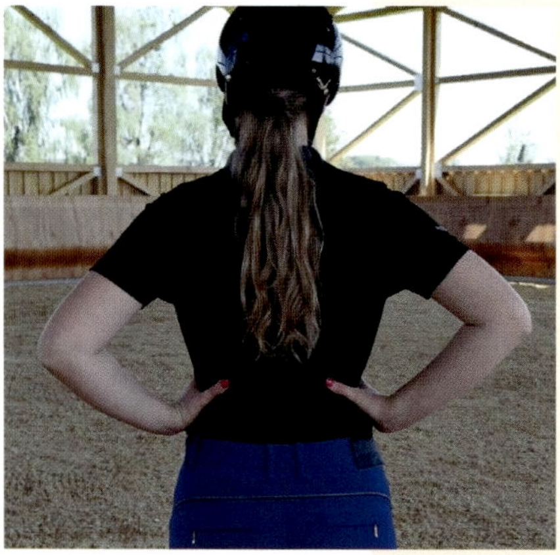

Fühlübung
Du legst beim Atmen eine Hand vorne auf die Höhe des Schlüsselbeins, die andere Hand relativ weit oben an Rücken. Beide Hände sollen sich gleichmäßig bewegen. Dann legst du deine Hände etwas weiter unten an und spürst hier ebenfalls dem Atem nach. Wenn du die Hände links und rechts in die Taille stemmst, kannst du die Rippen spüren, wie sie sich bewegen und seitlich ausdehnen. Wenn du deinen Atem in deiner Vorstellung bis in die Sitzknochen – bis in den Sattel – schickst, dann wird das den Kontakt zum Pferd ändern.

MERKE DIR
Dein ganzer Körper braucht Luft! Luft-Anhalten macht unbeweglich!
Gutes Atmen verleiht dir eine gute Balance, klare Gedanken und Ausdauer.
Wenn wir nicht richtig atmen, ermüden wir schneller. Und wir können auch nicht so gut denken.

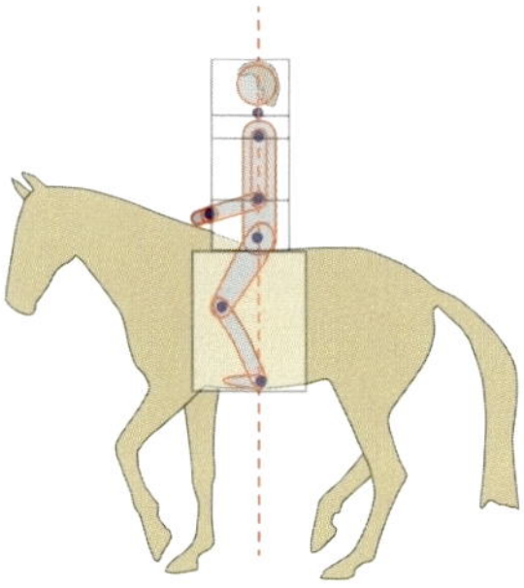

Die Bausteine unserer Balance

Der Reiter kann sich auf dem sich bewegenden Pferderücken nur gut ausbalancieren, wenn er seine Körperteile gut übereinander ›stapelt‹.

Wir müssen daran denken, dass Pferde vier Beine haben und das Gleichgewicht in der Horizontalen finden, während wir unser Gleichgewicht in der Vertikalen haben.
Für das Pferd ist es relativ schwierig, mit dem Reiter in gegenseitige Balance zu kommen. Darum ist es wichtig, dass wir lernen, unseren Körper gut zu spüren – auch beim Reiten!

Die einzelnen Bausteine, aus denen unser Körper aufgebaut ist, sind wichtig, damit das treibende Bein am richtigen Platz liegt und das Pferd richtig auf unsere Hilfen reagieren kann.

Unsere Bausteine kann man sich vorstellen wie Bauklötze für Kinder: unsere Beine entsprechen einem Bauklotz, unser Becken/Hüfte wäre ein weiterer Bauklotz, der Oberkörper mit den Armen ebenso; der letzte Baustein ist unser Kopf. Wenn wir 4 Bauklötze auf einen Tisch stellen, schön aufgereiht, einer auf dem anderen, dann kann auch jemand an den Tisch kommen oder daran rütteln, ohne dass der Turm ins Schwanken gerät. Hast du die Bauklötze aber eher unordentlich übereinandergestapelt, so braucht es nicht viel: ein kleiner Rempler und die Klötze fallen polternd in sich zusammen! Genauso wie bei unseren Bauklötzen verhält es sich, wenn wir ordentlich – mit allen Bauklötzen übereinander – auf dem Pferd sitzen, oder im Gegensatz dazu schlampig im Sattel hängen.

Sehr deutlich kann man das Bild der Bausteine an einem eher unerfahrenen Reiter sehen: Ein Pferd, das wenig oder gar keine Unterstützung durch seinen Reiter erfährt, wird eher mal die Nase und den Hals nach vorne ziehen. Das typische Bild: Den Reiter zieht es plötzlich fast nach vorne aus dem Sattel (falls er nicht zuvor schon die Zügel aus der Hand flutschen lässt!). Dasselbe Pferd wird dies bei einem erfahrenen gefühlvollen Reiter nie tun. Warum? Die Antwort ist recht einfach: Sitzt der Reiter in seinem eigenen Gleichgewicht, so wird das Pferd nicht unnötig belastet. Es muss sich nicht auch noch darum kümmern, dass es nicht gleich auf die Nase fällt, weil der Reiter sein Gewicht in irgendeine Richtung drückt.

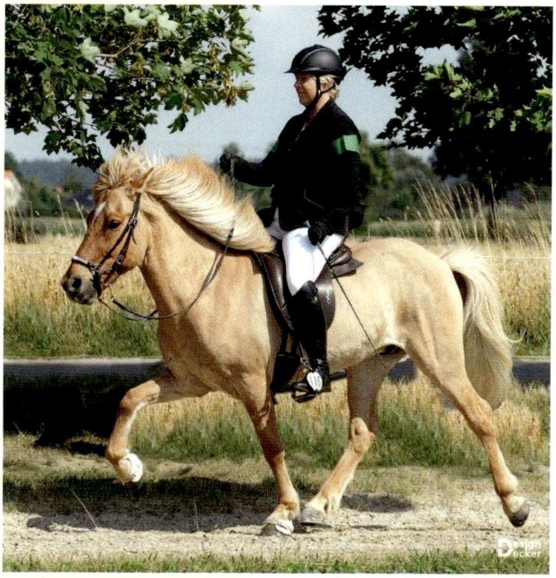

Natürlich macht der Reiter dies nicht bewusst! Das Problem ist aber, dass unser Pferd mit seinem Maul regelrecht das Gebiss sucht. Ein Reiter, der die Zusammenhänge zwischen Maul und Hinterhand noch nicht verstanden hat, wird nun, und dies auch nur, weil er die Pferde so gern hat, die Zügel noch länger lassen, die Hände noch mehr nach vorne strecken, womöglich noch mehr aus seiner eigenen Balance kommen. Die Folge ist, dass sich das Pferd noch schwerer tut, ihn zu tragen. Ein Teufelskreis entsteht.

Wird das Pferd aus der Balance gebracht, so zeigt es uns dies, indem es Dinge schlichtweg nicht tut kann. Es ›kann‹ nicht auf dem Zirkel galoppieren. Oder aber es klappt auf der linken Hand, aber nicht auf der rechten. Solch ein vermeintlicher ›Ungehorsam‹ des Pferdes sollte einen guten Reiter, der achtsam mit seinem Pferd umgeht, immer hellhörig werden lassen. Denn wenn wir hier nichts an uns ändern, so kann es sein, dass wir in recht kurzer Zeit unserem Pferd körperlichen Schaden zufügen.

Wie lange und wie gut uns unser Pferd tragen kann, hängt demnach davon ab, ob wir uns selbst gut spüren und uns für unser Pferd ›unsichtbar‹ machen können.

Zentrieren in die Körpermitte

Das **Zentrieren** bringt alles zusammen. Unser Zentrum sitzt im Becken. Hier kommen alle Nerven zusammen, hier sitzt unsere ganze Energie.

Auf dem Boden stehend, können wir eine einfache Zentrierübung machen:
Stell dich auf eine ebene Fläche, die Füße etwa hüftbreit auseinander, mit etwas ›weichen‹ Knien. Die eine Hand legst du vorne auf den Bauch – der Daumen liegt auf dem Bauchnabel, die andere Hand legst du hinten etwa auf der gleichen Höhe an der Lende auf den Rücken.
Stell dir nun eine Kugel in diesem Beckenbereich zwischen den beiden Händen vor: Wie groß ist diese, welche Farbe hat sie, welche Beschaffenheit? Nun kannst du die Kugel nach vorne, hinten oder zur Seite bewegen. Du kannst deinen ganzen Körper dabei mitbewegen, so viel oder so wenig du möchtest, es ist deine Übung! Mit der Zeit kannst du nun diese Körperbewegung immer kleiner werden lassen, bis du deine Mitte gefunden hast.

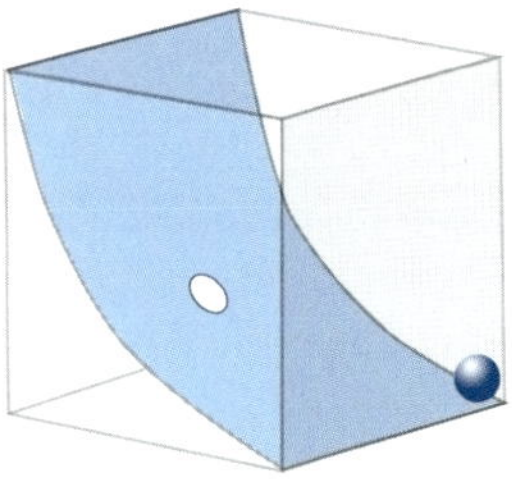

Ich stelle mir dabei immer gerne vor, dass meine Körpermitte eines dieser Geduldsspiele wäre, die man früher gerne als Werbegeschenk bekommen hat: Ein kleiner Quader mit einer Kugel, in der Mitte eine Metallplatte mit einem Loch. Die Kugel muss man nun durch geschicktes gefühlvolles Kippen des Quaders in das Loch bugsieren.

Wenn du stehend deine Mitte gefunden hast, so kannst du die Kugel nun nach oben und unten bewegen. Dann atmest du ein und hältst kurz inne: Wo befindet sich die Kugel jetzt?

Atme wieder weiter und beobachte, was mit der Kugel passiert.
Was passiert mit der Kugel, wenn du sanfte Augen einsetzt? Was passiert mit der Kugel, wenn du harte Augen benutzt?
Kannst du dir vorstellen, was mit der Kugel im Alltag geschieht, wenn du z. B. etwas vom Boden aufhebst?
Welchen Bezug hat die Kugel auf unser Gleichgewicht, auf unsere Kraft?
Solche Vorstellungsbilder werden in Kampfsportarten viel benutzt und helfen, die Mitte zu finden.

Übung auf dem Pferd

Auf dem Pferd sitzend kannst du diese Übung wiederholen – zuerst auf dem stehenden Pferd. Auch hierbei kannst du zu Beginn so viel oder so wenig mit dem ganzen Oberkörper mitgehen, wie du möchtest. Lass dir Zeit, bis du deine Körpermitte gefunden hast.

Die gute Nachricht: Nach einer solchen Übung sitzt du nun erst einmal mittig auf dem Pferd. Die schlechte Nachricht: Das wird nicht so bleiben. Du musst dies tatsächlich ständig und immer wieder machen, denn sobald sich dein Pferd in Bewegung setzt, sobald es vielleicht einen Hüpfer macht oder nach dem ersten Galoppsprung, wird alles wieder ›zerstört‹ und du musst dich neu ausbalancieren – in jeder Bewegungsphase, bei jedem Schritt, Tritt, Galoppsprung neu!

Hast du deine Körpermitte auf dem stehenden Pferd gefunden, so mache die Übung im Schritt und auch einmal in den anderen Gangarten!
Schwierig? Brauchst du jemanden, der dich kontrolliert? Dafür gibt es verschiedene Möglichkeiten:
1) Stelle dich vor einen Spiegel.
2) Lass dir von einem Freund/in helfen, der dich kontrolliert, ob du ›am größten‹ sitzt, sobald du dich zentriert hast.
3) Höre auf dein Pferd! Ganz oft, wenn ich denke, »ich könnte ja mal wieder zentrieren«, schnaubt mein Pferd danach dankbar ab! Ui,

denke ich dann immer, »da bin ich wohl davor doch nicht ganz mittig gesessen!«
Und natürlich: Üben, üben, üben!
Jedesmal wenn du in deine Körpermitte zentrierst, hast du prinzipiell eine halbe Parade gegeben: Du hast dich und dein Pferd neu ausbalanciert.

Erden

Das Erden ist das verbindende Element, das die vier Grundlagen des Centered Riding zusammenbringt. Es beschreibt das Gefühl, welches entsteht, wenn all das zuvor Beschriebene umgesetzt wird.

Um das Gefühl zu verstehen, gebe ich dir hier eine Übung.
Stelle dich mit beiden Beinen gleichmäßig auf den Boden. Die Hände zeigen offen zu dir, auf Bauch- bzw. Brusthöhe. Bleib' so einige Zeit stehen und denke ans Atmen. Das entspannt die Muskulatur, vor allem die Schultern, und gibt Halt. Die Ellenbogen sind ›aufgehoben‹.
Vielleicht spürst du danach deine Füße auf dem Boden deutlicher, oder du fühlst dich größer.

Nun denkst du nur an deinen linken Fuß. Stelle dir vor, wie du am Strand ohne Schuhe im warmen Sand stehst. Kannst du spüren, wie sich die einzelnen Zehen im Sand anfühlen? Wie die äußere Seite vom Fuß im Sand steht? Spürst du deine Ferse, und wie sich der Sand in die innere, eher hohle Seite des Fußes hineinschmiegt? Vielleicht kommt eine kleine Welle und spült etwas Meerwasser über diesen Fuß.

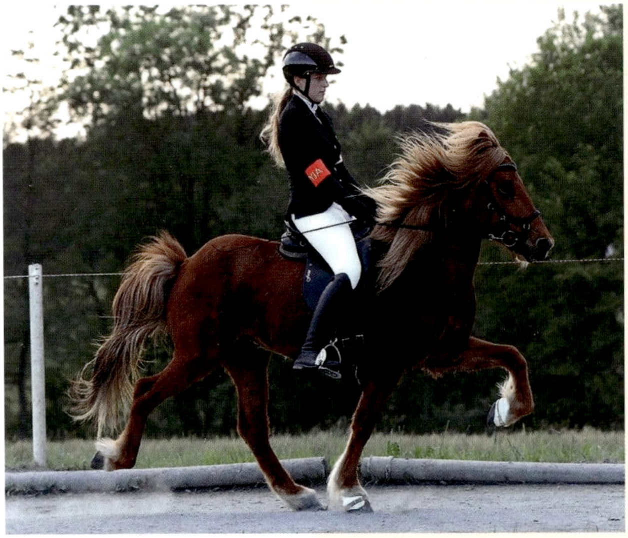

Nun vergleiche deine beiden Füße. Kannst du einen Unterschied spüren? Dein linker Fuß ist nun geerdet. Vielleicht fühlt er sich größer an, vielleicht kribbelt er ein wenig.
Mache diese Übung nun auch mit dem rechten Fuß!

Ergänzend zu den Centered-Riding-Grundlagen möchte ich nachfolgend noch einige mentale Grundsätze aufführen, die in meiner Arbeit wesentlich sind:

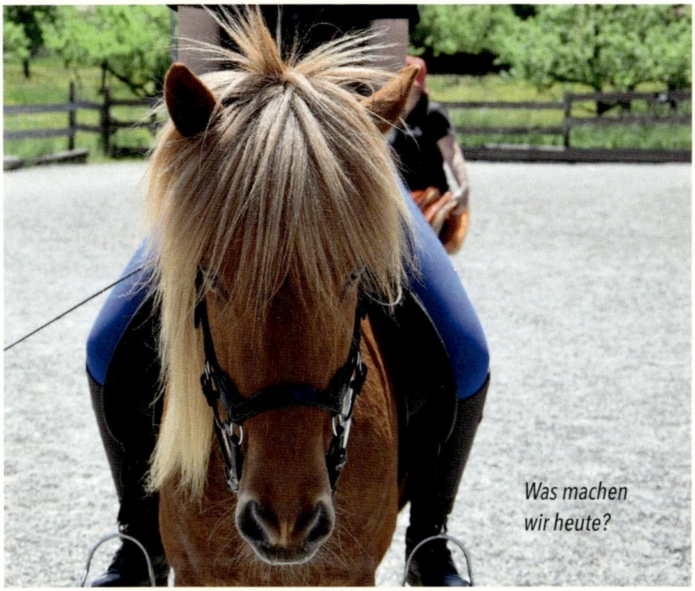

Was machen wir heute?

Deine Gedanken

Gute Konzentration

Beim Reiten solltest du dich immer darauf konzentrieren, was du gerade tust, bzw. tun möchtest. Den Alltag streifst du ab, indem du dein Pferd putzt oder ein paar Aufwärmübungen für dich selbst machst. Dies kann auch ›mentales Aufwärmen‹ sein: Setz dich an die Koppel und beobachte die Pferde! Wichtig ist, dass du im Hier und Jetzt bist.

Überprüfe deine Einstellung: Wir können beim Reiten niemals etwas als garantiert ansehen. Die Pferde sind nicht für uns da, WIR sind für unsere Pferde da. Wir müssen uns um das Pferd bemühen, nicht umgekehrt.

Pferd und Reiter haben einen Plan.

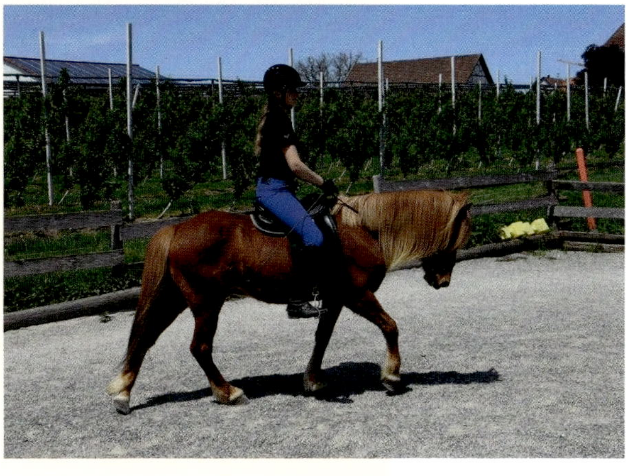

Schritt für Schritt, immer eins nach dem anderen machen! Das ist beim Reiten unabdingbar.

Ganz oft schon habe ich beobachtet, wie ein Pferd einem jungen Reiter, der noch gar nicht so viel kann, oder vielleicht sogar eine leichte Behinderung hat, widerspruchslos folgt und alles mitmacht. Wohingegen es in der nächsten Reitstunde mit einem sehr erfahrenen Reiter komplett aus der Spur läuft. Warum? Vermutlich war dies der richtige Gedanke, der dem erfahreneren Reiter im entscheidenden Moment gefehlt hat. Spreche ich den Reiter im Nachhinein darauf an, höre ich oft, dass es eben sehr anstrengend bei der Arbeit war, er allgemein einen schlechten Tag hatte, dass die Konzentration vollkommen weg war ... Das Pferd spürt ganz genau, ob der Reiter konzentriert und fokussiert bei der Arbeit ist oder ob seine Gedanken abschweifen, ob er schlecht gelaunt oder voller positiver Energie ist – und es reagiert entsprechend.

Bestimmt kennst du die folgende Situation: Auf der Galoppstrecke möchtest du heute eben nicht galoppieren, da es vielleicht sehr windig ist, und dein Pferd schon jetzt angespannt wirkt. Nun konzentrierst du dich darauf, dass dein Pferd nicht galoppieren soll. Dein Pferd nimmt jedoch dein Vorstellungsbild ›Galopp‹ wahr: Es kann deine Gedanken, die ja beim Galopp sind, spüren, weil dein Körper sie ausdrückt. Das ›nicht‹ versteht dein Körper nicht. In dem Moment, in dem du an eine Bewegung denkst, bereitet sich dein Körper auf die Ausführung vor. Diese kleinen, winzigen Bewegungen in unserem Körper spürt das Pferd. Es bekommt in diesem Moment also die Anweisung: Galopp. Wobei du genau das ja eigentlich vermeiden wolltest.
Der ›richtige‹ Gedanke wäre also: Schritt, Schritt, Schritt! Denke an den Viertakt, denke an die weiten, ausgreifenden Schritte. Das ist ein Gedanke, den dein Pferd verstehen kann, so wird es klappen!

Frage dich also immer wieder, nachdem etwas besonders gut geklappt hat:

- Was habe ich getan?
- Was habe ich gefühlt?
- Woran habe ich gedacht?

Bauchaugen/Schulteraugen

Es ist ja wahrscheinlich klar, dass du da hinschaust, wohin du reiten möchtest. Wenn du also auf einen bestimmten Bahnbuchstaben schaust, dann kommst du auch dort an.
Es nützt allerdings nicht viel, wenn du nur deinen Kopf irgendwo hindrehst und erwartest, dass das Pferd schon folgen wird. Die ›Richtungsangabe‹ muss ›ganzheitlich‹ erfolgen. Dafür gibt es beim Centered Riding sogenannte Bauchaugen.

Ich habe immer kleine lustige Smiley-Aufkleber, so bunt, glitzerig und lustig wie es eben geht. Die kannst du dir als Reiter als zusätzliche Augen aufkleben – einen links und einen rechts an deinen Bauch. Manche kleben sich auch noch Schulteraugen oder Knieaugen auf.

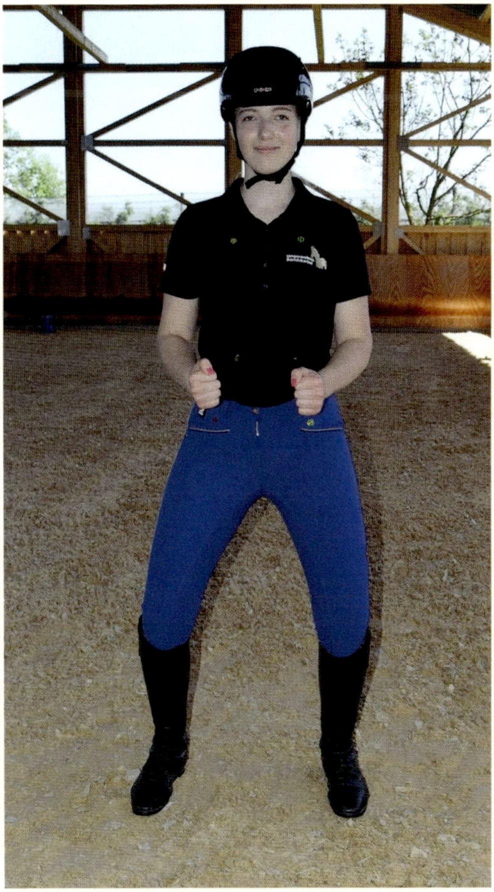

Geradeaus reiten – Bauchaugen zeigen nach vorne, der ganze Körper bildet eine Einheit.

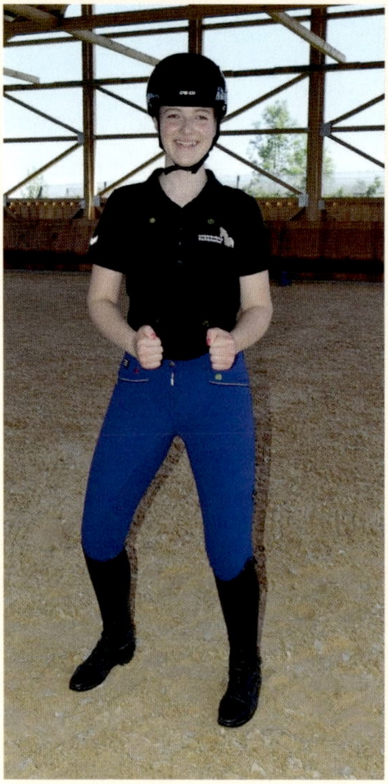

Reiten nach links.

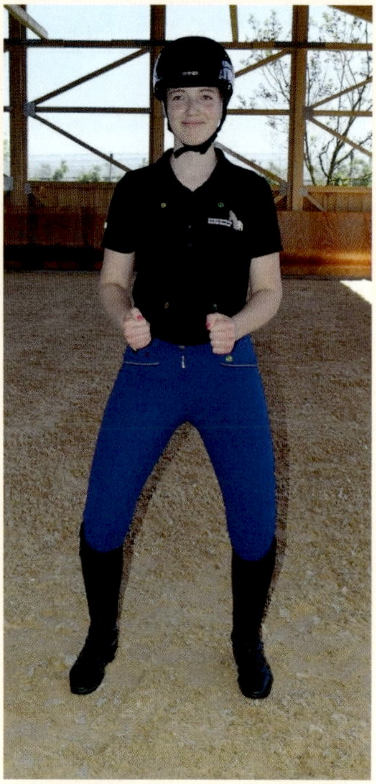

Reiten nach rechts.
Hier kann man gut erkennen, dass durch das Drehen aus der Körpermitte die linke Hüfte lang gemacht wird (der verwahrende Schenkel), und am rechten Bein die Hüfte gebeugt wird. Die Reithose liefert den Beweis.

Diese Bauchaugen sind ganz neugierig und wollen immer alles sehen. Achte also beim Reiten darauf, dass deine Bauchaugen stets dahin schauen können, wo du hinreitest. Beachte vor allem in der Wendung, dass deine innere Hand den Bauchaugen hierfür auch Platz macht.

Du kannst auch eine Trockenübung auf dem stehenden Pferd machen. Dabei hältst du eine Hand auf deinen Bauch, in etwa da, wo der Bauchnabel ist. Nun drehst du dich nach rechts mit deinem ganzen Körper, so als ob du nach rechts reiten möchtest. Schaue nun auf deinen Bauch: hat er sich tatsächlich nach rechts gedreht? Auch hier wirst du, wie so oft beim Reiten, merken: Es kommt nicht darauf, wie viel du machst, sondern vielmehr darauf, dass es tatsächlich die richtige Bewegung ist. Nun drehe dich nach links. Vielleicht kannst du spüren, wie du dich in eine Richtung besser drehen kannst, und deine Hüfte auf der anderen Seite besser öffnen kannst (was die richtige Lage des äußeren Schenkels erleichtert), als in die andere Richtung. Oder aber dein Bauch zeigt immer noch geradeaus? Dann kann es sein, dass dich dein Pferd nicht richtig versteht, wenn du abwenden willst. Die richtige Ausrichtung des Oberkörpers aus der Hüfte heraus lässt sich gut mit den Bauchaugen trainieren. Denke daran: Es muss keine große Bewegung sein.

Du kannst die Bauchaugen auch zuhause auf einem Pezzi-Ball üben. Ideal wäre es, wenn du dich damit vor einen Spiegel setzen könntest.

Klappt es gut mit den Trockenübungen, reitest du im Schritt los und probierst deine neuen Augen aus.

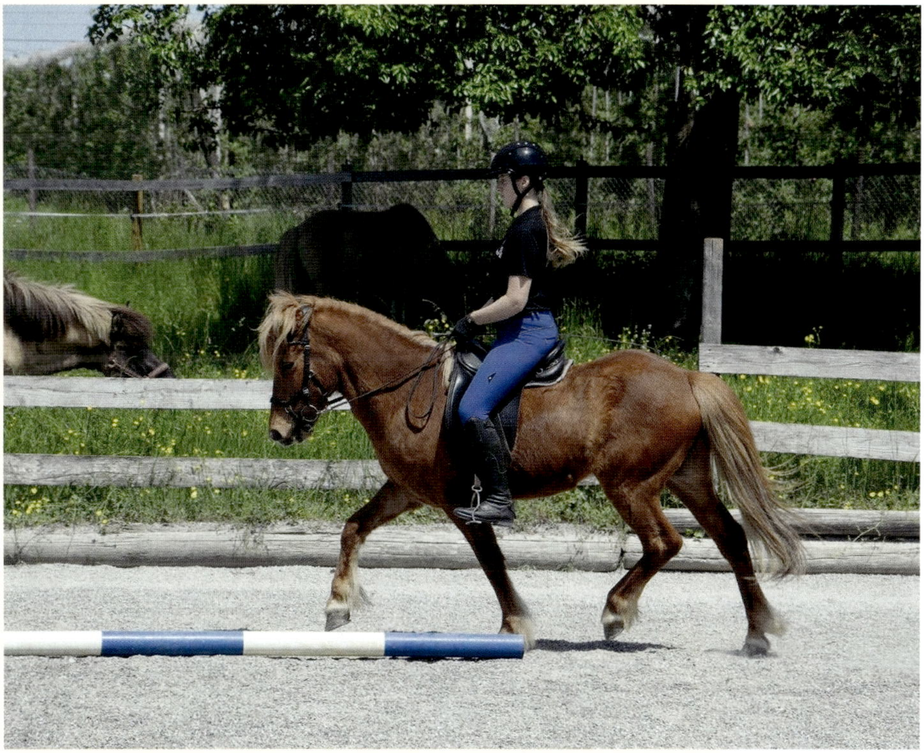

Übungsteil

Kurze Bedienungsanleitung für den Übungsteil:

Damit du dich schnell orientieren kannst, werden die Übungen je nach Schwierigkeit farblich unterschiedlich dargestellt. Zudem sind meine Lieblingsübungen mit Herzchen gekennzeichnet.

Die Unterteilung der Übungen:
ganz leicht - grün
mittel - gelb
eher schwer - rot
ruhige Übungen - lila
Dies sind Übungen, die man auch ruhig geritten effektiv nutzen kann. Für eine ruhige Übungseinheit können die unterschiedlichsten Gründe sprechen.
1. Witterungsbedingungen: Minustemperaturen oder auch sehr heißes Wetter, bei denen man nicht möchte, dass das Pferd zu sehr schwitzt oder körperlich zu stark beansprucht wird.
2. Trainingszustand: Dein Pferd ist ein paar Tage nicht geritten worden oder sollte aus gesundheitlichen Gründen nicht zu sehr belastet werden.
Manche dieser Übungen sind auch angebracht, wenn du dich selbst einmal nicht so gut fühlen solltest oder wenig Zeit hast.

In der Randspalte findest du jeweils in Kurzform Ort, eventuell benötigte Hilfsmittel sowie den Nutzen der Übung für Pferd und Reiter.

Wir beginnen mit den Übungen, die auf dem Reitplatz ausgeführt werden, kommen dann zu Übungen im Gelände und zu solchen, die überall gemacht werden können

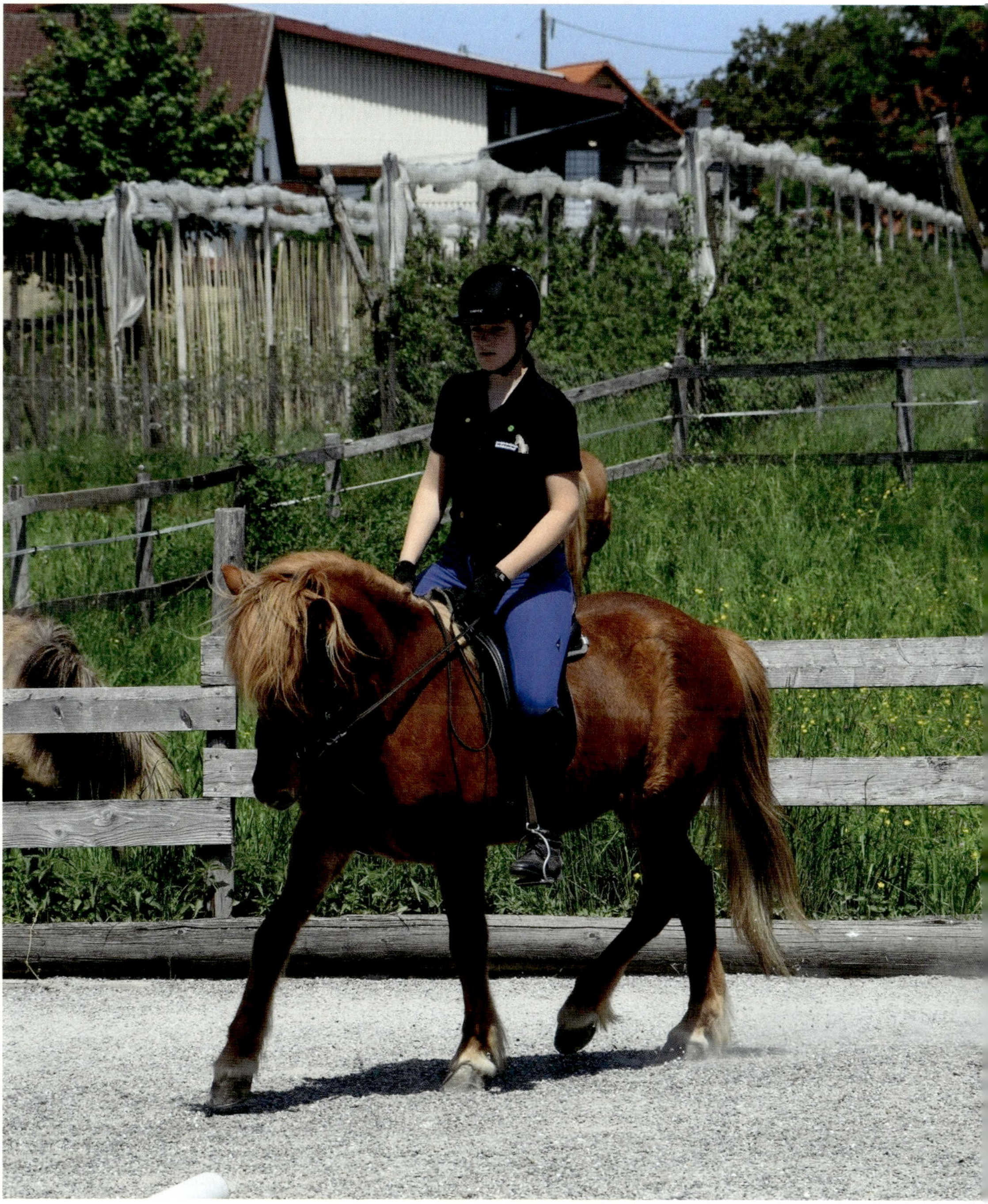

1 Die Litfaßsäule

Wo

Gemähte Wiese, Stoppelfeld, Reitplatz

Hilfsmittel

Vorstellungskraft

Verbessert beim Pferd

Takt, Losgelassenheit, Anlehnung, Längsbiegung

Hilft dem Reiter

bei der Fokussierung und der Richtungskontrolle

Gangarten

Schritt, Trab, Tölt, Galopp

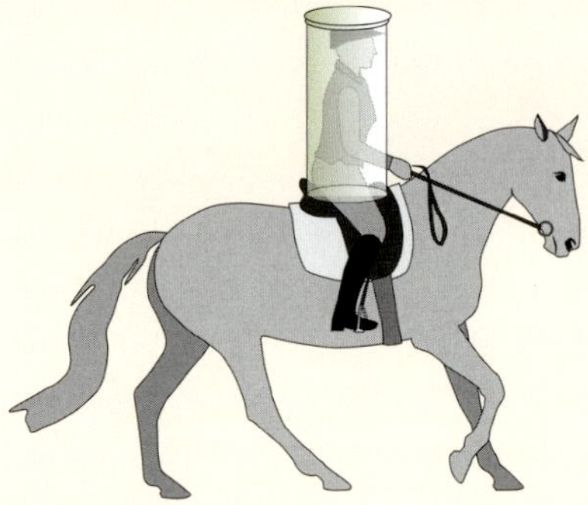

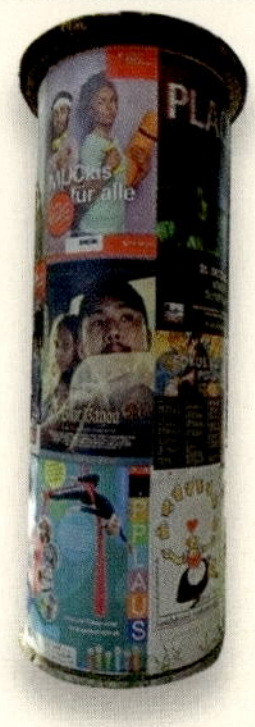

Ausführung

Zum Aufwärmen reitest du im Schritt.
Stelle dir vor, du wärst eine Litfaßsäule. Stell dir die Litfaßsäule vor: wie sie auf allen Seiten beplankt ist mit Plakaten von Theatervorstellungen und Vorträgen. Unsere Litfaßsäule in Ravensburg hat zusätzlich obendrauf eine Uhr – diese Vorstellung kann für unsere Übungen extrem praktisch sein.
Nun reitest du schöne große Bögen, indem du dir vorstellst, dein Körper wäre die Litfaßsäule. Deine Plakat-Werbung drehst du immer schön mit in die Richtung, in die du reiten möchtest. Die Übung fällt dir vielleicht leichter, wenn du dir vorstellst, die Uhr auf der Säule wäre dein Kopf. Diese Uhr dreht sich ebenfalls immer mit in die zu reitende Richtung.
Wenn du das eine Weile gemacht hast, kannst du den Schritt innerhalb dieser Übung etwas verkürzen und wieder verlängern. Denke dabei immer an den Takt! Geht der Takt verloren, achte mehr auf deinen Atem und verlange beim nächsten Mal etwas weniger. Wenn diese Tempounterschiede ebenfalls gut klappen, so kannst du dein Pferd auf den gebogenen Linien immer wieder anhalten. Wenn du dein Pferd so gut warm geritten hast, können die Bögen mit der Zeit entsprechend kleiner werden. Nun machst du die Übung in der nächsten Gangart: im Trab oder auch im Tölt. Auch hier kannst du nach einer Weile Übergänge innerhalb der Gangart einbauen. Natürlich kannst du später auch Schritt-Trab-Übergänge und ganze Paraden einbauen.

Zum Schluss kannst du in allen Gangarten auf den gebogenen Linien dem Pferd die Zügel aus der Hand kauen lassen.

2 Der Tunnel

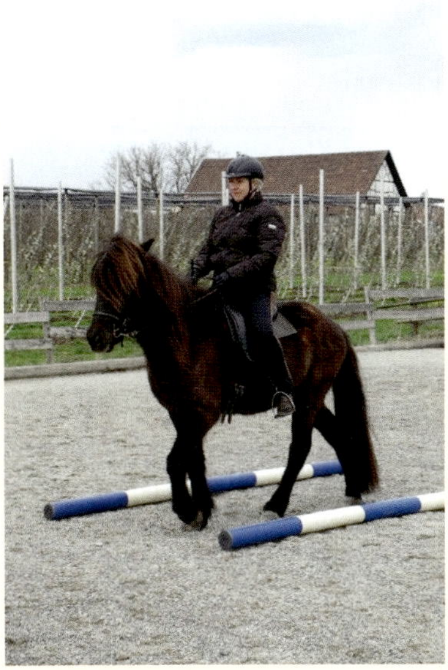

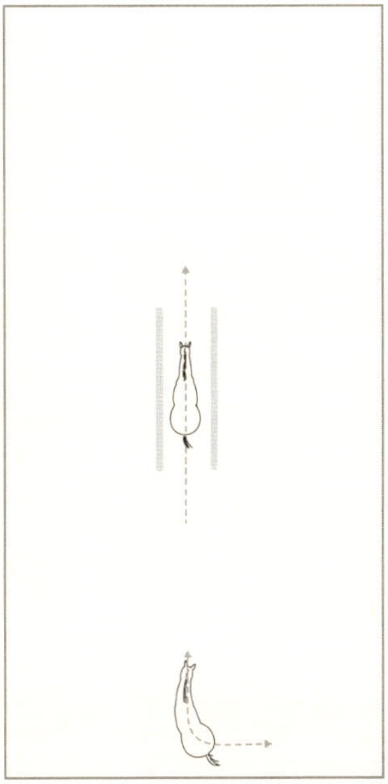

Wo

Reitplatz

Hilfsmittel

Markierungen wie Stangen, Poolnudeln, Pylonen, Klötze

Verbessert beim Pferd

Takt, Losgelassenheit, Anlehnung, Geraderichtung
Hilft dem Pferd bei der Aktivierung der Hinterhand. Die Pferde werden aufmerksamer und reagieren besser auf die Hilfen.

Hilft dem Reiter

beim Fokussieren und beim Training von feinen Übergängen. Dein Pferd wird gerne mitarbeiten und sich lösen, ohne dass du bewusst daran arbeitest.

Gangarten

Schritt, Trab, Tölt, Galopp

Ausführung

Die Stangen werden parallel als Gang rechts und links neben die Mittellinie des Reitplatzes gelegt. Je enger sie zusammenliegen, desto schwieriger wird die Übung. Also bei jungen Pferden eher weiter legen. Dann beginnst du, dein Pferd aufzuwärmen. Im Schritt reitest du immer wieder geradeaus durch den Tunnel. Einmal z.B. auf der langen Geraden, indem du die gesamte Länge der Mittellinie nutzt, ein anderes Mal eher rund und als Schlaufe.
Bevor dies dann langweilig wird, lässt du dein Pferd im Tunnel die Schritte etwas verkürzen. Danach das Pferd wieder mehr vorwärts schikken und Schritte wieder verlängern. Achte darauf, dass das Pferd beim Verkürzen entspannt bleibt, den Takt beibehält und sich nicht versteift. Lieber etwas weniger verlangen, dafür aber ein gutes Schritte-Verkürzen, ohne dass das Pferd gegen die Hand geht.
Als Nächstes hältst du dein Pferd im Tunnel an. Auch hier ist es wichtig, dass das Anhalten harmonisch erfolgt. Also im Tunnel die Schritte immer weiter verkürzen, so dass schließlich die nächste Halbe Parade zum Anhalten führt. (Die Ganze Parade zum Halten setzt sich immer aus vielen Halben Paraden zusammen!)

Der Tunnel kann aus verschiedenen Winkeln angeritten und mit Wendungen kombiniert werden.
Schließlich trabst du im Tunnel an. Beim nächsten Passieren des Tunnels parierst du wieder durch zum Schritt. Spätestens jetzt wird dein Pferd ganz aufmerksam sein und sich regelrecht auf neue Aufgaben freuen.
Als nächstes bleibst du im Trab und verkürzt die Trabtritte im Tunnel.
Wenn das gut klappt, kannst du im Tunnel aus dem Trab anhalten. Dort lässt du dein Pferd so lange stehen, wie du es dir vorgenommen hast. Hat das Pferd prompt reagiert und harmonisch angehalten? Dann darf es nach einem Halt direkt wieder antraben. War das Anhalten noch etwas zäh, wird das Halten eher verlängert! Damit bekommst du das Pferd wieder aufmerksam für das, was nachfolgt.

Wird das Pferd hektisch, so können folgende Alternativen geritten werden:
Anhalten aus dem Trab, anreiten im Schritt und erst nach dem Tunnel wieder antraben.
Oder: Aus dem Trab in den Schritt durchparieren, anhalten, kurz stehen lassen, dann aus dem Halt antraben.

Weitere Varianten:
Du bleibst im Trab und galoppierst im Tunnel an. Beim nächsten Passieren des Tunnels wieder durchparieren zum Trab.
Wenn das gut klappt, kannst du beim nächsten Mal aus dem Schritt angaloppieren. Und im Tunnel wieder durchparieren zum Schritt. Wenn diese Galopp-Schritt-Parade noch zu schwierig ist, fügst du zunächst noch 1–2 Trabtritte dazwischen ein. Damit werden die Übergänge weicher. Und bald klappt es dann auch direkt aus dem Schritt in den Galopp und umgekehrt!
Für weiter Fortgeschrittene geht es schließlich mit einer ganzen Parade aus dem Galopp und einem Angaloppieren aus dem Halten bzw. Rückwärtsrichten weiter und schließlich mit einem Galoppwechsel – zunächst mit einem einfachen und wer mag auch mit einem fliegenden Wechsel.

Die Übung wird immer an die jeweilige Pferd-Reiter-Situation angepasst. Für ein junges Pferd oder einen Fünfgänger wird die Übung vielleicht schon im Trab zur großen Herausforderung.

3 Tunnel-Varianten

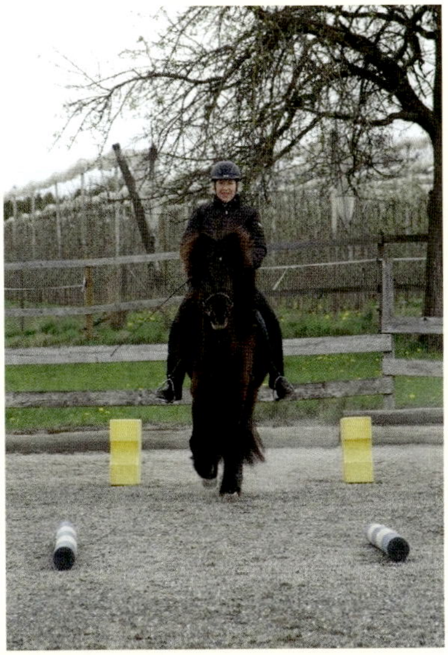

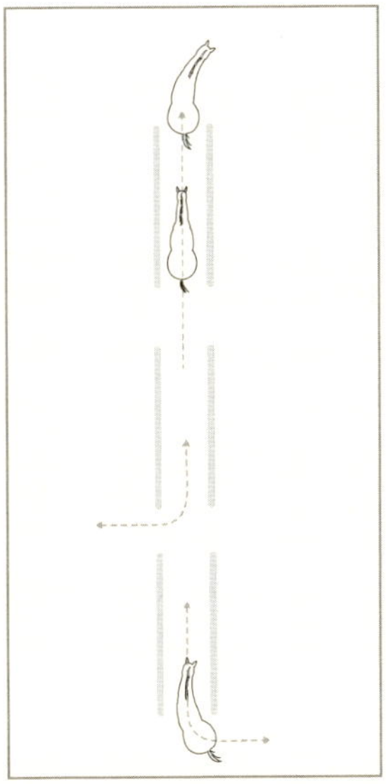

Wo

Reitplatz

Hilfsmittel

Markierungen für mehrere Tunnel

Verbessert beim Pferd

Takt, Losgelassenheit, Anlehnung, Geraderichtung
Hilft dem Pferd bei der Aktivierung der Hinterhand. Die Pferde werden aufmerksamer und reagieren besser auf die Hilfen.

Hilft dem Reiter

beim Fokussieren und beim Training von feinen Übergängen. Dein Pferd wird gerne mitarbeiten und sich lösen, ohne dass du bewusst daran arbeitest.

Gangarten

Schritt, Trab, Tölt, Galopp

Ausführung

Du baust 2 oder 3 Tunnel nacheinander auf.

Bereits zum Warmreiten kannst du durch die Tunnel reiten. Denke daran, dass du auch beim ›simplen‹ Geradeausreiten aktiv reiten musst. Bleibe immer im Vorwärts! Spüre die Hinterhand, wie sie fleißig tritt. Achte auf ein weiches Genick deines Pferdes; du kannst dein Pferd auch auf der Geraden immer wieder ganz leicht nach links oder rechts stellen, damit du mehr Kontrolle über die Qualität der Vorwärtsbewegung bekommst.

Nach einer Weile kannst du ganze Paraden einbauen. Später lässt du dein Pferd auch immer wieder einmal rückwärts treten. Dabei kontrollierst du, ob das Genick auch im Rückwärts weich bleibt. Spüre deine schweren Ellenbogen, lass die Oberarme locker hängen. Für ›weiche‹ Hände kannst du dir vorstellen, dass du links und rechts in der Hand einen Heliumballon hältst, der deine Fäuste ganz leicht werden lässt.

Um eine gute Gerade zu reiten, empfiehlt es sich, einen Punkt gegenüber, außerhalb der Reitbahn anzuschauen. Denke dabei an den sanften Blick, eine aufrechte Sitzposition und an gleichmäßig belastete Sitzknochen!

4 Die Uhr

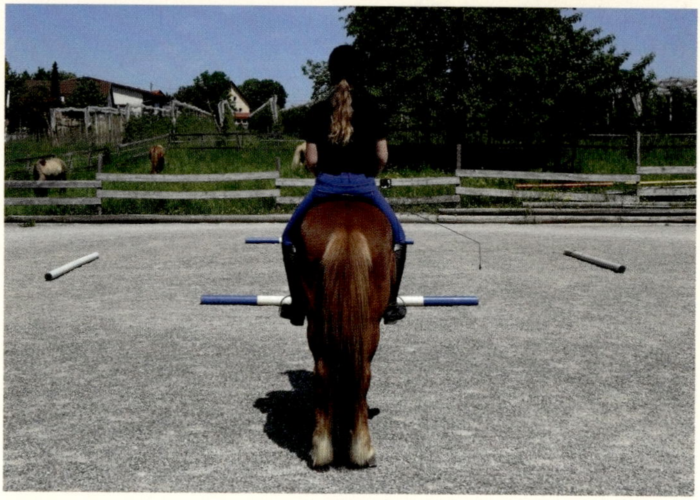

Wo

Reitplatz

Hilfsmittel

4 Stangen zum Markieren einer Uhr

Verbessert beim Pferd

die Schwungentwicklung, fördert die Konzentration Das Pferd wird geschmeidig gemacht und an Zirkel sowie die Übung Viereck verkleinern und vergrößern herangeführt. Die Hinterhand wird aktiviert und das Pferd bleibt wunderbar im Vorwärts.

Hilft dem Reiter

bei der Orientierung im Raum, beim Fokussieren (Blick nach vorne), verbessert den aufrechten Sitz und die Klarheit der Hilfengebung

Gangarten

Schritt, Trab, Tölt, Galopp

Gerade die Übungen, bei denen wir Pylonen, Stangen o. ä. einsetzen, also unseren Übungsplatz ›beleben‹, machen dem Pferd viel Spaß und helfen dem Reiter die Übung korrekt auszuführen, da dieser sich nicht so leicht ›verkopft‹. Mit dieser Übung kannst du junge Pferde oder auch fortgeschrittene Reitanfänger von der Bande ›weg bringen‹. Die ›weichen Augen‹ und der Blick nach vorne werden geübt. Fühle, wie das Pferd willig deinen Hilfen folgen wird, wenn deine Blickrichtung stimmt. Denn wenn wir unseren Fokus mehr nach vorne verlegen, beginnt unser Körper bereits mit einer Bewegung, welche das Pferd wahrnimmt!

Ausführung

Wir haben eine Uhr aufgebaut: oben die 12, rechts die 3, unten die 6, dann links davon die 9.
Zunächst kannst du im Uhrzeigersinn außen einen Kreis bzw. ein Quadrat mit abgerundeten Ecken um die Uhr herumreiten. Schau dabei immer nach vorne zur nächsten Stange. Und sprich vor dich hin: »Es ist jetzt 3 Uhr.« Als ob du auf die Uhr schauen würdest. Wenn du dich bei der 3-Uhr-Stange befindest, schaust du nach vorne und sagst: »Es ist 6 Uhr.« Es ist nicht relevant, wo du gerade bist, sondern wo du hinschaust, also zur nächsten Stange. Klappt das gut, lässt du dein Pferd auch immer wieder mal ganze Bahn gehen. Später schickst du es dann

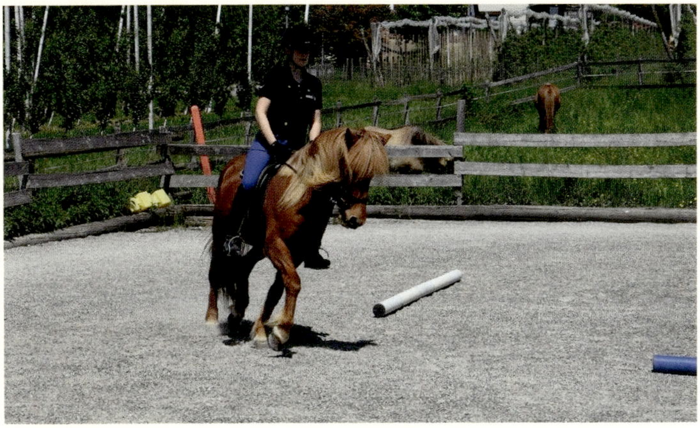

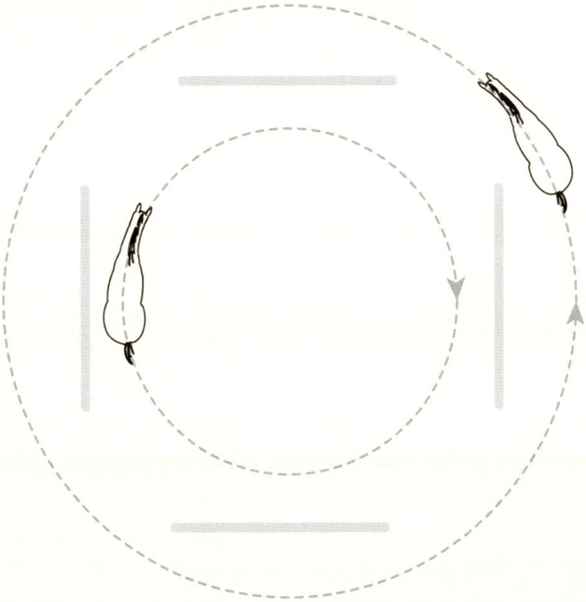

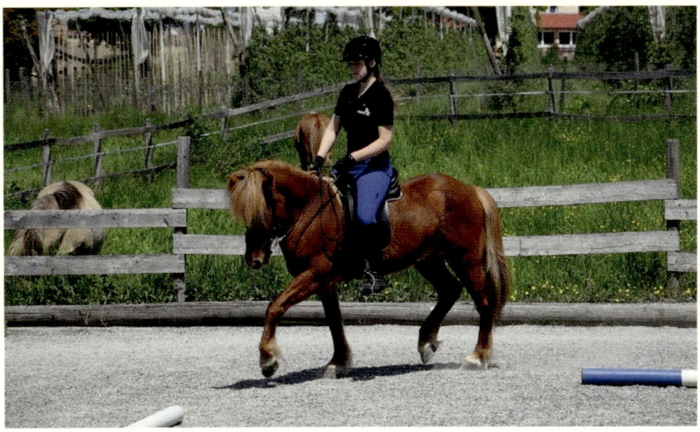

immer wieder einmal innen an einer Stange entlang. Dann bleibst du ganz innen. Nach einer Weile wechselst du die Richtung.
Wenn es gut klappt, folgt die Übung in der nächsthöheren Gangart. Zur Abwechslung oder als Belohnung gehst du immer wieder ganze Bahn. Oder du reitest nur einen halben Kreis an den Stangen entlang und dann wieder ganze Bahn. So wird die Übung ein wenig aufgelockert und bleibt spielerisch. Im Trab oder Tölt achtest du besonders darauf, dass dein Nacken entspannt und beweglich bleibt!

Führe die Übung auch im Galopp aus und variiere sie so, dass sie für dich und dein Pferd ›machbar‹ bleibt, du dich aber immer mal wieder auch an eine neue Herausforderung heranwagst. So kannst du dich im Galopp anfangs auch mit 2 Stangen, an denen du auf der Kreislinie vorbeigekommen bist, zufriedengeben. Je weiter du und dein Pferd fortgeschritten seid, umso mehr bleibst du auf dem Uhr-Kreis – zuerst auf der größeren Außenlinie und schließlich auf der engeren Innenlinie.

5 Den Platz verkleinern

Vorbereitung

Du teilst deinen Platz quasi in 6 bis 8 Parzellen auf. Mit verschiedenen Pylonen verkleinerst du den Platz!

Diese Übung benutzt du, um das Pferd aber auch den Reiter ›von der Bande weg zu bekommen‹. Durch die geraden Linien fällt es dem jungen Pferd leichter, eine Strecke geradeaus, weg von der Bande zu gehen. So kann man dem jungen Pferd deutlich aufzeigen, was verlangt ist. Auch dem unerfahrenen Reiter fällt es leichter, wenn er nach einem bestimmten Schema reitet und sich an Markern orientieren kann. Damit ist ein konzentriertes Arbeiten möglich.

Beim erfahreneren Pferd kannst du diese Übung bestehend aus ›Ecke, geradeaus, Ecke‹ superkorrekt reiten und hast so eine tolle Abwechslung im Training! Der Takt wird gefestigt durch die Einhaltung eines dem Pferd entsprechenden Grundtempos. Das Pferd wird auf beiden Händen gleichmäßig gearbeitet!

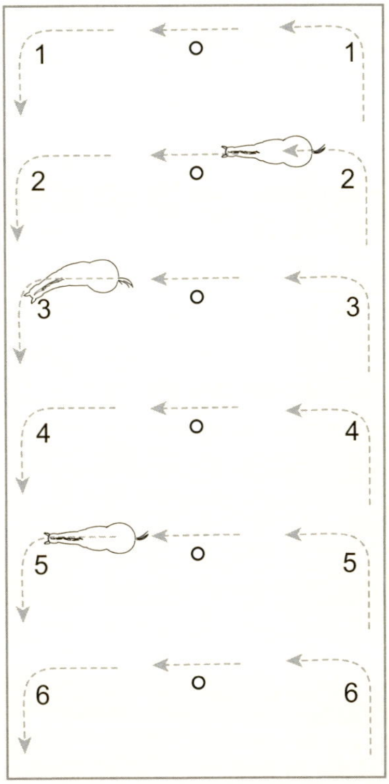

Ausführung

Nutze die Zeit des Aufbauens und nimm dabei dein Pferd mit. Das Pferd lernt so, bei dir zu gehen, und aufmerksam zu folgen. Das Pferd soll ›bei dir bleiben‹ und darf nicht nach dem nächsten Grashalm schielen, obwohl du deine Aufmerksamkeit ja in dem Moment auf den Aufbau der Pylonen gerichtet hast. So hat das Pferd die jeweiligen Markierungen kennengelernt und gleich ein wenig Bewegung gehabt. Dann kann es mit dem Reiten losgehen.

Zuerst gehst du ganze Bahn im Schritt. Danach wirst du den Reitplatz beim nächsten Umrunden am ersten Hütchen ›abkürzen‹. Stelle dir vor, dass der Reitplatz tatsächlich nur bis hierher geht, du also weiterhin an der Bande entlang reiten würdest.

So arbeitest du dich im Schritt entlang, bis du dich nur noch auf einem sehr kleinen Rechteck befindest. Nun wird der ganze Reitplatz bei jeder Umrundung wieder um eine Parzelle größer.

Bist du damit einmal durch, machst du die Übung auf der anderen Hand.

Danach kommt die nächste Gangart dran. Wichtig ist immer, dass du den Platz nur weiter verkleinerst, wenn es wirklich gut geklappt hat. Hatte das Pferd Schwierigkeiten, von der Bande wegzukommen, war es nicht losgelassen oder nicht taktklar, so reitest du noch einmal auf der größeren Linie herum, bis du damit so zufrieden bist. Erst dann verkleinerst du den Platz weiter.

In jeder Gangart verkleinerst und vergrößerst du auf beiden Händen. Es kann einige Zeit dauern, bis die Übung in jeder Gangart korrekt ausgeführt werden kann.

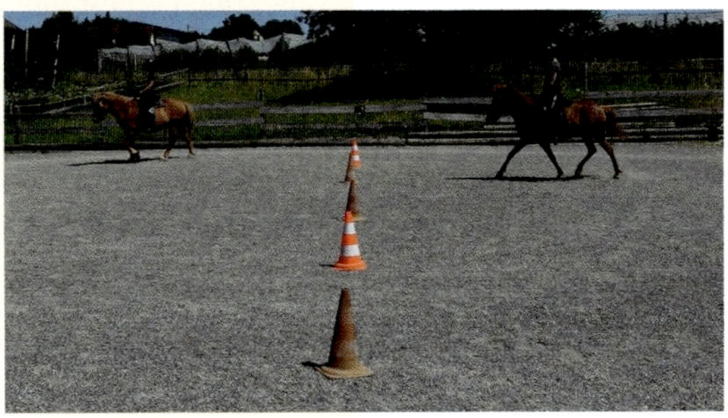

Wo

Reitplatz

Hilfsmittel

Pylonen oder andere Markierungen, um den Platz in mehrere Parzellen zu unterteilen

Verbessert beim Pferd

Takt, Geraderichtung, löst das Pferd von der Bande

Hilft dem Reiter

nicht an der Bande zu kleben und die Ecken korrekt auszureiten

Gangarten

Schritt, Trab, Tölt, Galopp

6 Einfaches Schenkelweichen

Wo

Reitplatz

Hilfsmittel

Pylonen oder andere Markierungen

Verbessert beim Pferd

Takt, Losgelassenheit, innere Gelassenheit, führt ans Schenkelweichen heran

Hilft dem Reiter

korrektes Schenkelweichen zu reiten

Gangarten

Schritt, Trab, Tölt

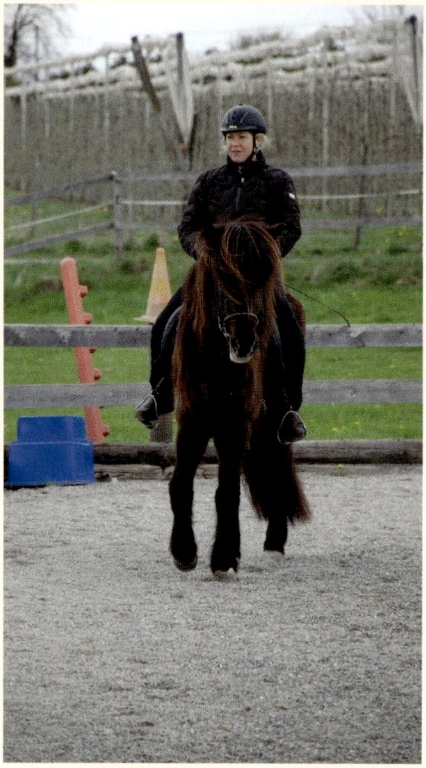

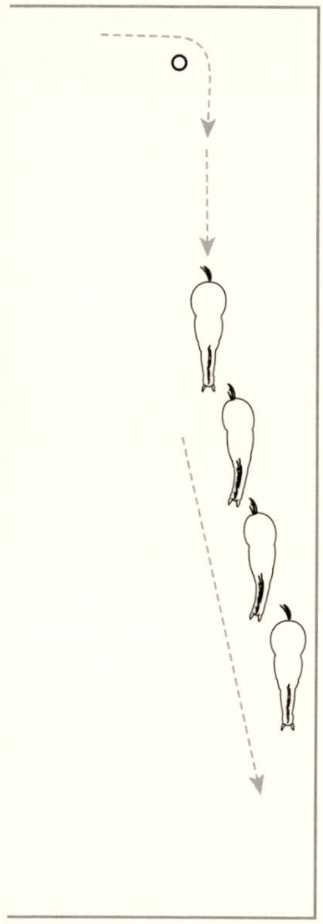

Diese Übung eignet sich besonders gut, um Reiter oder Pferde an das Schenkelweichen heranzuführen und die Ausführung des korrekten Schenkelweichens zu erleichtern.

Takt und Losgelassenheit kann man dabei gut kontrollieren und bewahrt auch bei schwierigen Pferden wunderbar die innere Gelassenheit, da man es ihnen leicht macht, die Hals- und Rückenmuskulatur zu entspannen.

Das Schenkelweichen ist eine wichtige Kontroll- und Koordinationsübung und sollte bei entsprechender Ausbildung in deinem Reiten täglich vorkommen. Es zählt nicht zu den Seitengängen, sondern gilt als vorbereitende Lektion. Das Pferd ist dabei nicht gebogen wie in Schulterherein und Travers, sondern nur leicht im Genick entgegen der

Bewegungsrichtung gestellt. Deswegen fällt ihm das Schenkelweichen deutlich leichter als die gebogenen Seitengänge. Das Pferd sollte im 45°-Winkel mit Vorder- und Hinterbeinen gleichmäßig übertreten.

Ausführung

Wir beginnen im Schritt, nach ein paar Runden mit großen Biegungen. Nun im Schritt die zweite Ecke der kurzen Seite abkürzen und gerade auf den dritten Hufschlag reiten. Du reitest z.B. auf der rechten Hand und wendest vor der Ecke so ab, dass du auf dem dritten Hufschlag gerade auf die kurze Seite gegenüber zureitest. Nun lässt du dein Pferd dem rechten Schenkel weichen in Richtung der langen Seite. Achte dabei auf eine leichte Rechtsstellung im Genick und eine gute Zügelverbindung (vor allem am äußeren Zügel), so dass das Pferd den treibenden Schenkel als seitwärtstreibenden Schenkel erkennt. Dem Pferd fällt es leicht, die Übung auszuführen, da es gerne zur Bande zurückgeht. Das Pferd wird sozusagen von der Bande angezogen. Zudem gibst du ihm die Chance, sein Gleichgewicht zu behalten, da es nur ein, zwei Schritte übertreten muss. Je weiter dein Pferd ausgebildet ist, desto eher kannst du von der kurzen Seite aus auf die Viertellinie oder auch auf die Mittellinie abwenden, so dass es eine längere Strecke übertreten muss. Klappt die Übung gut und gleichmäßig rechter und linker Hand, beginnst du die Übung im Tölt oder Trab auszuführen. Im Tölt geht es ganz einfach, sobald es im Schritt gut klappt. Im Trab ebenso. Du kannst die Übung auch im Leichttraben reiten. Der Takt wird so besser gehalten und das Pferd bleibt locker. Allerdings wechselst du hierfür kurz vor dem Abwenden auf den ›falschen Fuß‹, damit machst du es deinem Pferd leichter.

Pass gut auf, dass du beim Schenkelweichen mittig sitzt. Wenn du z.B. das Schenkelweichen nach links ausführst, darfst du dabei nicht nach rechts sitzen! Um Dich selbst zu kontrollieren, kannst du deinen Oberkörper ein wenig nach links und rechts drehen; dabei überprüfst du zusätzlich, ob deine Schultern auf gleicher Höhe sind!

7 Spielerisches Schenkelweichen

Wo
Reitplatz

Verbessert beim Pferd
den Schenkelgehorsam, das Angaloppieren, erhält die Lust auf Dressuraufgaben

Hilft dem Reiter
korrektes Schenkelweichen zu reiten

Gangarten
Schritt, Trab, Tölt

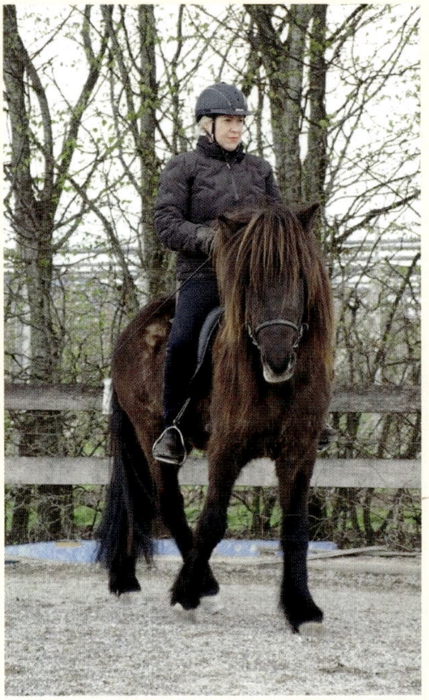

Ausführung

Wärme dein Pferd mit vielen Wendungen auf. Achte hier bereits auf dein Links-Rechts-Gleichgewicht. Angenommen du reitest auf der rechten Hand. Nun machst du einen großen Bogen nach innen. Es ist nicht wirklich von Belang, wie groß der Bogen ist, oder wo genau er hinführt. Sobald du ein paar Meter auf der gebogenen Linie geritten bis, denkst du vermehrt an dein rechtes Bein und den rechten stellenden Zügel. Zeige aber dem Pferd gleichzeitig mit der Kontrolle am linken äußeren Zügel, dass es nach links vorne weitergehen soll. Weicht dein Pferd weich und willig dem rechten Schenkel aus, so lasse es wieder ein paar Meter nach vorne geradeaus gehen. Hast du noch Platz, wiederhole die Übung mit dem Übertreten nach links. Ansonsten einfach bei der nächsten Runde neu beginnen. Wird dein Pferd zäh oder verliert den Takt, so lässt du es sofort wieder geradeaus gehen. Besser du treibst es kurz mit der Gerte an, als dass du in so einem Moment viel mit dem Schenkel machst. Wir möchten auf alle Fälle vermeiden, dass das Pferd beim Schenkelweichen an Energie verliert. Verliert es diese, achtest du bei der nächsten Runde darauf, dass du es noch besser vorbereitest. Hat dein Pferd verstanden, was du von ihm möchtest, so wird es lernen, das Schenkelweichen als Spaß zu verstehen und willig deinem Schenkel nachgeben! In Trab oder Tölt machst du zum weiteren Aufwärmen große Bögen und lässt das Pferd dann wieder in gleicher Form übertreten. Dies ist auch eine tolle Übung, um sie später im Galopp zu machen, dadurch wird die Balance im Galopp verbessern.

8 Schenkelweichen-Variante

Ausführung

Von der kurzen Seite reitest du im Schritt auf die Mittellinie. Nach den Hütchen Schenkelweichen zur Bande (das klappt auch ohne Trense, wie auf dem Foto zu sehen). Bei Erreichen der Bande dann antraben oder antölten. Im weiteren Verlauf kannst du das Schenkelweichen wie gehabt im Schritt reiten, um dann an der Bande anzugaloppieren.
Die Steigerung wäre dann, das Schenkelweichen im Trab zu reiten und an der Bande anzugaloppieren.

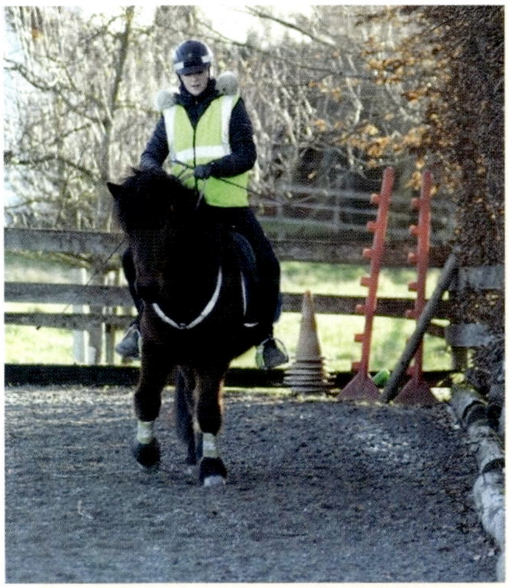

Schließlich kannst du das Seitwärts auch im Galopp versuchen. Betrachte das Ganze als Spaß und versuche nicht, diese anspruchsvolle Übung verbissen hinzubekommen. Das soll nicht heißen, dass du nicht korrekt reiten sollst. Aber das Vorwärts muss immer vorrangig bleiben. Wenn also das mit dem Seitwärts im Galopp noch nicht richtig klappt, dann gibst du dich mit einem kleinen Sprung seitwärts zufrieden und reitest wieder geradeaus. Später sind es dann vielleicht zwei oder drei Galoppsprünge seitwärts. Solltest du merken, dass dein Pferd verwirrt ist, klemmt oder sich verspannt, schickst du es wieder fröhlich vorwärts bis zur Bande.

Wo
Reitplatz

Hilfsmittel
2 Pylonen rechts und links vom Mittelpunkt

Verbessert beim Pferd
den Schenkelgehorsam, das Angaloppieren

Hilft dem Reiter
korrektes Schenkelweichen zu reiten

Gangarten
Schritt, Trab, Tölt, Galopp

TIPP

Generell arbeitest du auf beiden Seiten des Pferdes gleichmäßig. Allerdings ist es wichtig, zu wissen, dass du, wenn das Pferd zwei sehr unterschiedliche Seiten hat (und die meisten Pferde und Menschen haben dies), immer zuerst auf der guten Seite arbeitest. Danach kannst du öfter die Seite wechseln, denn die schlechte Seite lernt von der guten!

9 Schenkelweichen auf der Diagonalen

Wo

Reitplatz

Verbessert beim Pferd

die Gymnastizierung, die Reaktion auf die Hilfen

Hilft dem Reiter

systematisch zu reiten, sich besser zu koordinieren

Gangarten

Schritt, Trab, Tölt, Galopp

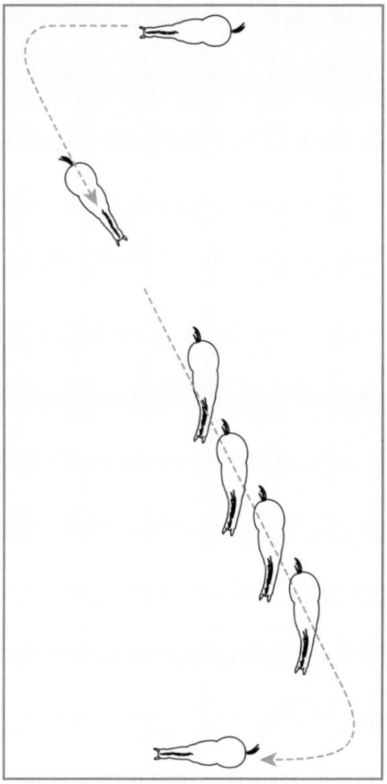

Ausführung

Dies ist schon eher eine fortgeschrittene Übung, da Richtungswechsel geritten werden sowie ständige Wechsel zwischen Geradeaus, Biegen und Stellen erfolgen.
Die Übung fördert die Koordination des Reiters und ein systematisches Reiten.
Das Pferd lernt, präzise auf die Hilfen zu reagieren und wird gut gymnastiziert.

Denke an die Bauchaugen. Reite dein Pferd warm, indem du verschiedene Hufschlagfiguren einbringst, um das Pferd wechselweise zu biegen und geradezustellen. So zum Beispiel durch die ganze Bahn wechseln, durch die halbe Bahn wechseln, durch die Mitte der Bahn wechseln, durch die Länge der Bahn wechseln.
Dann beginnst du auf der linken Hand im Schritt, wie in der Skizze zu sehen. Du wechselst durch die ganze Bahn. Wenn du dich auf der Diagonalen befindest und das Pferd geradegestellt ist, lässt du es ein kleines Stück mit der Vorhand nach rechts wenden (bzw. treibst die Hinterhand nach links). Wenn das Pferd dann parallel zur Mittellinie (bzw. Bande der langen Seite) gestellt ist, dann hat es die richtige Abstellung für das Schenkelweichen: Nun beginnst du, das Pferd dem rechten Schenkel weichen zu lassen. An der Bande stellst du dein Pferd wieder gerade und reitest mit einer ordentlichen Rechtsbiegung durch die Ecke. Klappt die Übung auf beiden Händen kannst du im nächsten Schritt an der Bande antraben oder antölten. Wenn dies auch einwandfrei funktioniert, versuchst du, die ganze Übung in der nächst höheren Gangart zu reiten.

Zunächst kannst du das Schenkelweichen immer auf einer Hand einfügen. Du machst also nach der beschriebenen Übung einen Handwechsel, z. B. durch die ganze Bahn, um dann auf derselben Seite das Pferd übertreten zu lassen. Wenn dies schon gut klappt, kannst du jeweils auf der Diagonalen das Schenkelweichen einbringen. Reitest du das Schenkelweichen im Schritt, kannst du auf der ganzen Bahn bzw. an der langen Geraden jeweils traben, um etwas Schwung in die Übung zu bringen.

10 Schulterherein aus der Volte

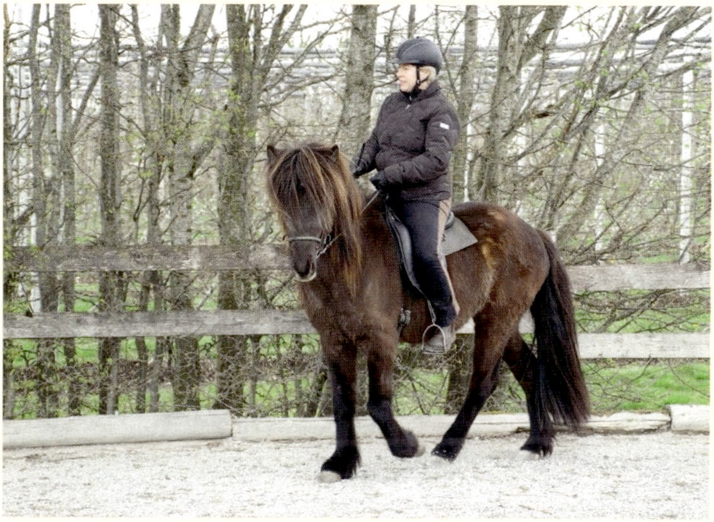

Wo
Reitplatz

Verbessert beim Pferd
das Gleichgewicht und die Lastaufnahme auf dem inneren Hinterbein

Hilft dem Reiter
systematisch zu reiten, sich besser zu koordinieren

Gangarten
Schritt, Trab, Tölt, Galopp

Das Schulterherein dient vor allem der Verbesserung des Gleichgewichts. Pferd und Reiter, die das Schenkelweichen beherrschen, sollten mit dem Schulterherein beginnen. Um mit dem Schulterherein zu beginnen, sind auch die Übungen Schultervor (Nr. 63) und Bau dir deinen eigenen Zirkel (Nr. 86) hilfreich.

Es gibt zwei Möglichkeiten, das Schulterherein zu reiten. Normalerweise wird es auf 3 Hufspuren geritten, das heißt das äußere Vorderbein bewegt sich in derselben Spur wie das innere Hinterbein. Oder du reitest es auf 4 Hufspuren, was zunächst einfacher ist, denn dabei muss sich das Pferd etwas weniger biegen. Wichtig ist für dein Training, dass du dir bewusst bist, was du gerade tust, d.h. du musst lernen zu

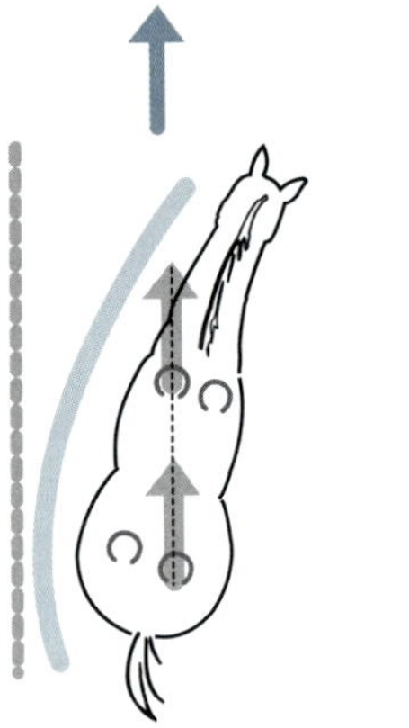

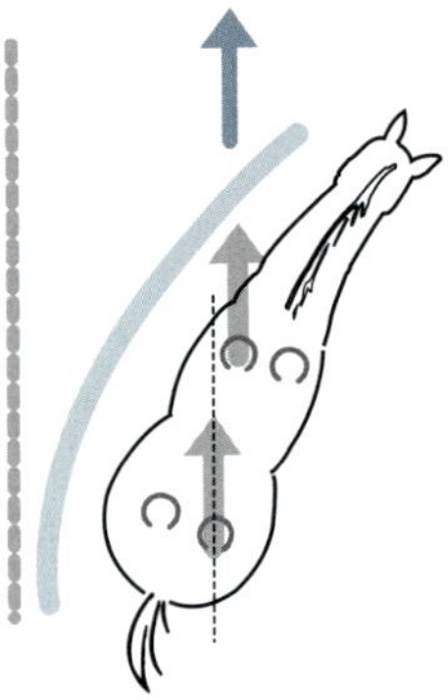

fühlen, wo die Beine des Pferdes sind. Dabei kannst du dir wieder von einem Freund oder einer Freundin vom Boden aus helfen lassen. Dein Helfer sagt dir dann, ob du dich korrekt auf 3 oder 4 Hufspuren befindest. Schaue dir hierzu die Bilder links an: oben das Schulterherein auf 3 Hufspuren, unten das auf 4 Spuren.

Das Schulterherein

Du reitest nun eine Volte auf der linken Hand. Sollte die Volte in der Ausführung eher mittelmäßig werden, so sei flexibel und reite sie einfach nochmal, bis du die korrekte Biegung in der Volte gut spüren kannst. Sobald du zurück auf dem Hufschlag bist, behältst du diese Biegung des Pferdes aus der Volte bei, reitest aber ›gebogen geradeaus‹ auf dem Hufschlag weiter. Immer wenn das Pferd aus dem Takt kommt, hörst du mit dem Schulterherein auf. Gehe wieder in die Volte, hole dir sozusagen wieder die richtige Biegung und das Gefühl dafür ab, danach gehst du wieder auf dem Hufschlag im Schulterherein weiter. Achte dabei gut auf deinen äußeren Schenkel. Kannst du spüren, wie du das äußere Bein deines Pferdes geradeaus schickst? Kontrolliere, ob sich deine Schultern parallel zu den Schultern deines Pferdes befinden.

11 Krawattenknoten

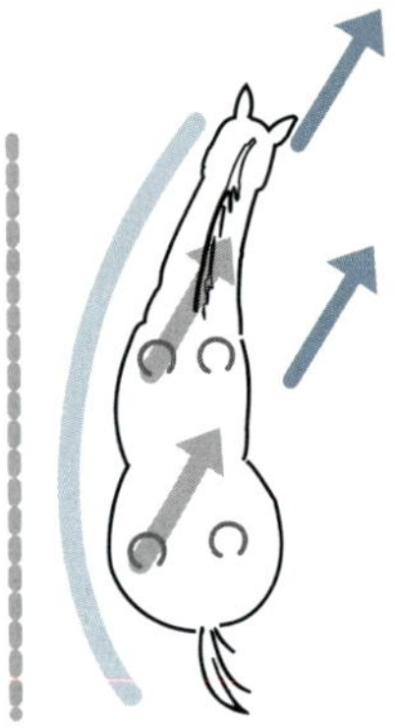

Bei der Traversale wird das Pferd wie im Schulterherein gebogen, jedoch bewegt es sich in die Richtung vorwärts-seitwärts in die es gebogen ist. Die Bewegung fällt dem Pferd etwas schwerer, weil es beim Übertreten die gedehnte äußere Seite noch weiter dehnen muss, was mehr Geschmeidigkeit und Kraft erfordert (Bild links).

Auch wenn die Traversale eine sehr fortgeschrittene Übung ist, denke ich, dass man davor keinen allzu großen Respekt haben muss. Selbst wenn diese Übung anfangs nicht 100 % korrekt ausgeführt wird, so erweitert sie die Bewegungsmöglichkeit deines Pferdes und schult dein Feingefühl beim Reiten. Diese tolle Übung bringt Abwechslung in den Alltag auf dem Reitplatz und verbessert Körpergefühl und Koordination bei Reiter und Pferd.

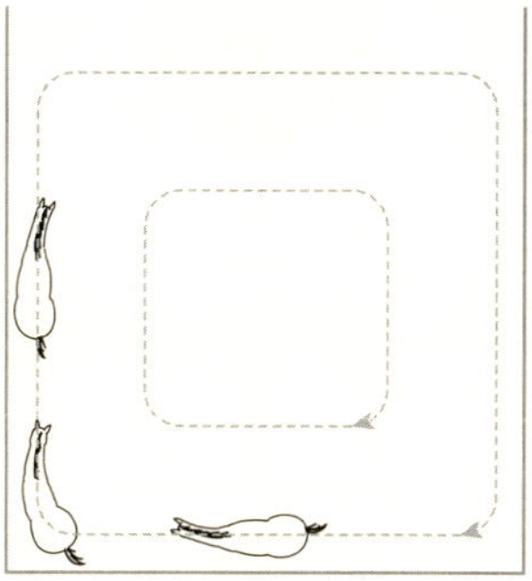

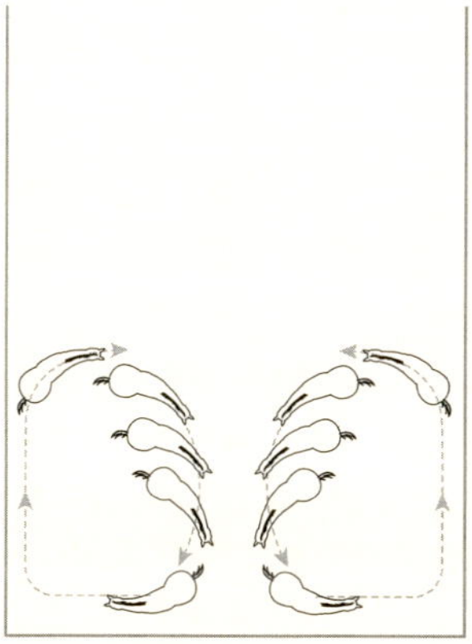

Reite dein Pferd mit 90°-Ecken warm. Ob dies in Form gut ausgeführten ›Halbe-Bahn-Reitens‹ geschieht oder einfach in Form eines vorgestellten Vierecks, das ist ganz egal. Aber achte auf das gute Durchreiten der einzelnen Ecken.

Dann beginnst du mit Schulterherein. Wenn das gut klappt, machst du die folgende Übung:

Auf der linken Hand reitest du durch die zweite Ecke der kurzen Seite Schulterherein. Dann wendest du dein Pferd nach links ab und lenkst dabei den Fokus auf deinen rechten (äußeren) Schenkel. Dadurch kommt dein Pferd spielerisch in die Traversale nach links. Achte vor allem darauf, dass dein Pferd sich immer gut vorwärts-seitwärts bewegt und nicht ins Stocken kommt. Die Dehnung der äußeren Seite ist dabei stärker als beim Schulterherein. Achte darauf, dass dein Pferd nicht zu viel im Hals abgestellt ist, denn das blockiert die Freiheit der inneren Schulter. Auch sollte die Energie, vor allem des inneren Hinterbeins, gut erhalten bleiben. Verlange eher weniger, wenn du merkst, dass sich dein Pferd steif macht, oder das Gleichgewicht verloren geht.

Wo
Reitplatz

Hilfsmittel
evtl. Pylonen, um Ecken zu markieren

Verbessert beim Pferd
Selbsthaltung und Balance; eine sehr gute Übung für die Traversale bzw. auch, um sich an diese heranzuwagen

Hilft dem Reiter
systematisch zu reiten, verbessert die Orientierung im Raum und die Koordination, verfeinert die Hilfen

Gangarten
Schritt, Trab, Tölt, Galopp

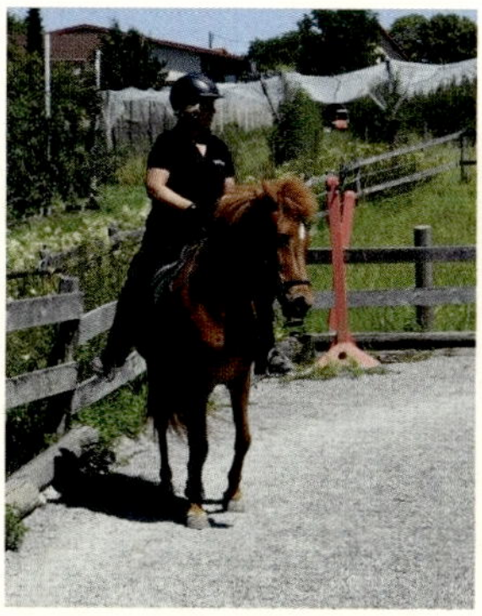

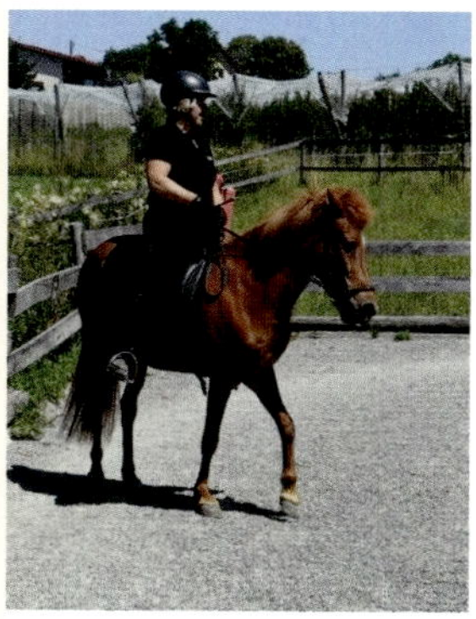

Anfangs reicht es, wenn du die Übung spielerisch ausführst. Begnüge dich daher vorerst mit ein, zwei gut ausgeführten Tritten in der Traversale. Zur Belohnung kannst du das Pferd wieder geradeaus stellen und auf die Mitte der kurzen Seite zureiten. Hier wendest du auf die rechte Hand ab und beginnst dort auch direkt wieder mit dem Schulterherein nach rechts, reitest wieder durch die zweite Ecke und lässt dein Pferd dann in Richtung der Mitte der kurzen Seite hin gebogen nach rechts traversieren.

12 Das Wagenrad

Wo

Gemähte (eigene) Wiese, Stoppelfeld, Reitplatz

Hilfsmittel

viele Pylonen oder andere Marker, um einen Kreis und dessen Mittelpunkt zu markieren

Verbessert beim Pferd

den Takt und die Anlehnung, fördert die Konzentration und die Versammlungsfähigkeit

Hilft dem Reiter

systematisch zu reiten, verbessert die Orientierung im Raum, die Konzentration und die Koordination, verfeinert die Hilfen

Gangarten

Schritt, Trab, Tölt, Galopp

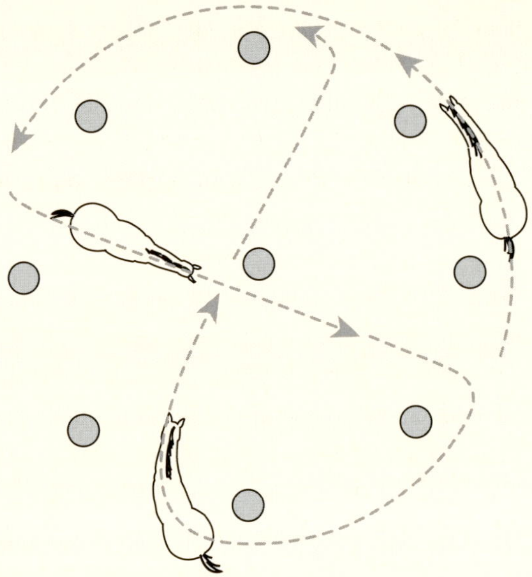

Diese Übung habe ich bei meinem allerersten Kurs mit meiner lieben Kollegin Susan Harris gelernt. Vielen Dank dafür!
Sie ist eine meiner absoluten Lieblingsübungen! Eine tolle Übung für jeden Reiter und jedes Pferd, selbst Reitplatzmuffel werden hier ihren Spaß haben!
Das taktmäßige Gehen wird gefördert, da die Übung im Arbeits- bis ruhigen Tempo geritten wird. Weiter ausgebildete Pferde kommen so in Anlehnung, ohne nach innen auf die Schulter zu fallen und lernen, sich zu ›setzen‹.
Die Konzentration sowohl beim Pferd als auch beim Reiter wird verbessert. Der ›sanfte Blick‹ ist dabei äußerst hilfreich, vor allem wenn mehrere Reiter gleichzeitig die Übung reiten.

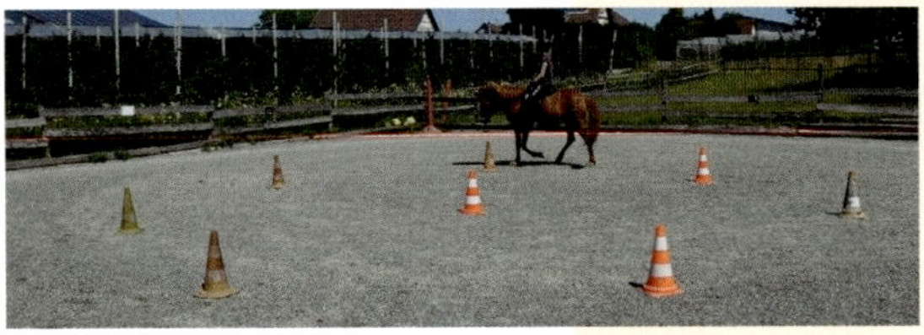

Ausführung

Du stellst ein Hütchen als Mittelpunkt auf, dann kommen beliebig viele Hütchen kreisförmig in gleichem Abstand außen herum. Als Abstand zur Mitte nehme ich immer 8,5 Schritte; dies kannst

du variieren, wie du magst. Natürlich kannst du anstelle der Hütchen auch andere Dinge wie Eimer (immer ohne Henkel) oder Klötze verwenden.
Nach einem entsprechenden Aufwärmen auf der Geraden kannst du das Wagenrad im Schritt angehen. Reite zunächst einmal außen herum und arbeite dich von einem Hütchen zum anderen vor. Dabei ist wichtig, dass du mit den weichen Augen (sanfter Blick!) stets voraus zum nächsten Hütchen schaust. Immer wenn du bei einem Hütchen angekommen bist, überlegst du dir, wohin du möchtest: du kannst weiter auf der Kreislinie bleiben oder aber zum mittleren Hütchen reiten. In der Mitte kannst du jeweils einen Handwechsel einbauen oder auf der gleichen Hand weiterreiten.

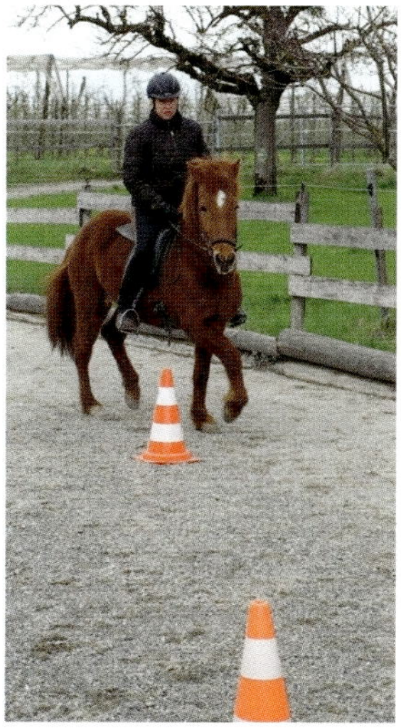

Belohne das Pferd, wenn es etwas besonders gut gemacht hat, indem du es ganze Bahn bzw. geradeaus gehen lässt. Achte aufmerksam darauf, ob die Übung zu anstrengend wird. Wenn Konzentration oder Kraft und Kondition des Pferdes nachlassen, gehst du wieder ganze Bahn und lässt es in einer höheren Gangart flott vorwärts gehen.

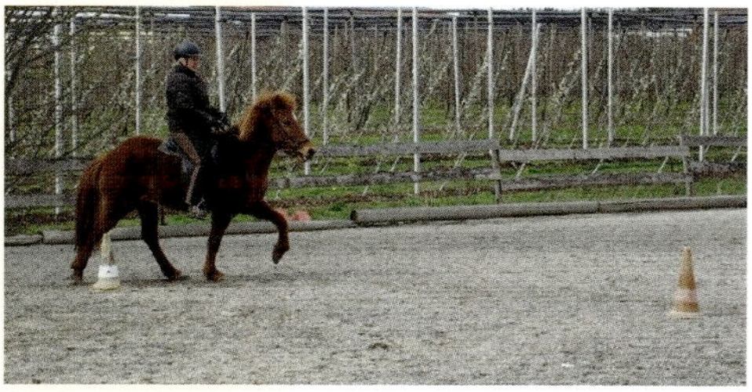

Eine einfache Variante für höhere Gangarten

Du reitest immer wieder kurz ins Wagenrad hinein und gehst dann wieder ganze Bahn. So merkt dein Pferd kaum, wie es sich anstrengen muss und die Beweglichkeit in den höheren Gangarten wird gefördert. Alternativ kannst du auch im Schritt im Wagenrad reiten und aus dem Schritt immer wieder ein paar Meter antraben (tölten). Pariere wieder in den Schritt durch, bevor das Pferd den Takt verliert, bzw. aus dem Gleichgewicht kommt.
Wenn dies gut klappt, bleibst du im Tölt oder Trab und reitest im Wagenrad wie oben beschrieben von Hütchen zu Hütchen. Achtung: Immer viele Handwechsel mit einbauen! Je öfter du durch die Mitte reitest, desto anspruchsvoller ist die Übung. Bei jedem Hütchen, vor allem wenn du einen Handwechsel einbaust, denkst du ans Atmen!
Im Galopp kannst du ebenfalls wieder mit der einfachen Variante beginnen, indem du Übergänge reitest, oder nur ab und zu ins Wagenrad ›hineinlenkst‹.
So bleibt das Pferd bei Laune und irgendwann kannst du auch im Arbeitsgalopp in der Übung bleiben.

13 Das Kleeblatt

Wo

Reitplatz

Hilfsmittel

4 Stangen oder Poolnudeln, als offenes Kreuz gelegt

Verbessert beim Pferd

die Hinterhandaktivität, das Geraderichten, die Gymnastizierung

Hilft dem Reiter

systematisch zu reiten, verbessert die Orientierung im Raum, die Konzentration und die Koordination, verfeinert die Hilfen

Gangarten

Schritt, Trab, Tölt, Galopp

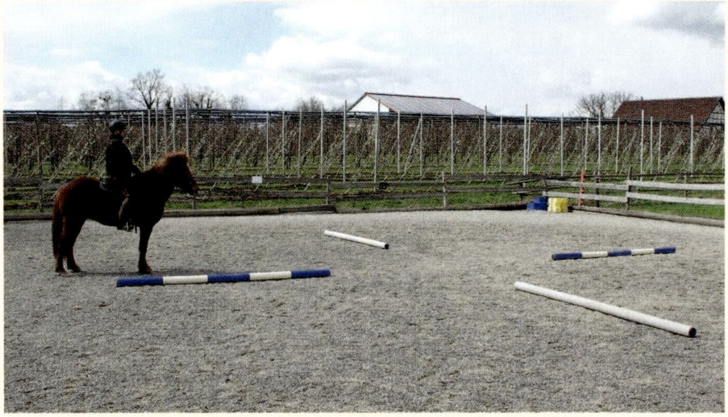

Dies ist eine tolle Übung für jeden Reiter und jedes Pferd. Durch das Abwechseln von geraden Linien und Biegungen wird das Pferd gleichmäßig auf beiden Seiten gymnastiziert und dabei geradegerichtet. Die Hinterhand wird automatisch aktiviert.
Die vier Stangen legst du als Kreuz mit Abstand in der Mitte, so dass du dazwischen durchreiten kannst.
Zum Warmreiten reitest du großzügig um den ganzen Aufbau herum. Danach kannst du immer wieder an zwei Stangen vorbei durch die Mitte abwenden, dabei machst du mal einen Handwechsel, mal nicht.

Dann reitest du aus der Mitte geradeaus an der Stange entlang, um einen Bogen entlang zur nächsten Stange zu reiten. Hier reitest du wieder an der Stange entlang zurück zur Mitte. In der Mitte kannst du dich entscheiden, ob du weiter geradeaus an der nächsten Stange entlang reitest, oder nochmals im selben Feld bleibst. Reitest du nun jeweils geradeaus weiter und machst den Bogen auf derselben Hand, so gibt es ein Kleeblatt. Die Übung kannst du durch die Größe und Abfolge der Bögen leichter oder schwieriger gestalten.

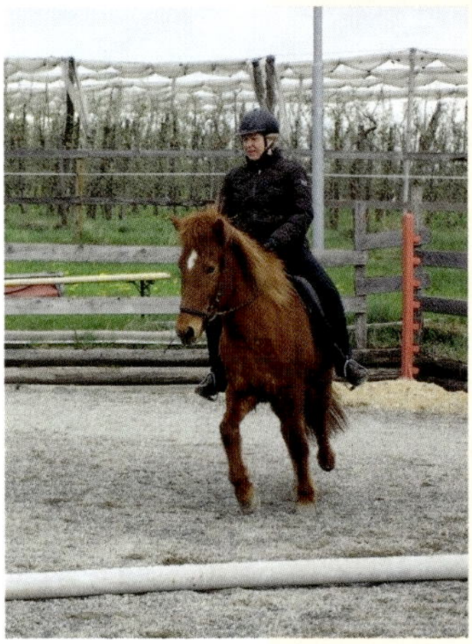

Alle Pferde lieben diese Übung. Damit es nicht zu anstrengend wird, gehst du immer wieder auch mal ganze Bahn. Die Übung kannst du, je nach Ausbildungsstand des Pferdes, in allen Gangarten reiten.

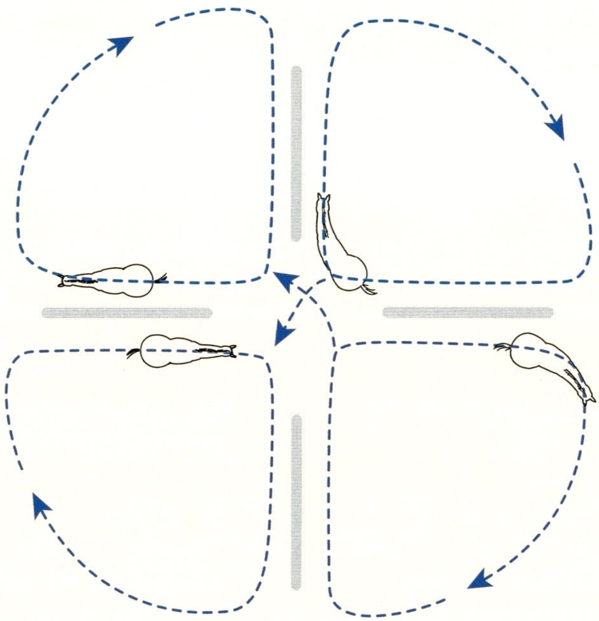

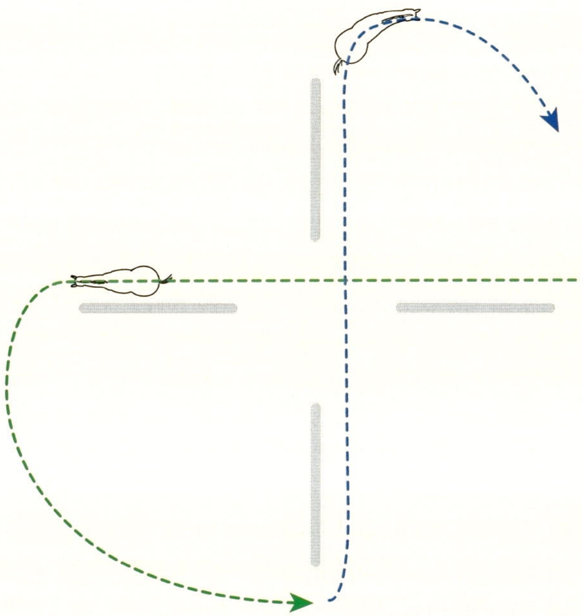

TIPP

Das ist eine gute Übung, um die ›weichen Augen‹ einzusetzen.
Immer wenn ein Richtungswechsel stattfindet, denkst du an das Atmen.

14 Das Zirkel-Reiten

Wo
Reitplatz

Verbessert beim Pferd
Gymnastizierung, Losgelassenheit, korrekte Biegung und damit das Geraderichten

Hilft dem Reiter
bei der Orientierung im Raum, verfeinert die Hilfen und verbessert das Bewegungsgefühl und das Gefühl fürs Pferd

Gangarten
Schritt, Trab, Tölt, Galopp

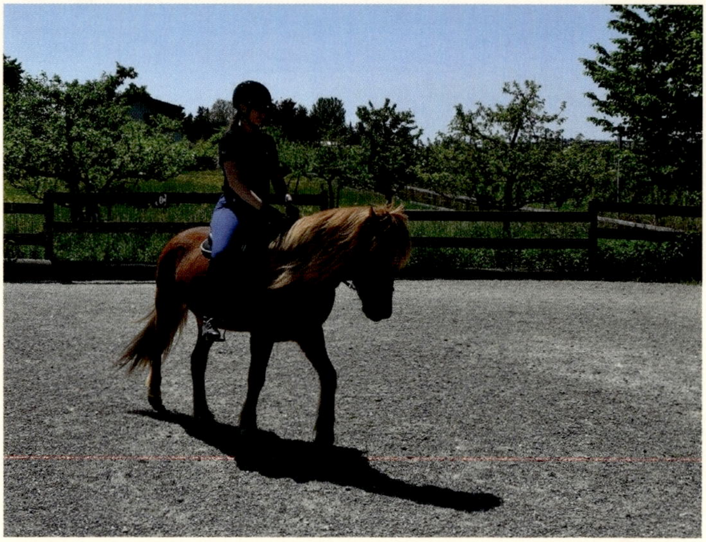

Das Aufwärmen erfolgt am langen Zügel, reite gut vorwärts im Schritt. Dein Pferd soll einen guten Viertakt haben. Achte auf eine aktive Hinterhand.
Du kannst an den langen Seiten jeweils Schulterherein reiten. Dein Blick soll dabei zum Ende der langen Seite gehen. Deine ›Schulter- und Bauchaugen‹ zeigen etwas nach innen. Deine Schultern werden parallel zur Schulter des Pferdes ausgerichtet. Denke daran, dass du nicht zu viel mit Händen und Beinen arbeitest und ›aus der Körpermitte‹ reitest. Meist ist weniger mehr.

Bist du mit deinem Schulterherein auf beiden Händen zufrieden, kommen wir zur eigentlichen Übung und du gehst im Trab auf den Zirkel. Der Zirkel kann wie ein herkömmlicher Zirkel geritten werden. Fortgeschrittene verkleinern die Zirkellinie und reiten auf dem zweiten oder sogar auf dem dritten Hufschlag. Bleibe solange auf derselben Hand, bis du mit dem Ergebnis zufrieden bist und der Zirkel schön rund ist, ohne dass das Pferd nach innen kippt oder nach außen wegdrängelt. Will etwas gar nicht klappen, kannst du im Zirkel einen Übergang zum Schritt reiten, bis du wieder ein gutes Gefühl hast und dein Pferd wieder gut auf der Zirkellinie geht. Dein Pferd soll im Zirkel geschmeidig und fein auf deine Hilfen reagieren. Kannst du die leichte Biegung

spüren, wie dein inneres Bein auf den Boden sinkt? Kannst du fühlen, wie der Pferderücken zu schwingen beginnt? Dann bist du soweit, um aus dem Zirkel auf die andere Hand zu wechseln.
Hier bleibst du wieder solange, bis dein Pferd sich leicht anfühlt und gut am äußeren Zügel steht. Dann kannst du wieder aus dem Zirkel auf die andere Hand wechseln.
Für das weitere Vorgehen gilt: Bist du mit dem Zirkel zufrieden, dann reitest du einen Wechsel. Bist du sehr zufrieden, so darf das Pferd zur Belohnung ganze Bahn gehen. Durch diese Pause versteht dein Pferd, auf was es dir ankommt.

Bevor du dann mit der nächsten Gangart beginnst, machst du eine Schrittpause am langen Zügel.

15 Sonjas Kehrtvolte

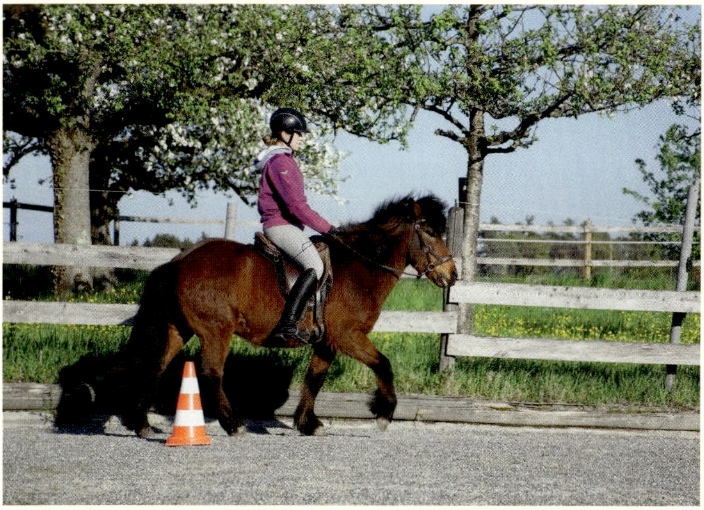

Mit dieser Kehrtvolte kannst du gut das Auf-den-Punkt-Reiten üben, ohne dich zu verspannen. Auch dem Pferd wird schnell klar, um was es geht, so dass seine Mitarbeit gefördert wird!

Die einfache Variante: Sonjas Kehrtvolte tatsächlich am Ende der langen Seite reiten. Wer schon etwas Übung hat, macht die Kehrtvolte irgendwo an der langen Seite.

Wo
Reitplatz

Hilfsmittel
Pylone

Verbessert beim Pferd
die Reaktion auf die Hilfen, fördert die Mitarbeit

Hilft dem Reiter
bei der Orientierung im Raum, beim präzisen Reiten von Hufschlagfiguren, beim Erreichen der Losgelassenheit

Gangarten
Schritt, Trab, Tölt, Galopp

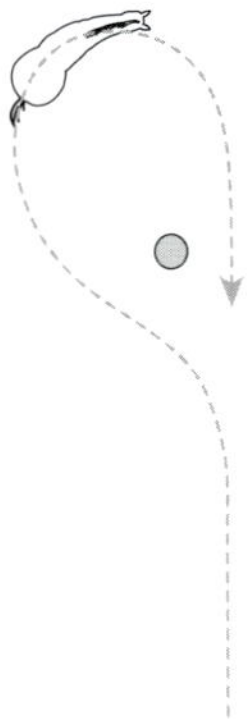

Von der Bande reitest du dein Pferd weg nach innen und machst dann eine Kehrtvolte zurück zur Bande. Achte dabei darauf, dass dein innerer Zügel dem Pferd zwar den Weg zeigen kann, jedoch niemals fest werden darf.
Reite die Übung zuerst ein paar Mal im Schritt. Dann verstärkst du bei Erreichen des 1. Hufschlags den Schritt für einige Meter (auf der Skizze als grauer Punkt eingezeichnet). Du kannst dir an der gekennzeichneten Stelle ein Hütchen hinstellen. Dies kannst du einige Male machen. Anschließend verstärkst du den Schritt bis in die nächste Ecke hinein, dann verkürzt du den Schritt wieder.

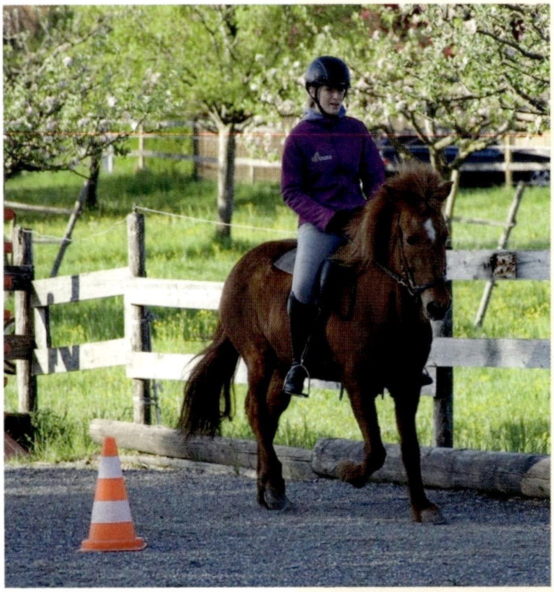

Danach reitest du an der Markierung einen Übergang zum Trab. Beim Übergang ist es besonders wichtig, dass du dabei an die Bauklötze vom Centered Riding denkst. Nur so wirkst du ›neutral‹ auf dein Pferd ein, und es kann den Übergang über den Rücken und mit freier Schulter ausführen. Klappt es gut mit dem Übergang in den Trab, kannst du im Trab bleiben.

Nun reitest du die Kehrtvolte im ruhigen Trab-Tempo und verstärkst bei X den Trab. Je nachdem wie dein Pferd ausgebildet und motiviert ist, bleibst du nur einige Augenblicke im verstärkten Trab, oder auch etwas länger: Das kannst du nach Gefühl variieren. Hast du ein eher unerfahrenes oder triebiges Pferd, so ist es besser, nur ein paar Tritte das Tempo zu verstärken, um die Motivation zu erhalten. Hat das fortgeschrittene Pferd hingegen genügend Kraft und kommt nicht aus dem Takt, oder wird es leicht hektisch bei vielen Tempowechseln, so bleibst du bis zur nächsten kurzen Seite oder auch darüber hinaus im verstärkten Trab. Wichtig dabei ist, dass du die Entscheidung triffst und den Trab wieder verkürzen kannst, wann du es möchtest

Danach reitest du einen Übergang vom Trab zum Galopp. Klappt dies gut, kannst du als nächstes den Übergang aus dem Schritt zum Galopp versuchen. Und später auch im Arbeitsgalopp anreiten und bei X den Galopp verstärken. Das macht den Pferden Spaß!

TIPP

Fällt dir dein Pferd nach innen auf die Schulter, musst du mehr an deine eigene Haltung denken und vom inneren Zügel wegkommen. Stell dir vor, du reitest ein Karussellpferd, das in der Mitte einen Stab durch den Körper hat und nicht nach innen kippen kann.

Denk immer daran:
Man benutzt niemals nur die Zügel, ohne dass man zuvor etwas mit dem Körper gemacht hat!

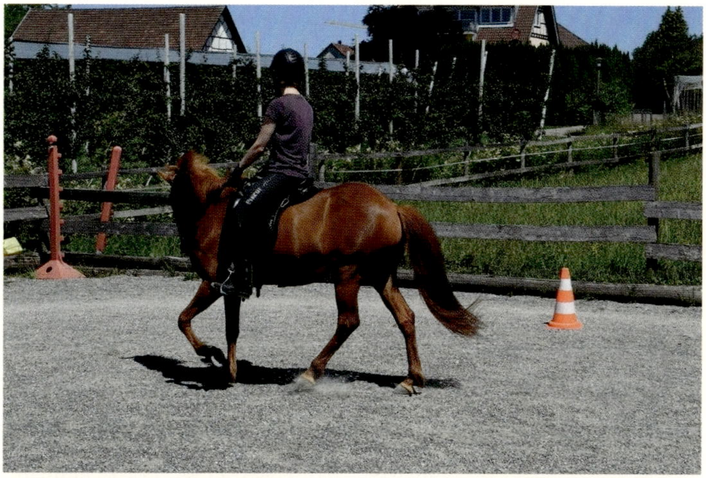

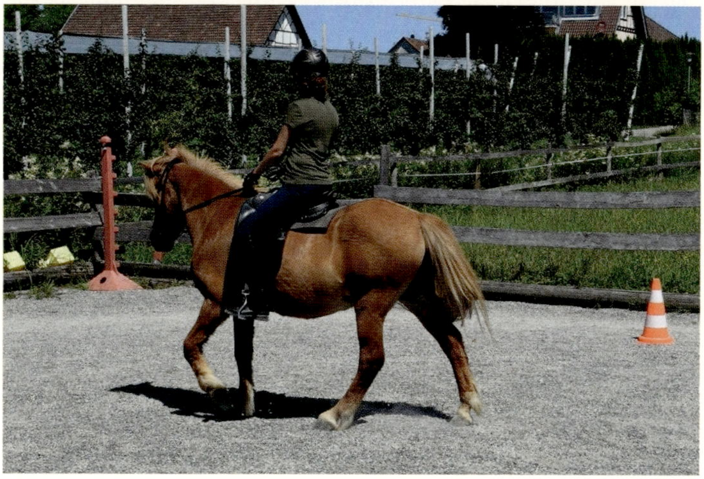

16 Das Angaloppieren üben

Wo

Reitplatz

Hilfsmittel

Pylone

Verbessert beim Pferd

die Reaktion auf die Galopphilfen

Hilft dem Reiter

bei der präzisen Hilfengebung zum Angaloppieren

Gangarten

Schritt, Trab, Tölt, Galopp

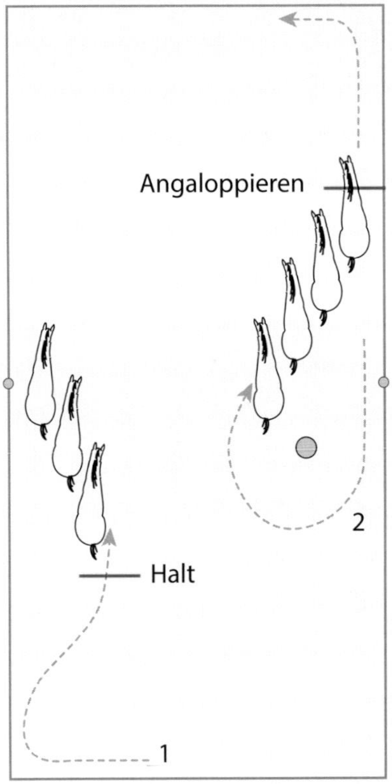

Diese Übung ist sehr hilfreich, wenn Pferde beim Angaloppieren Probleme haben, dabei hektisch werden oder die Hilfen nicht recht verstehen. Meiner Meinung nach erreicht man mit der Wiederholung von dieser Übung, dass das Pferd mitdenken kann. Das Pferd lernt ohne Stress, was verlangt wird.

Ausführung

Du stellst ungefähr auf dem dritten Hufschlag ein Hütchen auf.

Nachdem du ein paar Runden im Schritt geritten bist, kannst du dein Pferd immer wieder auf den zweiten Hufschlag reiten. Dort hältst du an und lässt das Pferd dem Schenkel nach außen weichen.
Dies wiederholst du auf beiden Händen. Danach reitest du dein Pferd im Trab weiter.
Im Trab reitest du nach innen um das Hütchen herum; dabei sitzt du aus. Ab dem Hütchen lässt du das Pferd nach außen zur Bande hin dem Schenkel weichen und sobald du auf dem ersten Hufschlag ankommst, galoppierst du an.

TIPP
Achte darauf, dass deine Schenkel am richtigen Platz sind! Stelle dir vor, dass du das innere Bein auf den Boden stellst, das äußere Bein lässt du nach hinten-unten sinken.

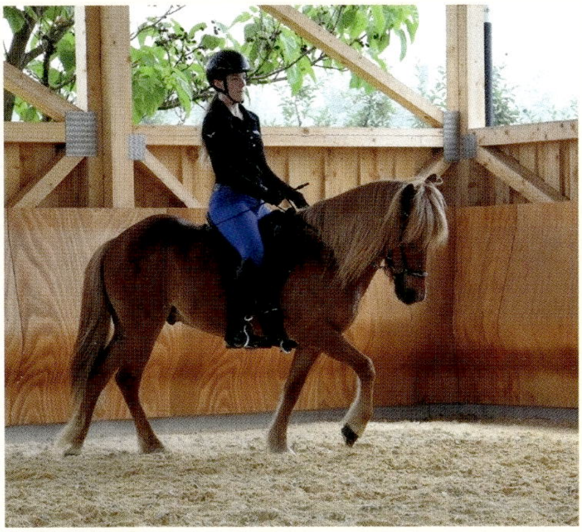
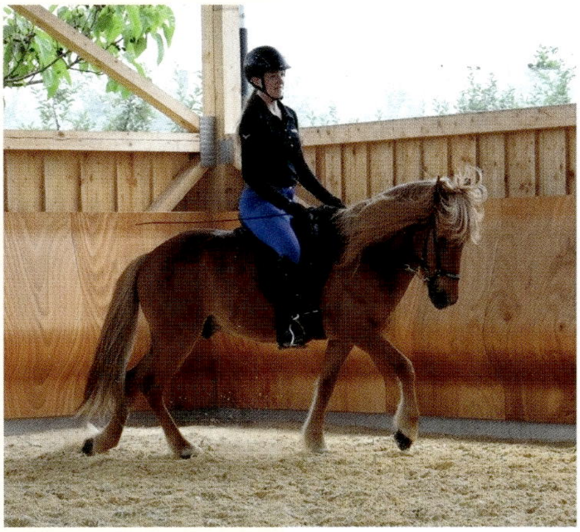
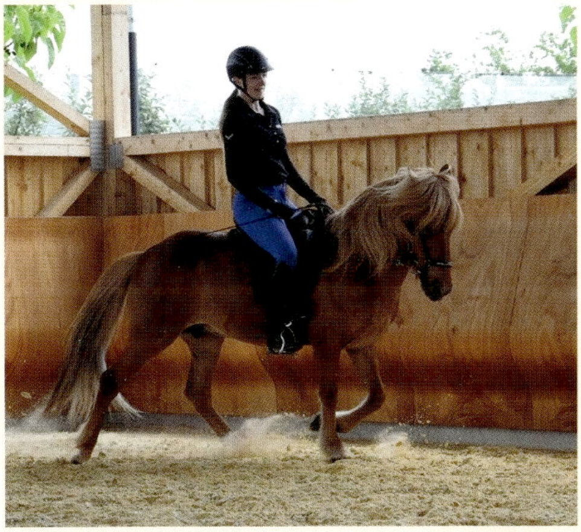
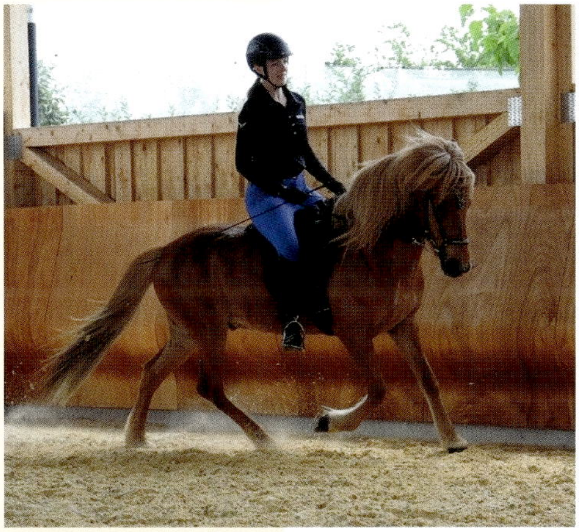
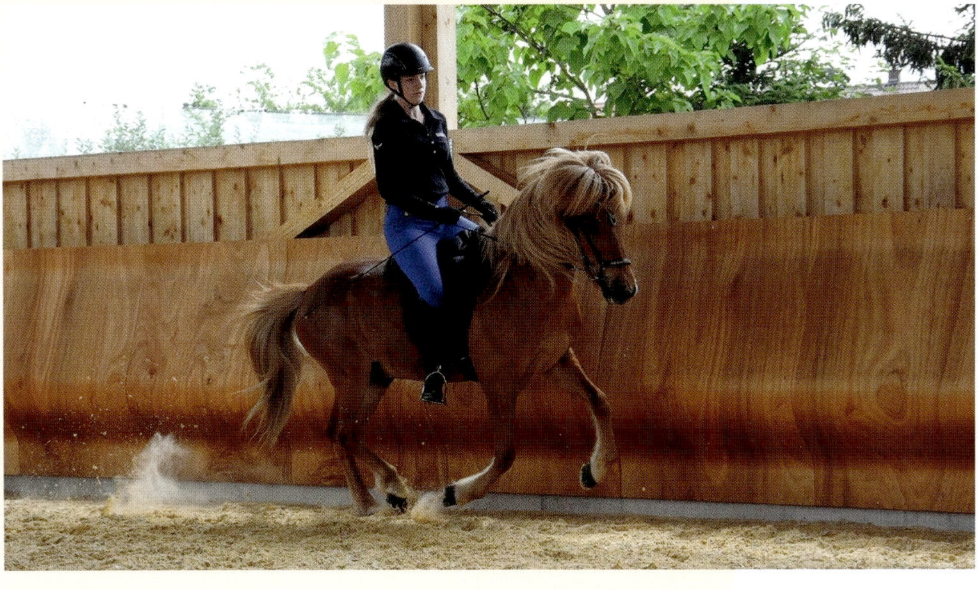

17 Angaloppieren aus dem Schritt

Wo

Reitplatz, Roundpen

Verbessert beim Pferd

die Reaktion auf die Galopphilfen

Hilft dem Reiter

bei der präzisen Hilfengebung zum Angaloppieren

Gangarten

Schritt, Trab, Galopp

Nach einem guten Aufwärmen im Schritt reitest du Schulterherein. Achte dabei darauf, dass die Hinterbeine deines Pferdes gerade fußen. Die Vorhand bringst du nach innen. Du selbst machst dich ganz groß und denkst ans Atmen. Du kannst deinem Pferd etwas helfen, indem du deine innere Hand etwas nach oben anhebst, damit verhinderst du ein ›Über-die-Schulter-Fallen‹ nach innen.

Dann reitest du einige kleine Zirkel, die du mit der Zeit vergrößerst. Die Gangart ist dabei beliebig.
Nun trabst du im Entlastungssitz auf dem Zirkel und parierst daraus durch zum Schritt. Stell dir beim Durchparieren vor, wie du über die Knie ausatmest und deine Sitzknochen dabei (beim Einsitzen) im Sattel einrasten. Anschließend reitest du zwei Schritte Schritt und trabst sofort wieder an.

Danach lässt du im Schritt die Schritte kürzer werden und galoppierst an. Den Zirkel kannst du hierfür einsetzen, indem du zum Angaloppieren den Zirkel etwas vergrößerst. Zum Angaloppieren denkst du an deinen äußeren Schenkel. Diesen lässt du nach hinten-unten sinken.

Den Galopp kannst du schließlich wieder so verkürzen, dass du nahezu ins Halten reitest und aus der Verkürzung wieder zum Schritt kommst. Auch hierfür kannst du den Zirkel ausnutzen und ihn etwas verkleinern.
Es folgen zwei Schritte Schritt und erneutes Angaloppieren.
Du kannst diese Galopp-Schritt-Sequenzen einige Mal wiederholen. Wenn es gut war, hörst du auf. Die Übung kann ganz schön anstrengend sein, also musst du gut ›hinhören‹, ob dein Pferd noch Kraft hat und rechtzeitig aufhören oder eine Pause machen.

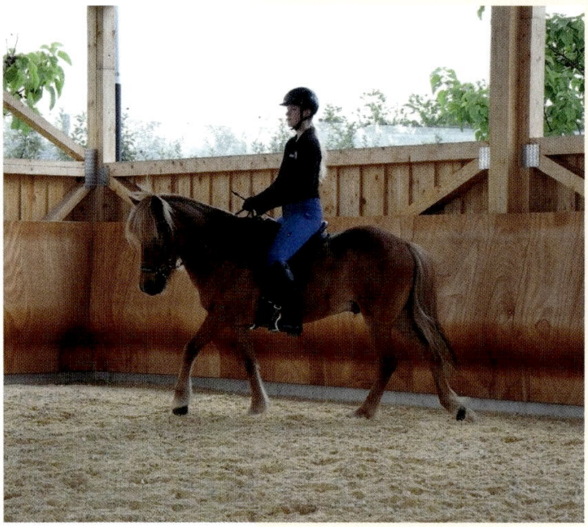

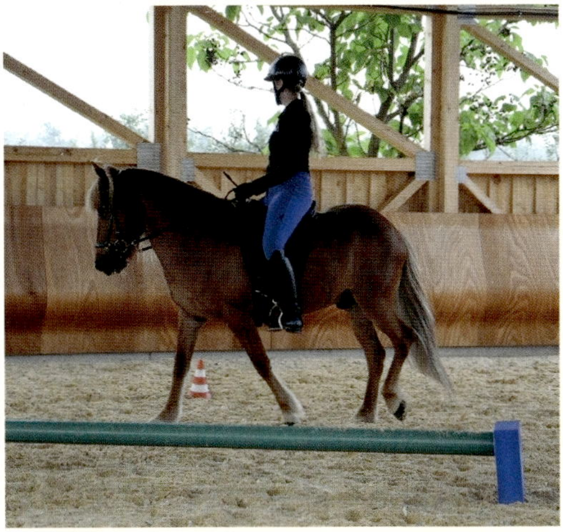
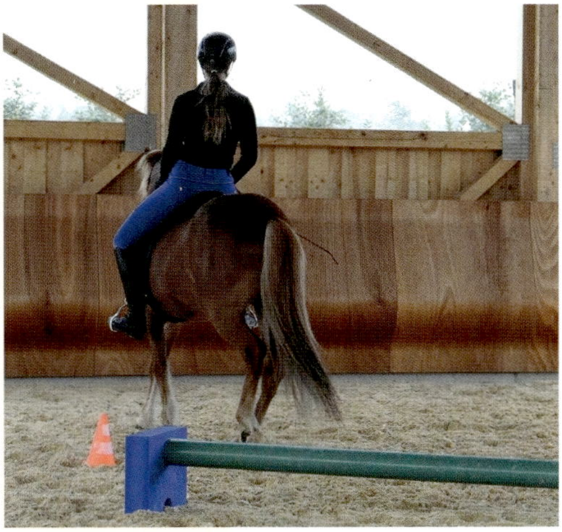
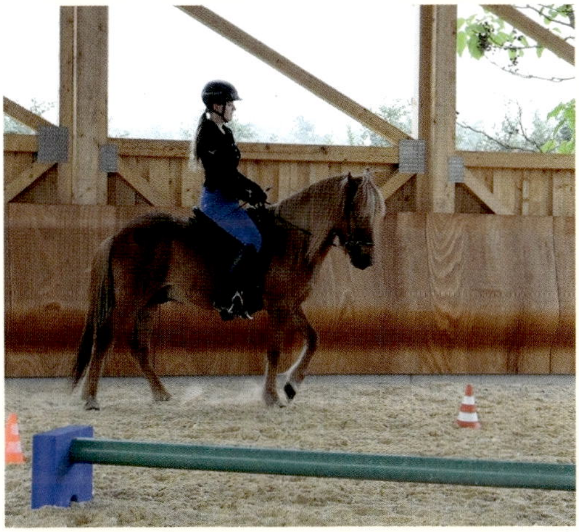
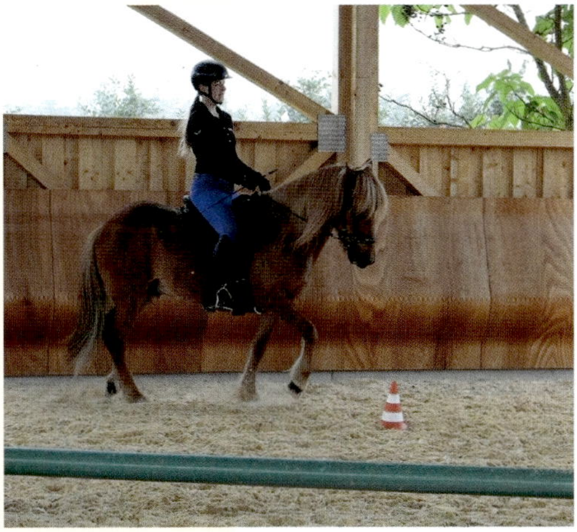
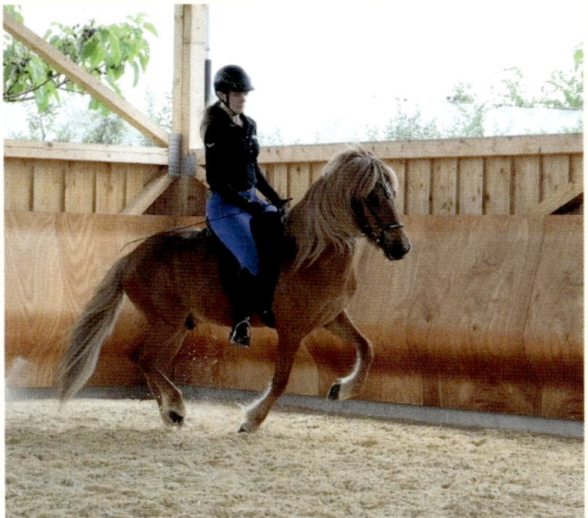
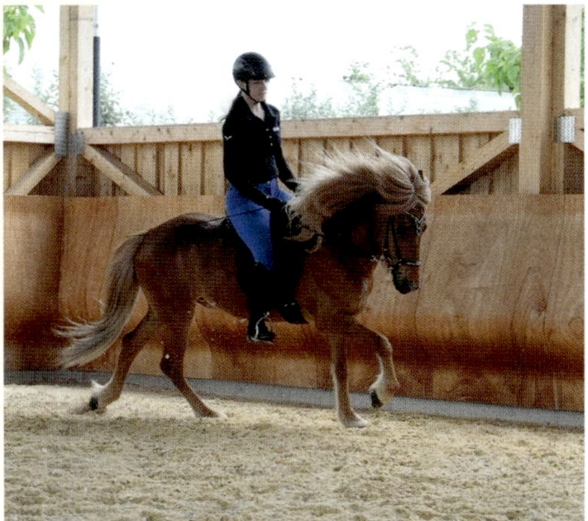

3.
Galopp-Schritt

2.
Volten/Zirkel mit
Trab-Schritt-Trab-
Übergängen

1.
Schulterherein

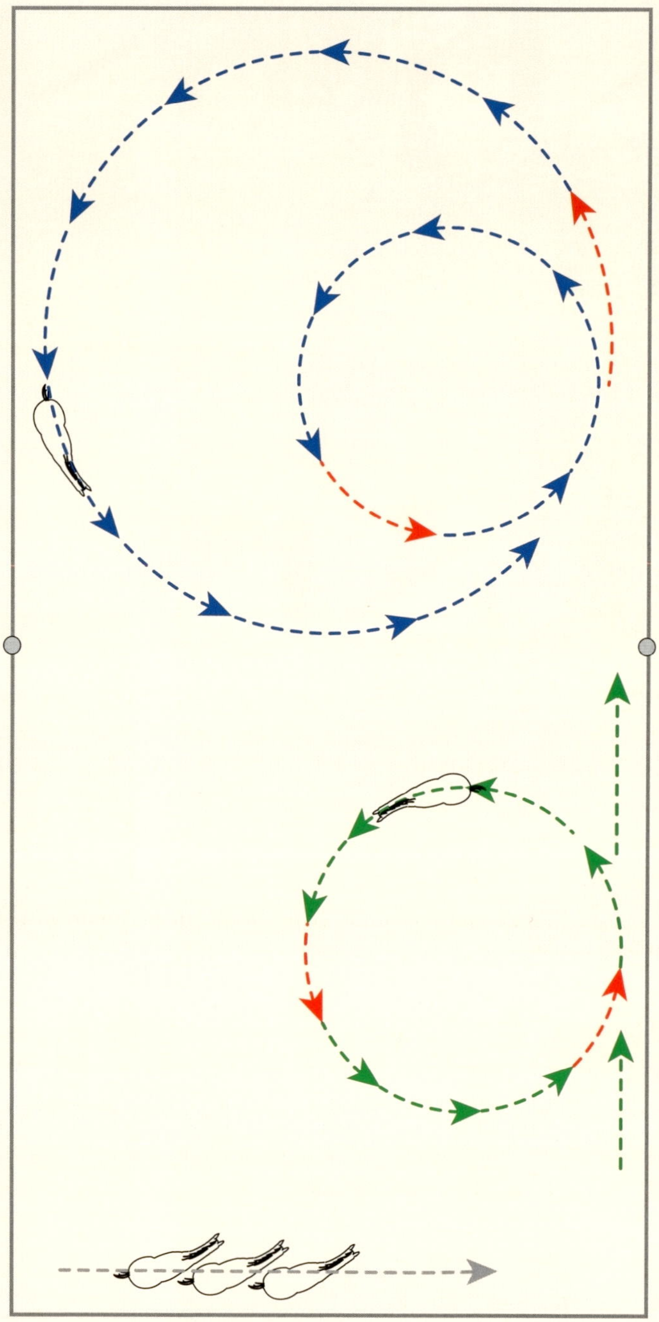

18 Lockerung der Hüfte

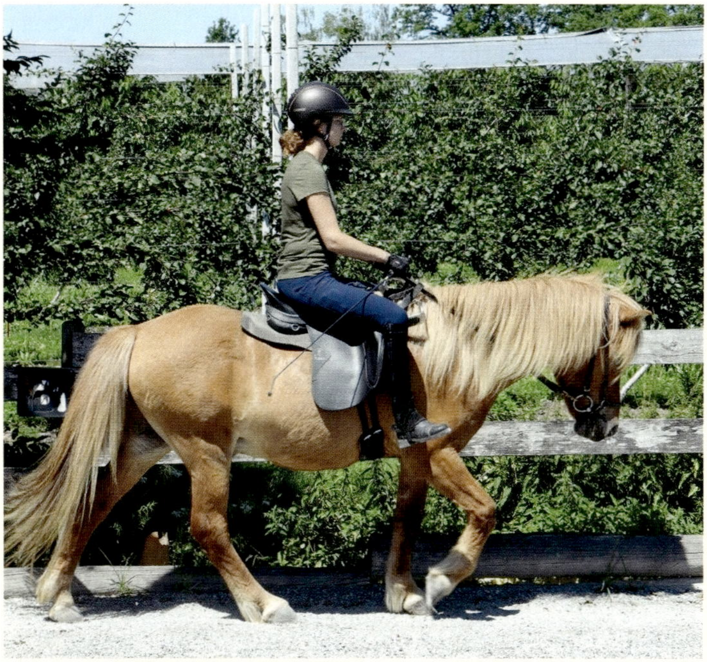

Wo
Reitplatz, Roundpen

Verbessert beim Pferd
die Rückenbewegung und die Losgelassenheit

Hilft dem Reiter
beim Erreichen eines geschmeidigen Sitzes durch beweglichere Hüftgelenke; lockert die Hüftgelenke

Gangarten
Schritt, Trab, Tölt, Galopp

Zum Aufwärmen am Boden
Heute denkst du bereits beim Satteln an dein eigenes Aufwärmen. Meist laufen wir einiges hin und her, bevor wir auf das Pferd aufsitzen. Dies kannst du nutzen, um deine Hüfte zu lockern!
Dazu gehst du einmal ein paar Meter auf Zehenspitzen, dann auf der Außenkante der Füße, dann auf der Innenkante sowie auch auf der Ferse. Sieht vielleicht komisch aus, wirkt aber.
Schließlich kannst du einen Moment stehen bleiben und tippst nun mit einem Fuß auf den Boden. Du tippst größer und kleiner werdend im Kreis jeweils um den anderen Fuß herum.

Beim Reiten
Nachdem du dein Pferd ein wenig aufgewärmt hast, hältst du es an. Nun nimmst du beide Füße aus den Steigbügeln heraus und legst die Beine nach vorne über den Kniepauschen ab. Dann bewegst du deine Sitzknochen abwechselnd links und rechts nach vorne.
Du nimmst deine Steigbügel wieder auf und reitest im Schritt los.

Beim Reiten denkst du nun daran, dass du mit den Sitzknochen reitest. Dabei fallen deine Knie und auch die Ferse wechselseitig nach unten.

Wenn du magst, kannst du auch mit den Beinen über den Kniepauschen reiten, das geht in allen Gangarten. Anfangs braucht es vielleicht ein wenig Überwindung, aber glaub mir: Es ist einfacher als du denkst. Die Pferde finden es übrigens auch toll.
Tipp: Nimm hierbei die Steigbügel nach oben, damit sie deinem Pferd nicht gegen den Bauch schlackern.

Du kannst diese Übung so lange oder kurz machen, wie es für dich gut ist.
Achte danach darauf, wie sich dein Sitz im Sattel nun anfühlt. Wie beweglich ist deine Hüfte?

Eine Reiterin hat mir einmal erzählt, dass sie ab und an noch so von der Arbeit ›verkopft‹ ist, dass wenn daraufhin beim Reiten etwas nicht gleich auf Anhieb klappt, sie immer ärgerlicher wird und die Folge davon ist, dass ihr Pferd sie immer noch weniger versteht. Ihr habe ich geraten, immer in den Situationen, in denen ihr Pferd sie nicht mehr zu verstehen scheint, eine kurze Weile mit den Beinen über den Pauschen zu reiten.
So kommen Pferd und Reiter wieder ins Gleichgewicht, werden ›gerade‹ und es kann danach gelöst weitergeritten werden.

Achte danach darauf, wie sich dein Sitz im Sattel nun anfühlt. Wie beweglich ist deine Hüfte?

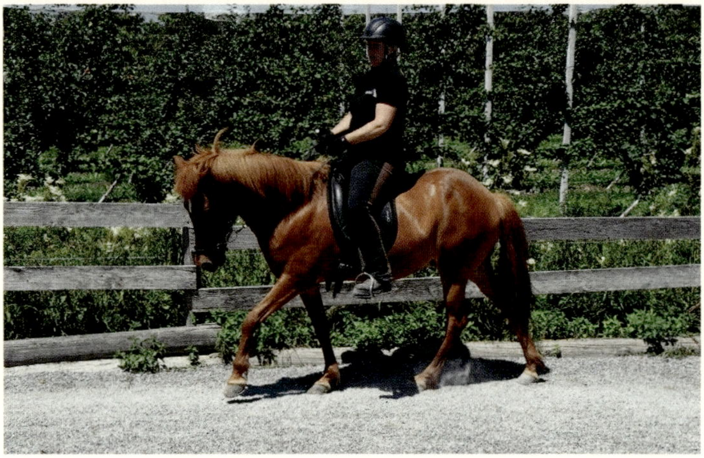

19 Gute Zirkel reiten mit Bauchaugen

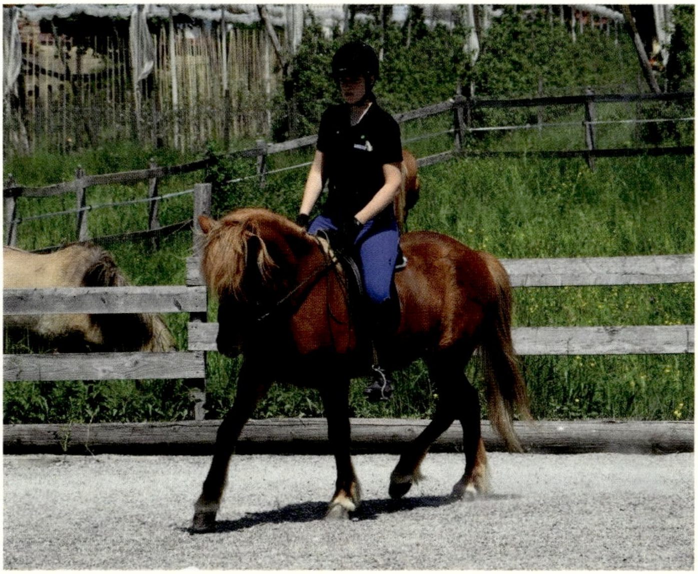

Wo

Reitplatz, Roundpen

Hilfsmittel

Pylon oder andere Markierung
Smilie-Aufkleber

Verbessert beim Pferd

das Gehen auf gebogenen Linien

Hilft dem Reiter

beim richtigen Abwenden, bei der Selbstkontrolle und Körperwahrnehmung

Gangarten

Schritt, Trab, Tölt, Galopp

Um gute Zirkel zu reiten, benötigst du eine gute Idee, wie du deinen Körper richtig einsetzt.

Vorbereitung

Es ist immer wieder interessant zu sehen, was unser Körper eigentlich wirklich macht. Oftmals macht er nämlich nicht das, was wir glauben, was er macht.

Hier ein Beispiel:
Stehe mit beiden Beinen gleichmäßig auf dem Boden. Nun hebst du ein Bein an und beginnst mit dem Bein zu kreisen. Einfach machen, gar nicht lange darüber nachdenken.
Dann machst du das Beinkreisen mit dem anderen Bein. In welche Richtung lässt du dieses Bein kreisen?
Hast du vielleicht mit dem einen Bein nach außen gedreht und mit dem anderen Bein nach innen? Dann zeigt das, dass sich dein Körper immer in eine Richtung dreht. Das wird sich auch beim Reiten auswirken, da ein Bein vermutlich ziemlich fest und verkrampft am Pferd anliegt. Oft gibt es auf dem Reitplatz dann auch Probleme beim Reiten auf einer bestimmten Hand.

Du kannst dir nun auf den Mittelpunkt (X) ein Hütchen oder eine andere Markierung (z.B. Seil auf Boden) legen, damit du es einfacher hast. Achte nun darauf, dass die Energie von der Hinterhand nach vorn-oben zum Pferdemaul gebracht wird.
Du gehst ganze Bahn und wendest dann ab auf den Zirkel. Dabei denkst du vor allem an deinen äußeren Schenkel.

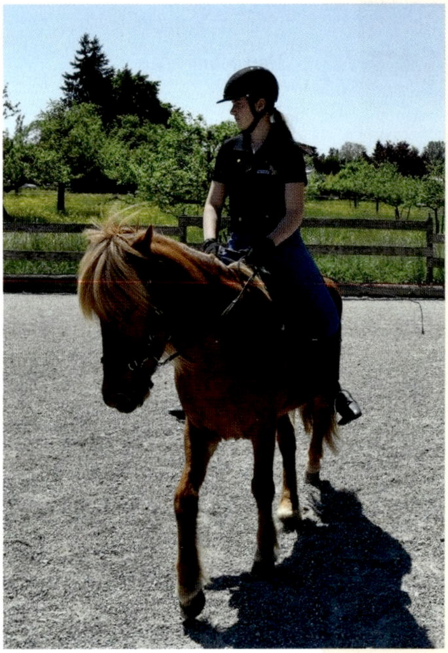

Achtung: wenn man gelernt hat, einfach nur das äußere Bein nach hinten zu legen, passiert Folgendes: Das äußere Bein wird ›lummelig‹ und das innere Bein wird fest (was in einer starren Hüfte resultiert). Kein Pferd hat da große Lust, mitzumachen!
Besser ist es, du denkst beim Reiten des Zirkels an die Bauchaugen:
Kaufe dir Aufkleber-Smileys mit lustigen Gesichtern. Diese kannst du dir links und rechts am Bauch auf das T-Shirt kleben, und wenn du magst, auch noch auf die Schultern. Nun lenkst du dein Pferd mit deinen Bauchaugen. Diese sind furchtbar neugierig und wollen alles sehen, so dass du sie immer dahin zeigen lässt, wo du hinreiten möchtest.

Du kannst die richtige Bewegung für das Abwenden auch auf dem Boden als Trockenübung ausprobieren: Stelle dich mit beiden Beinen gleichmäßig hin, die Beine hüftbreit und etwas in die Knie, nun nimmst du ein Bein nach hinten. Kannst du spüren, was dabei mit deiner Hüfte passiert? Gar nichts! Das Bein ist eben woanders. Das nützt uns und dem Pferd jedoch wenig als Hilfe. Willst du abwenden, so muss deine Hüfte das Bein an die richtige Stelle bringen, und nicht umgekehrt. Also machst du die Bewegung erneut und denkst dabei nur an deine Bauchaugen (und Schulteraugen), so wendest du das Pferd nach links ab: JETZT hat sich die Hüfte bewegt und dein Bein ist automatisch am richtigen Platz (optisch nach hinten gewandert).

Denke beim Zirkelreiten immer daran, dass du zentriert im Sattel sitzt und sich dein Gewicht auf beiden Seiten gleichmäßig verteilt. Wendet dein Pferd ungern ab, so musst du das innere Hinterbein nach außen schicken, so dass es Last aufnimmt.

20 Guter Sitz auf gebogenen Linien

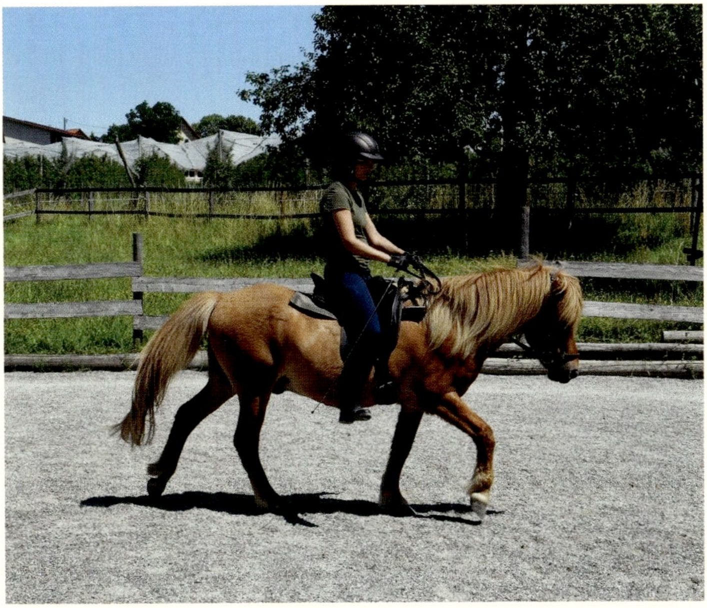

Wo

Reitplatz, Roundpen

Hilfsmittel

Pylonen oder andere Markierungen

Verbessert beim Pferd

die Reaktion auf die Ausrichtung des Reiters und auf den stellenden inneren und begrenzenden äußeren Zügel

Hilft dem Reiter

bei der Orientierung im Raum, beim Trennen von innerem und äußerem Zügel, bei der Ausrichtung der Hüfte in Bewegungsrichtung

Gangarten

Schritt, Trab, Tölt, Galopp

Du kannst dir auf dem Reitplatz Hütchen für Zirkel und Schlangenlinien aufstellen, um eine bessere Orientierung zu haben.

Vorbemerkung

Unser innerer Zügel wird vielfältiger eingesetzt als der äußere. Er kann das Pferd leicht in die Wendung hineinführen, allerdings darf man nie am inneren Zügel ›hängenbleiben‹. Sonst widersetzt sich das Pferd und macht sich steif. Es wehrt sich gegen den festhaltenden, starren Zügel. Kommt der innere Augenrand beim Abwenden oder Biegen in dein Sichtfeld und gibt das Pferd auf dieser Seite in seinem ganzen Körper nach, dann muss deine innere Hand weich werden und vorgehen. Die innere Hand sagt damit »Danke« und der Kontakt zum Pferd wird weich. Der innere Zügel ist kein unterstützender Zügel, wie der äußere, sondern ein fordernder (stellender) und wieder nachgebender Zügel.

Auf dem Zirkel und beim Reiten von Wendungen müssen Gesäßknochen, Beine und Hände besser aufeinander abgestimmt werden als beim Geradeausreiten. Zuerst aber muss gelernt werden, die einzelnen Hilfen anzuwenden und den Körper dabei richtig einzusetzen.

Ausführung

Reite ohne Bügel. Schlage sie über, damit sie das Pferd nicht in der Bewegung stören.
Du beginnst dein Training, indem du dein äußeres Bein vom Hüftgelenk aus nach hinten-unten sinken lässt. Dies kannst du auf dem stehenden Pferd machen. Probiere auch aus, wie es sich anfühlt, wenn du dein äußeres Bein einfach nach hinten legst, wie es oft unterrichtet wird!
Merkst du den Unterschied?

Nun lässt du dein inneres Bein vor dem Steigbügelriemen hinuntersinken. Diese Bewegung lässt das Knie etwas tiefer kommen und bringt den Unterschenkel nach unten, nahe an den Gurt. Das gelingt nur, wenn Knie und Fußgelenk locker gelassen werden. Der innere Oberschenkel bewegt sich im Rhythmus nach unten, während das äußere Bein ruhig und sicher hinter dem Gurt liegt. Stimmt die Lage der Oberschenkel, halten diese das Pferd nach vorwärts auf der Zirkellinie, ohne dass du dich anstrengen musst.

Nun reitest du zuerst im Schritt große Zirkel, Achten und Schlangenlinien am eher langen Zügel: ohne Bügel und mit der Vorstellung von den langen Beinen.
Nur fortgeschrittene Reiter sollten diese Übung ohne Bügel im Trab und eventuell auch im Galopp fortführen. Das Aussitzen, vor allem ohne Bügel, bedarf eines Pferdes mit gut ausgebildeter Rückenmuskulatur, sowie eines Reiters, der gelernt hat, sein Becken aufrecht und locker zu halten.

EXKURS

Woran merkst du, dass du und dein Pferd bereit sind zum Aussitzen im Trab? Ein deutliches Zeichen, dass es noch nicht funktioniert, wäre ein eher unkontrolliertes Rumhüpfen deines Körpers im Trab. Oder das meist hektische Anklammern der Unterschenkel. Auch dein Pferd zeigt dir, wenn es mit deinem Sitz nicht zufrieden ist, indem es sich aus der Anlehnung heraushebt, z. B. nimmt es den Kopf nach oben. Dies zeigt, dass dein Körper mit dem Aussitzen (noch) überfordert ist. Dann machst du diese Übung im Trab gleich mit Steigbügel weiter.

Je enger die Wendungen sind, desto einfacher ist es, ohne Steigbügel zu traben. Du kannst auf den gebogenen Linien häufige Übergänge zum Schritt einbauen, und immer nur kurz im Trab aussitzen, bevor es für dich zu anstrengend wird und du wieder klammerst und dein Becken blockierst.

Auf alle Fälle machst du zum Abschluss die Übung mit aufgenommenen Steigbügeln.

21 Bessere Zügelverbindung I

Das Herantreten an den Zügel

Generell möchte ich hier anmerken, dass man auch von Zügelverbindung redet und diese trainieren kann, bzw. muss, wenn man kein Gebiss im Pferdemaul hat.
Ich habe bei meinen Kursen bereits so viele unterschiedliche Zäumungen gesehen, ja manch ein Pferd wurde nur mit einer Art Halfter geritten. Und trotzdem ›wirkt‹ der Zügelkontakt. Dies soll jetzt keine Aufforderung sein, das Gebiss zu entfernen und munter drauflos zu reiten.
Das korrekt gerittene Pferd ist immer die Grundlage. Und wenn es korrekt geritten wird, kommen die Hilfen auch über die Zügel – wo immer sie auch landen – sei es im Maul oder an der Nase, korrekt an. Eine grobe Hand ist immer grob, ob ich ein Gebiss oder eine gebisslose Zäumung verwende, ist einerlei. Die Verbindung zum Maul (oder der Nase) ist entscheidend und sollte geübt werden. Oft merke ich, dass die Reiter hieran fast verzweifeln, weil sie selbst das Gefühl haben, dass sie nicht fein genug sind. Hierfür habe ich mehrere lustige Übungen, die dabei helfen, einen guten Zügelkontakt mit dem Pferd zu bekommen. Und es sei angemerkt, dass der Reiter, der sich über eine feine Zügelverbindung Gedanken macht, in der Regel keine Sorge haben muss, zu grob zu sein. Den Unterschied macht das bewusste Reiten, der bewusste Kontakt. Dann wird es auch gut!

Du musst dir bewusst sein, dass verdeckte Hände die Atmung hindern! Werden deine Hände hart, hindern sie das Pferd am Vorwärtsgehen. Darum ist es mir wichtig, hier ein paar Übungen für einen guten Zü-

Wo

Reitplatz, Roundpen

Verbessert beim Pferd

das gute Vorwärts-Abwärts; entspannt die Rückenmuskeln; verbessert den Kontakt mit dem Zügel. Es lernt, den Zügelkontakt anzunehmen, statt sich dem Zügel zu entziehen.

Hilft dem Reiter

guten Kontakt zu halten und eine weiche Hand zu entwickeln

Gangarten

Schritt, Trab, Tölt, Galopp

gelkontakt zu zeigen. Diese Übungen kannst du beliebig in dein Training mit einfließen lassen. Du kannst sie z. B. nur kurz zum Aufwärmen verwenden. Alle haben eines gemeinsam: Sie verbessern deine Hilfengebung mit dem Zügel. Ideal wäre es, wenn du die Zügel als Verbindung zum Pferdemaul so halten würdest, als ob du über die Zügel dem Pferd die Hand reichen würdest. Ganz so, wie du ein kleines Kind an der Hand führen würdest. Bestimmt, freundlich und vertrauensvoll.

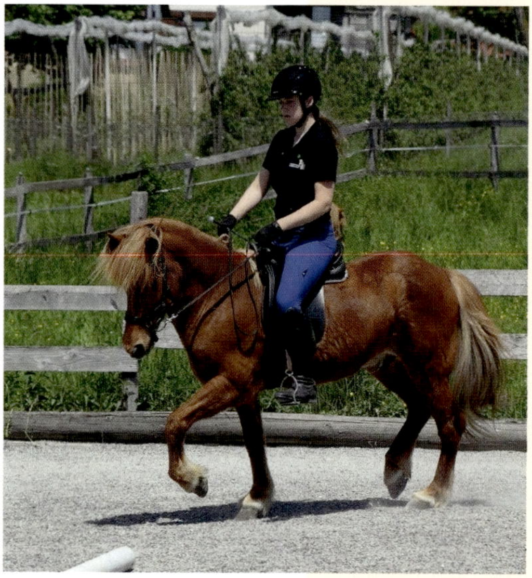

Die folgende Übung macht Spaß und du wirst dabei geschickter im Zügelkontakt zum Pferd. Dein Pferd wird dadurch geschmeidiger und der Rücken lockert sich.

Der Zügel sollte vom Pferdemaul aus, über deine Hand, über deinen Ellenbogen, dann über die Schulter und wieder auf der anderen Seite von der Schulter, über den Ellenbogen, über die Hand zum Pferdemaul ein Oval bilden. Eine feine Hand kommt letztendlich aus den lockeren Schulterblättern des Reiters, der mit dem Pferd ein Ganzes bildet.

Versuche nie, die Hand still zu halten! Dies bringt gar nichts, da du dich, sobald du dich darauf konzentrierst, unweigerlich irgendwo im Körper fest machst. Eine feine Hand kommt durch viel Üben und zwar den richtigen Kontakt üben! Es bringt also nichts, die Zügel wann immer es nicht darauf ankommt, einfach durchhängen zu lassen, sondern man muss sich immer dem Kontakt mit dem Pferd annähern.

Übung: Zügel verlängern und verkürzen

Eine gute Übung, wie du dich selbst überprüfen kannst: Während du Zirkel oder auch andere Bögen reitest, überprüfst du, wie sich der linke und der rechte Zügel anfühlen. Beide sollten zu jeder Zeit die gleiche Verbindung zum Pferdemaul haben. Die Übung Zügel verlängern und verkürzen macht den Pferden viel Spaß und der Reiter wird geschickter im Zügelkontakt zum Pferd. Am einfachsten ist die Übung auf einem Zirkel, da du dann nicht noch auf irgendeinen Richtungswechsel achten musst, sowie das Pferd immer in der gleichen Biegung läuft, was eben die Dehnung im Körper noch zusätzlich erleichtert. Wem das zu kompliziert ist, der geht einfach ganze Bahn.

Du beginnst indem du den Zügel wirklich nur einen Zentimeter verlängerst. Dann nach einigen Metern nimmst du den Zügel wieder einen Zentimeter auf. So arbeitest du dich quasi immer weiter vor. Spürst du, dass dies gut geklappt hat, so lässt du den Zügel beim nächsten Mal 2 Zentimeter länger werden und nimmst ihn nach ein paar Metern, einem halben Zirkel, oder einem ganzen Zirkel wieder 2 Zentimeter mehr auf. Wichtig ist, dass dies Stück für Stück geschieht. Dabei kannst du dir vorstellen, dass die Zügel eine dieser Flexi-Hundeleinen sind, die immer den gleichen Kontakt zum Hund haben, der Hund geht weiter weg, die Leine wird länger, der Hund kommt näher, die Leine wird kürzer. Genauso stellst du dir deinen Zügel vor, du hast also immer den gleichen Kontakt zum Pferd, obwohl der Zügel mal länger, mal kürzer wird! Außerdem sollte das Pferd den Takt dabei nie verlieren.

Wie immer bietet es sich an, die Übung zuerst im Schritt und dann später im Trab, sowie Tölt und Galopp zu üben. Es ist nicht einfach, so dass es vielleicht anfangs überhaupt nur im Schritt gut klappt. Erzwinge nichts und übe ein anderes Mal weiter. Das Pferd soll sich schließlich an deine Hand herandehnen, was in den höheren Gangarten bereits ein deutliches Maß an Ausbildung verlangt. Aber es lohnt sich, da dranzubleiben. Beginnen im Trab die Zügel zu schlackern, so versuchst du zunächst dein Pferd durch vorsichtiges Vorwärts-Treiben aufzumuntern, dem Zügel nachzugehen. Klappt dies nicht, nimmst du die Zügel eben wieder mehr auf und beginnst die Übung erneut. Pariere ggf. durch, um in Ruhe im Schritt wieder den Kontakt zum Pferd zu suchen. Wichtig ist, dass du dir dabei Zeit lässt, das Pferd soll sich in aller Ruhe daran gewöhnen, dass es seine Haltung verändern darf und soll! Spüre dabei wie sich der Rücken deines Pferdes verändert. Es ist vielleicht auch hilfreich, im Trab in den Entlastungssitz zu gehen.

GUTE VERBINDUNG

Die Oberlinie deines Pferdes soll sich verlängern, wenn du den Zügel verlängerst. Hast du das Gefühl, dass sich der Hals deines Pferdes beim Verlängern der Zügel dehnt, so ist das die richtige Reaktion! Kommen dir Kopf und Hals deines Pferdes regelrecht entgegen, so hat dein Pferd die Verbindung verloren.

22 Bessere Zügelverbindung II

Wo

umzäunter Reitplatz, Roundpen

Hilfsmittel

Vorstellungskraft

Verbessert beim Pferd

die Anlehnung und die Bereitschaft, den Zügel anzunehmen

Hilft dem Reiter

eine leichte Hand zu entwickeln und einen besseren Kontakt zum Pferd zu bekommen

Gangarten

Schritt, Trab, Tölt, Galopp

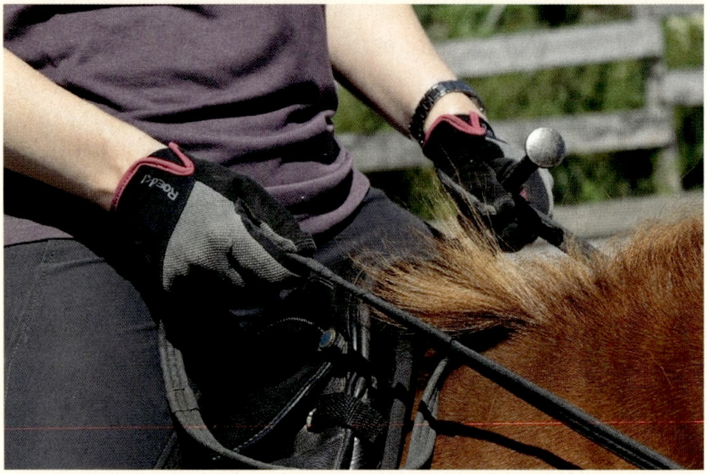

Es ist wichtig, dass wir immer an unserem Zügelkontakt arbeiten. Dem Pferd ist nicht geholfen, wenn wir solchen Respekt vor dem Zügel haben, dass wir die Zügel immer durchhängen lassen. Dadurch wird unsere Zügeleinwirkung grob und unpräzise, wenn wir ihn denn mal gebrauchen müssen! Es ist manches Mal anzuraten, den Zügel eher mal etwas zu kurz zu fassen, um eine Verbindung zum Pferd aufzubauen.

Mit spielerischen Übungen, die den Reiter aus seinem gewohnten Verhaltensmustern herausbringen, fällt es vielen leichter, einen guten Zügelkontakt herzustellen.

Bitte mach diese Übungen nur auf einem umzäunten Reitplatz!

Verbindung spüren

Zum Aufwärmen versuchst du, die Verbindung zum Zügel durch deinen ganzen Arm zu spüren: Handgelenk, Ellenbogen, Schulter, Schulterblatt. Spüre dabei das Pferdemaul und seine Bewegungen, gib nach und folge, ohne jedoch die Zügel hinzuschmeißen!

Generell ist das Gebiss nicht dazu da, Zwang auf das Pferd auszuüben; es dient der Kommunikation. Aber man muss auch mal verbindlich ›Nein‹ sagen können, beispielsweise an der Straße! Und dann ist es absolut notwendig, dass das Pferd ein ›Halt‹ auch wirklich ohne zu fragen akzeptiert.

Zügelhaltung ändern

Halte die Zügel einmal so, wie du eine Bratpfanne halten würdest. So reitest du eine Weile. Spürst du, wie sich dein Brustkorb mehr öffnen kann? Reite eine ganze Weile auf diese Art weiter: füge Trab, Galopp und Wendungen ein. Danach kehrst du wieder zur normalen Zügelhaltung zurück. Nun beobachte beim weiteren Reiten einmal deine Verbindung zum Pferdemaul!

Schwere Ellbogen führen zusätzlich dazu, dass du eine leichte Hand hast. Du kannst dir dafür vorstellen, an deinen Ellenbogen wären links und rechts zwei ›Früchte‹ aufgehängt. Genau solche, wie man sie im Sommer auf der Terrasse an die Tischdecke hängt, damit der Wind sie nicht abheben kann.

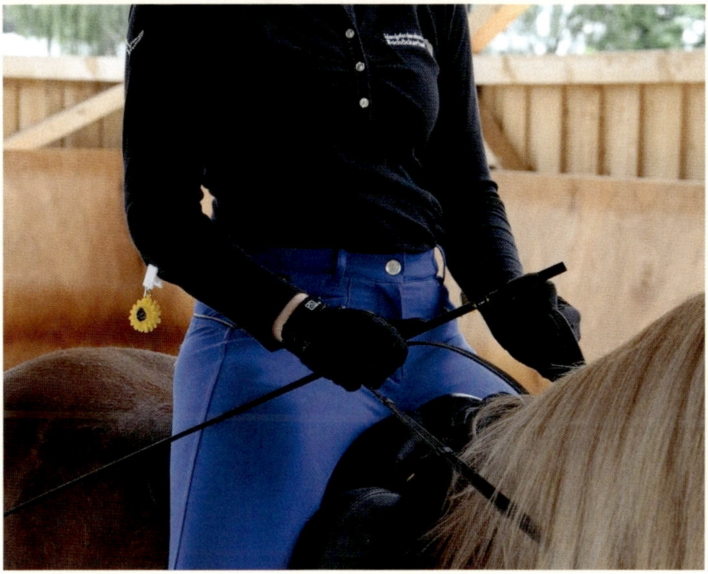

23 ›Am seidenen Faden‹

Wo

umzäunter Reitplatz, Roundpen

Hilfsmittel

ein Stück Wolle in der Länge eines Zügels

Verbessert beim Pferd

die Anlehnung und die Bereitschaft, den Zügel anzunehmen

Hilft dem Reiter

eine leichte Hand zu entwickeln und einen besseren Kontakt zum Pferd zu bekommen, aus der Körpermitte zu reiten

Gangarten

Schritt, Trab, Tölt, Galopp

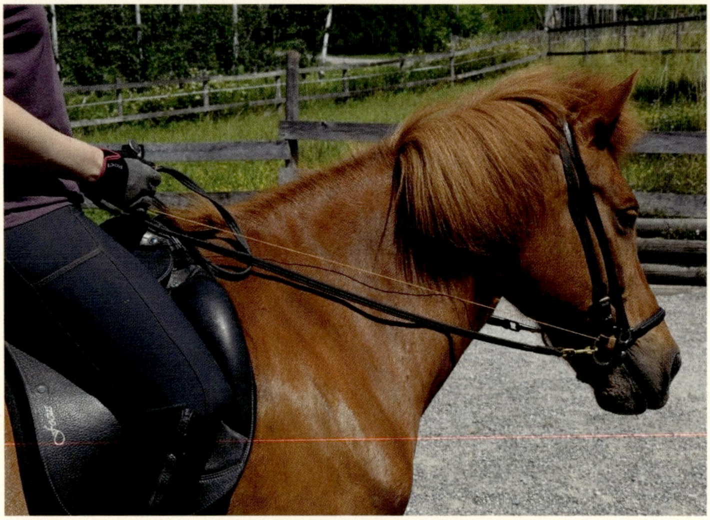

Zügelverbindung am seidenen Faden: Ausführung

Reite statt mit Zügeln mit einem Wollfaden. Du knotest links und rechts ein Stück Wolle als Zügelersatz in den Gebissring. Aus Sicherheitsgründen lässt du die normalen Zügel lang auf dem Pferdehals liegen. Du reitest nun wie sonst auch, jedoch mit deinen Wollzügeln. Du kannst die Wolle auch als zweiten Zügel, wie bei einer Kandare zusätzlich in die Hand nehmen. So, als ob der Wollzügel dein Trensenzügel wäre. Probiere es bitte nur auf einem eingezäunten Platz aus!

Bleibe zuerst auf der ganzen Bahn, bis du dich an das hochfeine Gefühl für das Pferdemaul gewöhnt hast. Dann beginnst du, Wendungen und Übergänge zu reiten. Du kannst dir dabei immer vorstellen, dass die Zügel wirklich nur Spinnwebfäden wären: Wenn du zu viel machst, dann reißen sie! Daher musst du gut an deinen Sitz denken und dem Pferd alle Hilfen über deine Körpermitte vermitteln.

Je mehr du solche spielerischen Dinge ins tägliche Reiten mitnimmst, desto eher bekommst du ein gutes Gefühl dafür, wie dein Kontakt zum Pferdemaul sein sollte.

24 Die korrekte Handhaltung

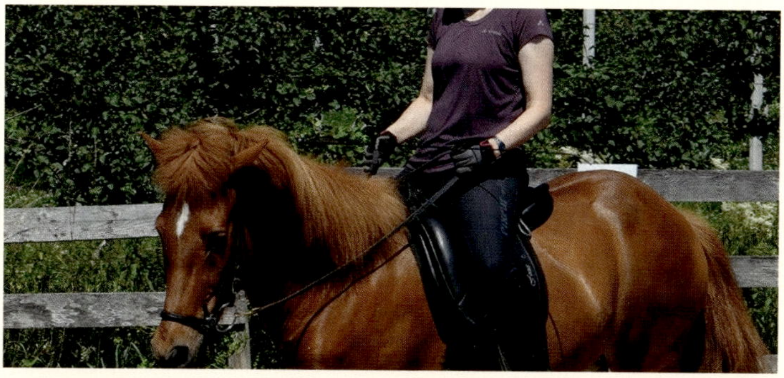

Durch eine bessere Handhaltung bekommst du automatisch einen insgesamt besseren, feineren Kontakt zu deinem Pferd. Die Art, wie du deine Hände trägst, beeinflusst deinen gesamten Sitz.
Viele Reiter reiten mit verdeckten bzw. verdrehten Fäusten. Dabei wird die Sehne über die Arterie gedrückt, so dass eine weiche Zügelhand quasi nicht mehr möglich ist.

Unser Pferd benutzt keine Vorstellungskraft, sondern reagiert nur, wenn die Anweisung eindeutig ist. Es gibt bloß einen Weg, mit dem Pferd zu kommunizieren, und diesen müssen wir üben. Stubsende, fordernde Hände werden beim Pferd nur Widerstand hervorrufen. Wohingegen sanfte Hände ohne eine klare Absicht nicht effektiv sind und ebenfalls zu Missverständnissen führen.

Die Gertenübung für eine aufrechte, getragene Hand

Nimm die Gerte quer vor dich und klemme sie jeweils links und rechts unter deine Daumen. Achte dabei darauf, dass du deine Zügel links und rechts gleich lang hältst, und dass ein guter Kontakt zum Pferdemaul besteht. Zwischen deinen (nun aufrecht gehaltenen) Händen sollte etwa eine Handbreit Platz sein.
Du behältst die Gerte so in der Hand und reitest, wie sonst auch, deine Übungen in der Bahn. Versuche ruhig auch einmal, so durch einen mit Hütchen markieren Slalom zu kommen. Spürst du, wie dein Pferd willig und wie von Geisterhand gelenkt dahin geht, wo du es möchtest?
Wenn du genug hast, nimmst du die Gerte wieder normal in die Hand. Erinnere dich dabei aber immer wieder an das Gefühl, das du hattest, während du die Gerte vor dir hergetragen hast.

Wo
Reitplatz

Hilfsmittel
Pylonen, um einen Slalom aufzubauen

Verbessert beim Pferd
die Anlehnung und die Bereitschaft, den Zügel anzunehmen

Hilft dem Reiter
die Hand zu tragen, einen besseren Kontakt zum Pferdemaul zu bekommen, aus der Körpermitte zu reiten

Gangarten
Schritt, Trab, Tölt, Galopp

25 Hände über Kreuz

Wo

eingezäunter Reitplatz

Hilfsmittel

Pylonen oder andere Markierungen für einen Slalom

Verbessert beim Pferd

die Anlehnung und die Bereitschaft, den Zügel anzunehmen

Hilft dem Reiter

bei der Koordination, beim Abwenden aus der Körpermitte, fördert die getragene Hand, verhindert das Ziehen am inneren Zügel

Gangarten

Schritt, Trab, Tölt, Galopp

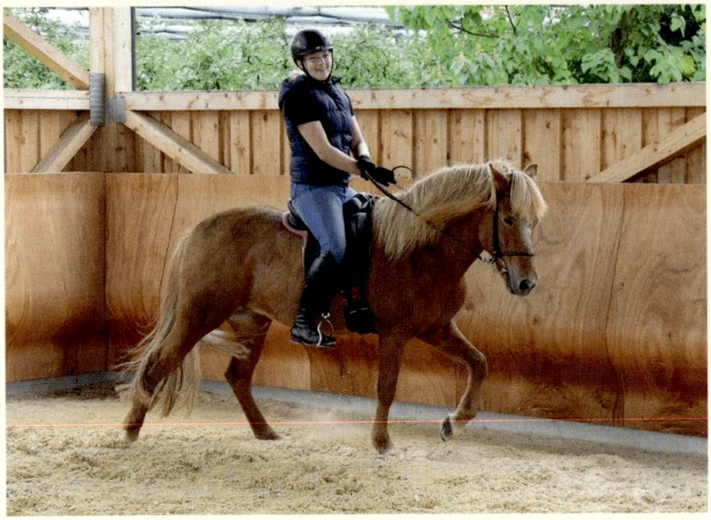

Das ist eine Übung, die manchmal in Reiterwettbewerben gefordert wird. diese Übung ist an und für sich einfach, erfordert allerdings etwas Geschick und Übung.

Du kannst dir Hütchen für einen Slalom oder andere Abwende-Übungen aufstellen.

Nimm deine Hände über Kreuz: rechte Hand an den linken Zügel und linke Hand an den rechten Zügel. Reite ganze Bahn, auf dem Zirkel oder im Slalom um die Hütchen. Achte dabei darauf, dass dein Körper ein X bilden sollte. Das heißt, die gedachte Linie von der linken Hüfte zur rechten Schulter ist genauso lang, wie die gedachte Verbindung von der rechten Hüfte zur linken Schulter! So kannst du dein Pferd wirklich aus der Mitte heraus, über den Sitz, reiten. Du bekommst dabei ein gutes Gefühl, inwiefern du bereits eine zügelunabhängige Hilfengebung beherrschst.

Mache die Übung solange du Spaß daran hast!

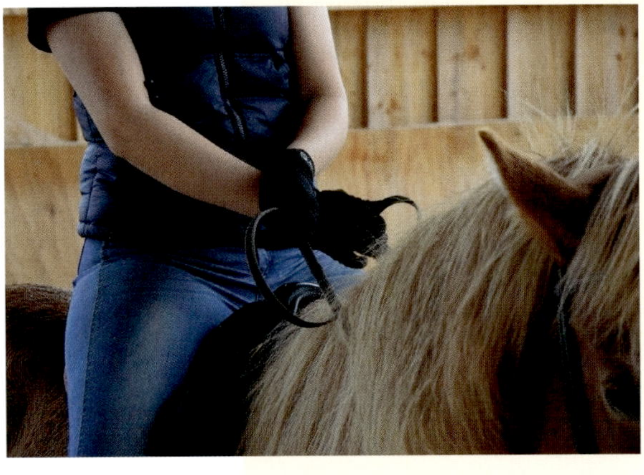

26 Das Aussitzen lernen

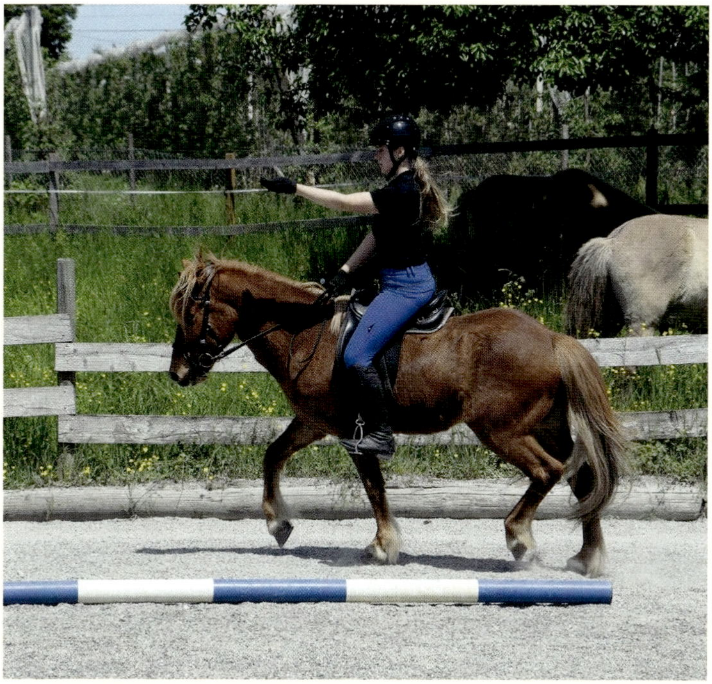

Wo
Reitplatz

Verbessert beim Pferd
den schwingenden Rücken

Hilft dem Reiter
sich auf dem Pferderücken auszubalancieren

Gangarten
Trab

Diese Übung kann man zwar überall machen, allerdings solltest du dafür etwas Ruhe haben. Aus diesem Grund könnte vielleicht ein geschlossener Platz sinnvoller sein.

Bevor du mit dem Aussitzen beginnst, solltest du dir sicher sein, dass du einen so guten Sitz hast, dass du nicht mit Knien und Schenkeln in Versuchung kommst, dich festhalten zu müssen. Wichtig ist, dass du nicht zu früh mit dem Aussitzen beginnst, weder für deinen Rücken, noch für den deines Pferdes wäre dies gesund.
Ist dein Pferd gut aufgewärmt, sitzt du im Trab ein. Dabei nimmst du eine Hand an die Sattelkammer, mit der anderen Hand hältst du die Zügel und die Gerte. Hast du ein gutes Gefühl, kannst du auch die Hand am Sattel wegnehmen. Solltest du im Sattel rutschen, nimmst du die Hand gleich wieder an den Sattel. Achte darauf, dass du das Aussitzen nur in kurzen Reprisen übst und nur solange, wie du ein vollkommen sicheres Gefühl hast. Zwischendrin kannst du Leichttraben oder in den Schritt durchparieren

Reite nun auf einem Zirkel – es muss nicht DER Zirkel sein, es kann durchaus auch ein anderer Kreis sein – und nimm den Entlastungssitz ein. Nun reitest du solange im Entlastungssitz, bis du spüren kannst, dass sich beim Pferd etwas verändert. Vielleicht lässt es seinen Rücken los oder es bewegt sich insgesamt freier? Vielleicht bewegt es seinen Rücken mehr, lockerer, es bewegt sich insgesamt freier?

Nun kannst du immer wieder ein paar Tritte leichttraben, sobald du das gute Gefühl von dem schwingenden Rücken verlierst, gehst du wieder in den Entlastungssitz. Wenn dies gut klappt, nimmst du nach dem Leichttraben das Aussitzen dazu. Immer nur ein, zwei Tritte und dann wieder leichttraben. Kontrolliere immer wieder, wie sich der Pferderücken anfühlt. Kannst du spüren, wie du die Bewegung des Pferderückens nach oben mitnimmst? Wenn das Gefühl nicht mehr gut ist, gehst du in den Entlastungssitz, bis es wieder passt. Dann wieder leichttraben, bis alles passt. Darauf wieder ein, zwei Tritte aussitzen, usw.

Die Idee des Aussitzens

Wenn wir den Trab nicht aussitzen können, obwohl wir genügend ›Übung‹ und Erfahrung im Reiten haben, und auch das Pferd genügend gelöst ist, dann liegt es vielleicht daran, dass wir eine falsche Vorstellung davon haben, was wir tun sollen. Automatisch würde man denken, dass wir uns mehr nach unten drücken müssen. Das Gegenteil ist aber der Fall. Man muss die Aufwärtsbewegung, das ›Nach-oben-Schwingen‹ des Pferderückens, besser aufnehmen.
Stell dir ein Jo-Jo vor: Wenn du es nur nach unten wirfst, kommt es nicht mehr zurück. Du musst die Aufwärts-Bewegung mitnehmen, dann wird es rauf- und runterrollen (die Bewegung fließen lassen).

Zudem kannst du deinen Oberkörper ein bisschen nach vorne denken, damit du quasi Platz machst für den Pferderücken. Stell dir vor, dass deine Sitzknochen dem wechselseitigen Auf und Ab des Rückens Platz machen. Lass deinen unteren Rückenteil ›rund‹ und weich werden, denn das ist es, was du von deinem Pferd haben möchtest.

27 Bodywork auf dem Pferd

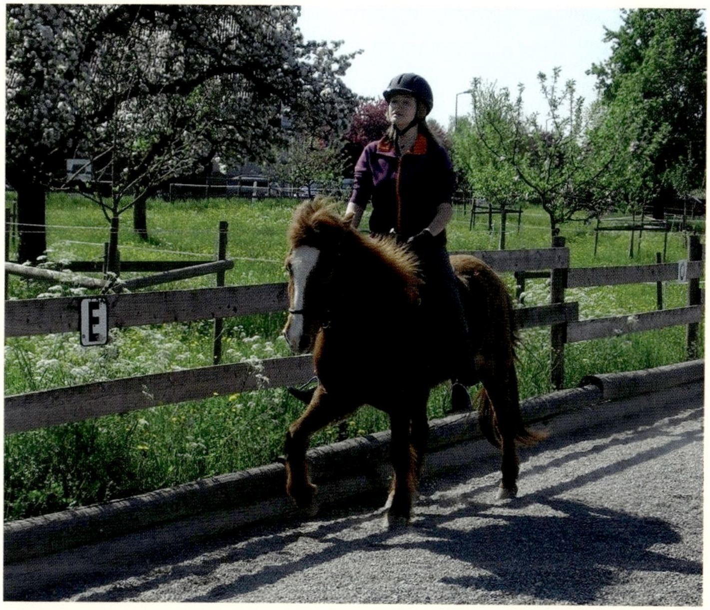

Wo
Reitplatz

Verbessert beim Pferd
den schwingenden Rücken

Hilft dem Reiter
sich auf dem Pferdrücken auszubalancieren

Zuerst setzt du dich komplett krumm und verspannt hin. Anschließend setzt du dich locker hin und spürst deine Sitzknochen. Wandere nun in Gedanken durch deinen ganzen Körper. Spüre in deine Füße hinein, in die Zehen: Wie ist der Kontakt zum Steigbügel? Fühlt sich der Kontakt links und rechts gleich an? Fühlt sich die Stelle, an der der Steigbügel liegt, gut an?
Dann fühlst du den Kontakt deines Knies zum Pferd. Liegt das Knie locker an oder drückt es gegen das Pferd, oder steht es gar ab? Wenn du dir nicht sicher bist, was du spürst, so bewege das jeweilige Körperteil und vergleiche, wie es sich nun anfühlt!
Lege eine Hand von hinten unter deinen Oberschenkel. Nun fährst du mit der Hand nach oben und ziehst damit den hinteren Oberschenkelmuskel nach vorne oben. Merkst du wie du bereits anders sitzt?
Wie fühlt sich nun deine Verbindung zum Pferd an? Lasse deine Beine ganz schwer und lang herabhängen. Finde den richtigen Kontakt zum Steigbügel, indem du mit dem Fuß sanft auf den Steigbügel klopfst. Alternativ kannst du auch das Ende der Gerte nehmen und außen auf den Steigbügel klopfen. Verspürst du hier ein leichtes Vibrieren? Dann ist der Fuß am richtigen Platz.

Nun zu den Schultern: Nimm einen Arm nach oben, dann zur Seite, dann nach unten, das wiederholst du einige Male. Dann machst du das Gleiche mit dem anderen Arm. Die Schultern kannst du beide zusammen nach oben in Richtung der Ohren hochziehen und herabplumpsen lassen. Das machst du ein paar Mal.
Deine Oberarme hängen nun links und rechts von der Schulter herab. Der Ellenbogen ist ganz schwer. Deine Hände stehen aufrecht. Überprüfe, wie sich deine Finger anfühlen. Hast du eine geschlossene Faust?

Bewege deinen Kiefer. Fühlt er sich weich oder verspannt an?
Du kannst mit deiner Zunge die Zähne zählen. Fahre dazu mit der Zunge an ihnen entlang: erst außen-oben, dann innen-oben, dann außen-unten, dann innen-unten. So werden alle Muskeln im Genick bewegt.

Denke an dein Becken: Stelle dir vor, dein Becken wäre eine Wasserschüssel. Die Schüssel ist bis fast zum Rand mit Wasser gefüllt. Nun lässt du das Wasser mal nach vorne, mal nach hinten rausschwappen.

Zuletzt kümmerst du dich um deinen Kopf. Dein Kopf wiegt um die 6 Kilo, und dieses Gewicht müssen Nackenwirbel und Muskeln halten. Daher ist es nicht unerheblich, wie du deinen Kopf trägst. Wenn dein Kopf sich nicht im Gleichgewicht befindet, so wirst du dich mit Nacken- und Rückenbeschwerden herumplagen. Zudem überträgt sich dieses Ungleichgewicht auch auf dein Pferd und stört es bei seiner Arbeit als Reitpferd.

Ob sich dein Kopf im Gleichgewicht befindet, kannst du ganz einfach herausfinden: Bewege deine Nase nach oben und unten, als ob du »ja« sagen möchtest. Dabei machst du einen »Aaaaahhhh«-Laut. Beobachte dabei, wie sich das Geräusch verändert. Auch wenn du vollkommen unmusikalisch bist, wirst du einen deutlichen Unterschied merken. Der Ton kommt tatsächlich nur an einer einzigen Stelle korrekt raus, nämlich da, wo sich dein Kopf im Gleichgewicht befindet!

Zum Schluss überprüfst du wieder dein Sitzgefühl. Hat sich etwas verändert im Vergleich zum Sitzgefühl vor den Übungen?

28 Das Quadrat reiten

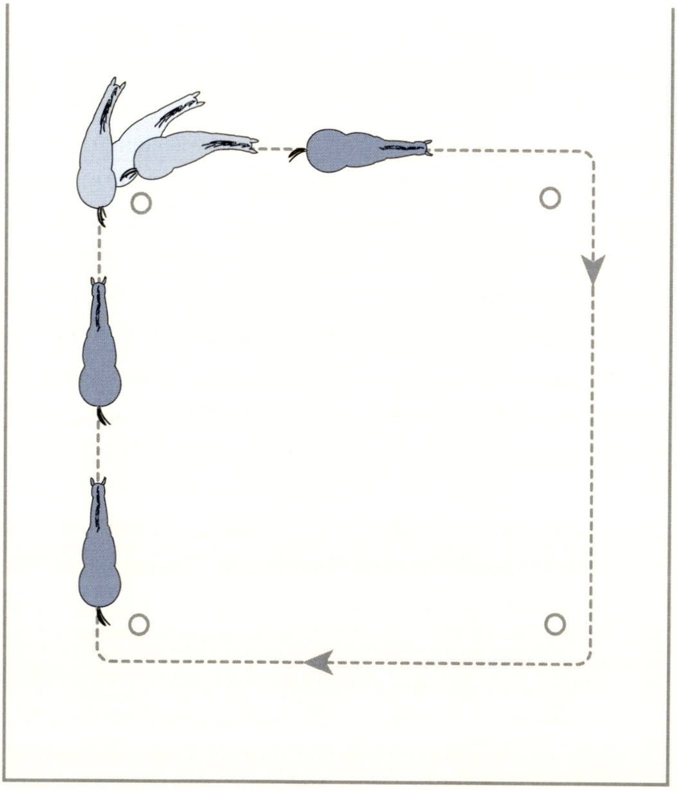

Man kann Tage mit dem Reiten des Quadrates verbringen!
Der Reiter lernt, die Hilfen aufeinander abgestimmt zu geben. Das Pferd lernt, sich zu setzen und achtet aufmerksamer auf den Reiter

Auf dem Reitplatz stellst du dir mit 4 Pylonen ein Viereck auf. Du reitest nicht bis auf den Hufschlag, sondern benutzt deine eigenen Markierungen. Zunächst reitest du das Quadrat so, dass du vor jeder Ecke anhältst, durch die Ecke reitest, um danach wieder anzuhalten und so weiter.
Dann kannst du die Übung etwas variieren, indem du um jedes Hütchen eine Volte nach innen reitest. Achte darauf, dass du die Volten möglichst rund reitest, spüre genau hin, ob dein Pferd die Schultern auf einer Höhe hat, und nicht nach innen abkippt oder durch die Kurve schlurft. Sollte dies der Fall sein, so denkst du vermehrt an deine eigene Balance. Achte auf deine äußeren Hilfen!

Wo
Reitplatz

Hilfsmittel
4 Pylonen

Verbessert beim Pferd
die Aufmerksamkeit und setzt es auf die Hinterhand

Hilft dem Reiter
die Hilfen gut aufeinanderabzustimmen

Gangarten
Schritt, Trab, Tölt, Galopp

Als nächstes kannst du das Quadrat innen an den Pylonen entlang reiten und jeweils eine Volte nach außen machen.

Du kannst Achten mit ständigen Handwechseln um die Hütchen reiten. Wenn es im Schritt gut klappt, beginnst du mit dem Trab!

Im Schritt kann die Übung verändert werden, indem du in jeder Ecke eine Vorhandwendung reitest. Du kannst diese reiten, indem du anhältst, dann eine 90°-Vorhandwendung um die Kurve herum ausführst, wieder anhältst und schließlich wieder geradeaus bis zur nächsten Ecke reitest.

Nun kannst du die Übung etwas anspruchsvoller machen, indem du, noch immer im Schritt, in Bewegung bleibst und die Vorhandwendung einbaust, ohne anzuhalten. Dabei solltest du nicht aus dem Takt kommen. Dies ist besonders toll, um den generellen Vorwärtsgedanken beim Reiten zu verinnerlichen.

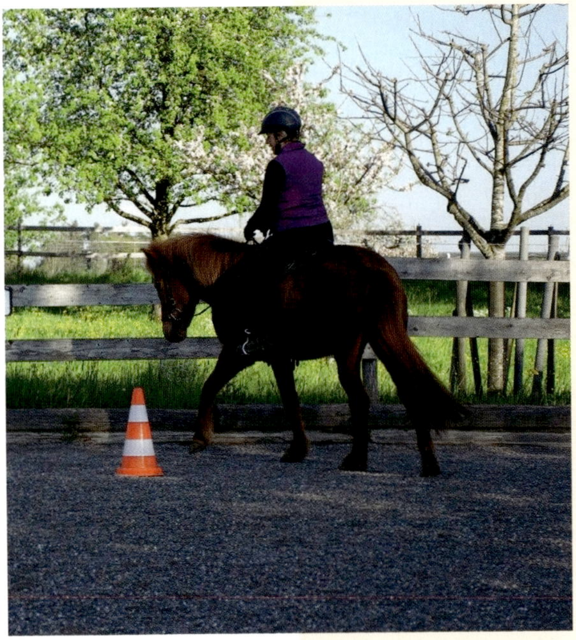

Klappt dies gut, kannst du die 90°-Wendungen in den Ecken auch als Kurz-Kehrt oder Hinterhandwendung ausführen (praktisch als ›halbes Kurzkehrt‹). Achte auch hier darauf, den Takt nicht zu verlieren.

In der nächst höheren Gangart, je nach Gangveranlagung deines Pferdes, reitest du dann dein Viereck ganz normal (außen herum) im Arbeitstempo.
Du kannst je nach Ausbildungsstand hier zusätzlich Übergänge zum Schritt oder ganze Paraden in den Ecken einbauen.

Zur Abwechslung kannst du auf der Geraden an den Seiten Schulterherein oder Schultervor reiten statt geradeaus. Jeweils kurz vor den Eck-Markierungen stellst du dein Pferd wieder gerade. Du kannst einmal nach links, einmal nach rechts Schulterherein reiten.

29 Kurzkehrt im Wendehammer

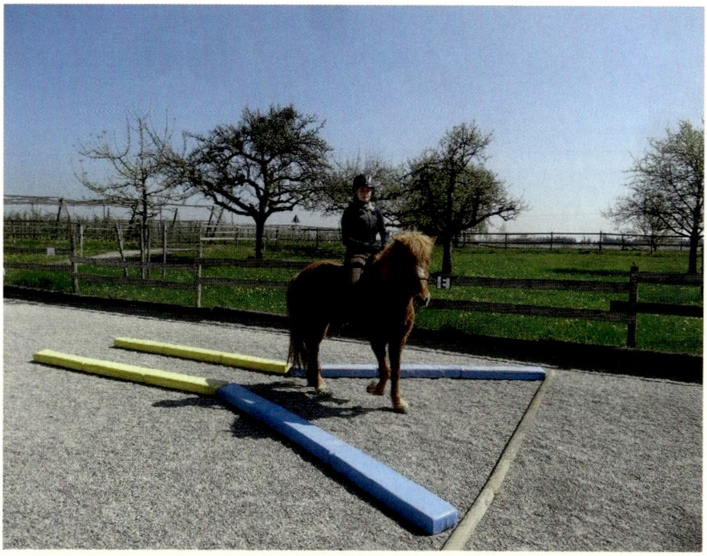

Wo

Reitplatz

Hilfsmittel

Stangen

Verbessert beim Pferd

Dehnung der äußeren Seite, Lastaufnahme des inneren Hinterbeins, die Versammlung

Hilft dem Reiter

die Hilfen gut aufeinander abzustimmen

Gangarten

Schritt

Um die Kurzkehrtwendung zu trainieren, ist es hilfreich, aus Stangen einen sogenannten ›Wendehammer‹ zu legen. Die Stangen legst du, wie auf dem Bild zu sehen. Der Wendehammer ist eine sehr wertvolle Übung, die auch Teil von Breitensportturnieren ist. Wenn ihr noch nicht so weit seid, ein Kurzkehrt zu reiten, so machst du einfach irgendeine Wendung!
Die Kurzkehrtwendung ist eine versammelnde Übung und sehr wertvoll für das weitere Training, da sie die äußere Seite des Pferdes dehnt und die Hinterhand deines Pferdes trainiert.

Um die Kurzkehrtwendung auf einfache Art zu üben, kannst du deine Vorstellungskraft zur Hilfe nehmen. Stell dir eine Lok vor, die auf eine Drehscheibe fährt. Nun dreht die Drehscheibe die Lok. Die Lok selbst macht eigentlich gar nichts.
Genauso reitest du eine Kurzkehrtwendung!
Die Kurzkehrtwendung wird ohne anzuhalten in der Bewegung geritten, der Vorwärtsgedanke muss jederzeit erhalten bleiben. Dein Pferd kreuzt mit dem äußeren Vorderbein jeweils vor das innere. Das Wichtigste ist das rhythmische Vorwärts. Der geregelte Takt muss erhalten bleiben. Die Hinterbeine treten im Takt mit. Dein Pferd ist in Bewegungsrichtung gebogen.

Das Beispiel zeigt dir, wie du die Kurzkehrtwendung auf der linken Hand reiten kannst.
Wenn du in den Wendehammer hineinreitest, machst du dein Pferd zunächst aufmerksam und sagst ihm über deine Hilfen: »Bereite dich vor nach links zu gehen.« Nun denkst du an die Drehscheibe und lässt dein Pferd nach links drehen. Wichtig dabei ist, dass das innere Bein die Vorwärtsbewegung beibehält. Da du den Ausgang vom Wendehammer bald wieder im Blick hast, fällt es dir leicht, die Vorwärtsbewegung im Auge zu behalten und dich nicht zu versteifen.

30 Es muss kein Cowboy sein ...

Wo
umzäunter Platz

Hilfsmittel
einige Pylonen, evtl. Stangen für einen Durchgang

Verbessert beim Pferd
die Reaktionsfähigkeit

Hilft dem Reiter
unabhängig zu sitzen und sich in Bewegungsrichtung auszurichten, aus der Körpermitte zu reiten; braucht man fürs Handpferdereiten

Gangarten
Schritt, Trab, Tölt, Galopp

Das Reiten mit einer Hand ist unverzichtbar für gutes Reiten. Ebenso ist es Voraussetzung für das Handpferdereiten.
Und es ist ein großer Spaß für alle Reiter. Bei vielen Reiterwettbewerben und Breitensportturnieren wird es gefordert: nicht ohne Grund, denn so lässt sich überprüfen, ob das Pferd tatsächlich weitgehend über den Sitz des Reiters gelenkt wird.
Auch das Pferd hat seinen Spaß dabei, da es eher ›frei‹ und signalmäßig geritten wird. Und dies ist gut, um ein fröhliches Vorwärts zu erhalten und auch um gute Reaktionen zu üben.

Trotzdem sehe ich immer wieder, wie es selbst Reiter, die jahrelange Erfahrung haben, extreme Überwindung kostet, die Zügel in eine Hand zu nehmen – auch auf kurzen Strecken. Dies ist sehr schade, denn offensichtlich fehlt diesen Reitern genau das, was das Reiten eigentlich von uns fordert: ein unabhängiger Sitz.

Nimm also immer wieder die Zügel in eine Hand. Das einhändige Reiten wird sich hundertprozentig positiv auf deine Balance, und damit auch auf das Gleichgewicht deines Pferdes, auswirken. Du bist gezwungen, sämtliche Wendungen durch Mitgehen mit deinem ganzen Körper auszuführen. Ein Verbiegen wird so nahezu unmöglich gemacht.

Vorbereitung: Du verteilst ein paar Hütchen im Abstand von einigen Metern (etwa auf dem 3. Hufschlag). Nimm anfangs nicht zu viele Hütchen.

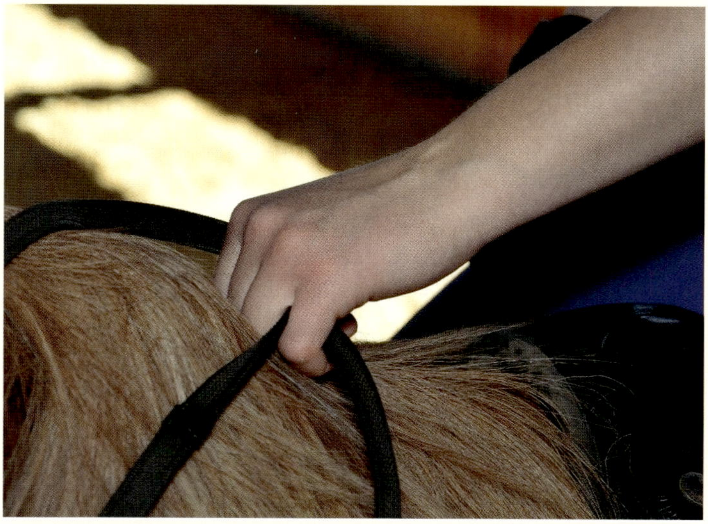

Zum einhändigen Reiten kannst du die Zügelbrücke verwenden.

Du selbst bereitest dich auf dem stehenden Pferd auf die Übung vor. Falte beide Hände vor deinem Bauch zu einem Dreieck, bei dem die Fingerspitzen zusammen nach vorne zeigen. Dann bewegst du dich mit deinem ganzen Körper leicht nach links, gehst wieder zurück in die Mitte und dann nach rechts. Mach dies ein paar Mal. Damit kannst du prüfen, ob du tatsächlich dein Pferd aus deiner Körpermitte richtig lenken kannst.

Es ist sehr wichtig, dass wir mit unserem Körper eindeutige Signale aussenden, andernfalls wird unser Pferd ein bisschen verwirrt sein und seinen eigenen Weg suchen.

Bei Pferden und/oder Reitern, die das Einhändig-Reiten noch nicht kennen, beginnst du immer ganze Bahn und nimmst die Zügel in die äußere Hand. Die Gerte nimmst du dabei in die innere Hand und lässt diese locker hängen. Somit ist dem Pferd erstmal klar, was verlangt wird. Nun kannst du immer wieder anhalten. Achte dabei darauf, dass du alle Hilfen aus deiner Körpermitte, aus dem Sitz heraus, gibst.

Wenn die ersten Übungen gut klappen, wechselst du die Hand (z. B. durch die ganze Bahn wechseln). Denke dabei daran, dass du deine innere Schulter öffnest. Nun wiederholst du das Anhalten und wieder Anreiten auf der anderen Hand.

Dann kannst du durch die Hütchen Slalom reiten. Denke dabei an die ›Lenkübung‹ vom Anfang auf dem stehenden Pferd. Achte auf deinen Körper, spüre wie dein äußeres Bein jeweils nach hinten-unten sinkt. Der äußere Zügel sollte am Pferdehals anliegen, zudem kannst du deine Hand ein wenig mitdrehen.
Wenn du dich sicher fühlst, kannst du die Übung in allen Gangarten wiederholen.
Ebenso kannst du dir Hindernisse auf den Reitplatz stellen. Hier kannst du deiner Phantasie freien Lauf lassen: kleine Sprünge, ein Labyrinth, ein ›Stangen-L‹ oder einen Tunnel …

TIPP
Wenn es dir sehr schwerfällt, die Hände vom Zügel zu lösen, so bau dir einen kleinen Durchgang auf, und beginne beispielsweise zwischen zwei begrenzenden Stangen damit, die Zügel in eine Hand zu nehmen. Auch ist der Wechsel zwischen einhändiger und beidhändiger Zügelführung eine prima Übung. Deine Zügelverbindung wird dadurch gefühlvoller und flexibler.

Die Zügelbrücke

Nimmst du die Zügel in eine Hand, so benutzt du eine sogenannte Zügelbrücke. Beide Zügel laufen durch eine Hand. Du kannst nun ganz leicht seitlich einwirken, indem du deine Hand (diesmal mit dem Handrücken nach oben, wie auf dem Bild Seite 75 oben zu sehen), etwas nach links und rechts drehst.

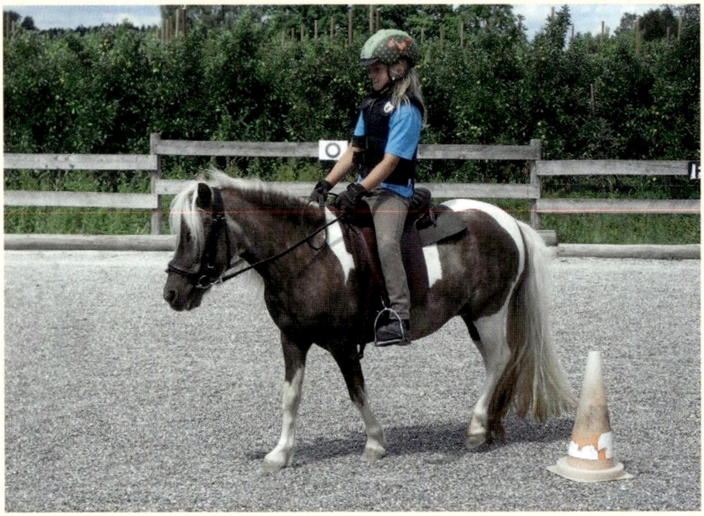

Das Barrel Race macht auch im Schritt viel Spaß

31 Barrel Race

Das Barrel Race macht dem Pferd sehr viel Spaß und macht es geschmeidig.
Der Reiter lernt die Hilfen zusammen einzusetzen und dadurch auf den Punkt zu reiten.
Du stellst dazu drei Hütchen im Dreieck auf. Der Schwierigkeitsgrad der Übung kann variiert werden. Je größer das Dreieck aufgebaut wird, um so leichter wird die Übung.

Nachdem du dein Pferd mit großen Bögen um das Hütchendreieck herum im Schritt warmgeritten hast, versuchst du nun so nah wie möglich am Hütchen zu bleiben. Ein Gleichmaß von Takt und Abstand zu den Hütchen ist sehr wichtig. Sobald du merkst, dass dein Pferd von den Markierungen wegtritt, hältst du es an. Erst wenn es dir wieder zuhört, geht es weiter. Immer in den Kurven so nah wie möglich mit dem Pferdekörper am Hütchen bleiben. Es geht darum, dass dir dein Pferd ganz aufmerksam zuhört. Achte auf einen feinen Kontakt an deinem äußeren Zügel. Die Bewegungsrichtung zeigst du deinem Pferd mit deinem ganzen Körper und mit dem inneren Zügel (nur zeigen, nie ziehen!). Die Markierung der Linie mit den Hütchen hilft dir dabei, deinen Blick nach vorne-oben auszurichten und deinem Pferd ›ganz nebenbei‹ klare Hilfen zu geben.
Immer wenn du ins Stocken kommst, halte dein Pferd kurz an und sammle dich, bevor es wieder weitergeht. Dasselbe gilt auch, wenn dein Pferd dir davoneilen bzw. davonrennen will!

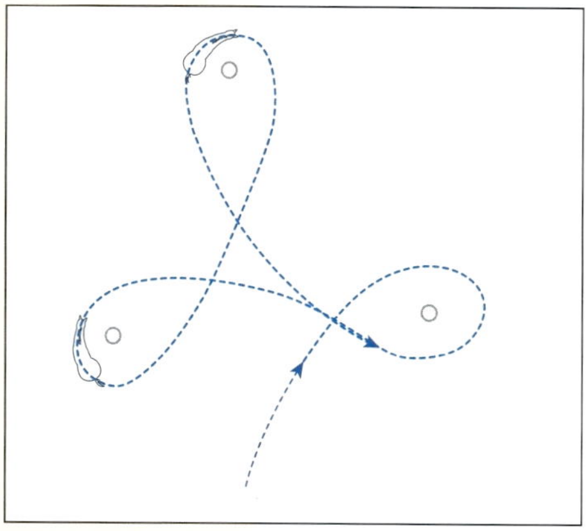

Hast du im Schritt ein wenig geübt, machst du weiter im Trab oder Tölt, hier zunächst wieder mit großen Bögen. Später dann mit Kurven, die so eng wie möglich geritten werden. Dann machst du zwischen den Hütchen Galopp-Trab-Übergänge! Achte immer auf dein Pferd, spüre mit dem äußeren Schenkel sein äußeres Hinterbein. Verlierst du die Geschmeidigkeit, so parierst du zur niedrigeren Gangart oder zum Halt, um alles wieder in Ordnung zu bringen.

Wo
Reitplatz

Hilfsmittel
3 Pylonen, im Dreieck aufgestellt

Verbessert beim Pferd
die Geschmeidigkeit und die Reaktion auf signalhafte Hilfen

Hilft dem Reiter
auf den Punkt zu reiten und seine Hilfen zu koordinieren

Gangarten
Schritt, Trab, Tölt, Galopp

32 Bäume auf dem Reitplatz

Wo
Reitplatz

Hilfsmittel
Pylonen und andere Markierungen

Verbessert beim Pferd
Gleichgewicht und Biegung

Hilft dem Reiter
auf den Punkt zu reiten und seine Hilfen zu koordinieren

Gangarten
Schritt, Trab, Tölt, Galopp

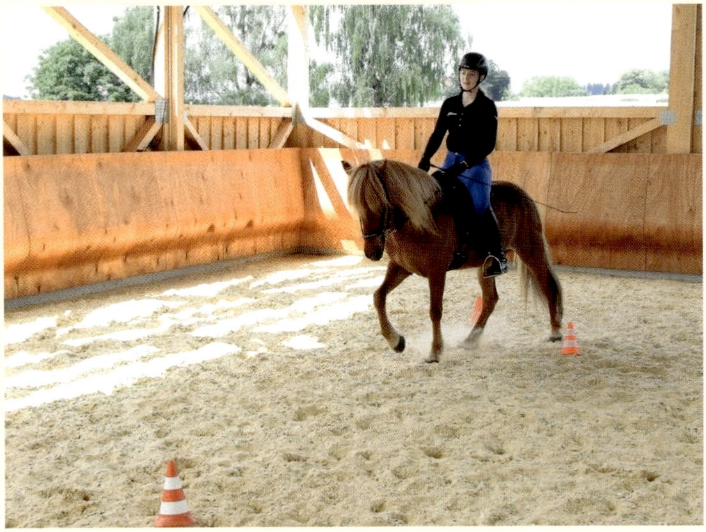

Verteile verschiedene Hütchen oder auch andere Gegenstände (z. B. alte Eimer ohne Henkel) auf dem Reitplatz.
Nun stellst du dir vor, du würdest im Wald reiten. Deine Hütchen sind Bäume, um die du herumreiten musst. Du solltest bei jeder Richtungsänderung ans Atmen denken. Zudem kannst du mit dem Sanften Blick den nächsten ›Baum‹ ins Auge fassen. Hast du dein Pferd im Schritt gut gearbeitet, beginnst du mit Schritt-Trab-Übergängen von Baum zu Baum. Ein anderes Mal kannst du immer wieder am ›Baum‹ eine Ganze Parade reiten.
Danach reitest du z.B. alle Wendungen komplett im Trab.
Wenn dies gut klappt, beginnst du mit Trab-Galopp-Übergängen. Ist dein Pferd schon recht gut ausgebildet, kannst du auch im Galopp bleiben. Dabei kannst du bei Richtungswechseln im Außengalopp weiterreiten. Oder du machst einfache und vielleicht sogar fliegende Galoppwechsel. Achte dabei darauf, dass deine Hütchen nicht zu dicht aneinander stehen, bzw. dass du immer gut planst, an welches Hütchen du als nächstes heranreiten möchtest.

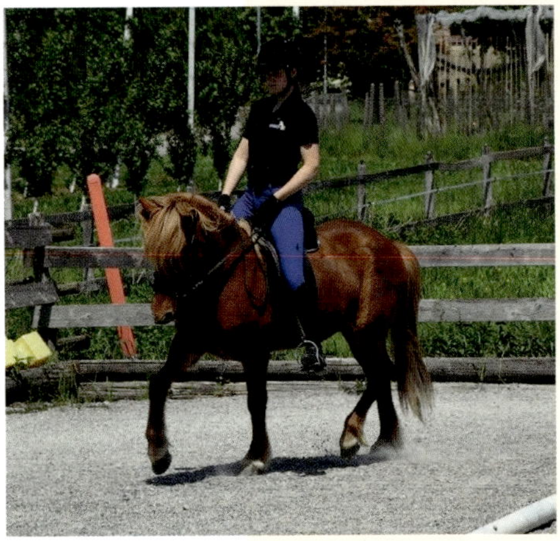

33 Olympische Ringe

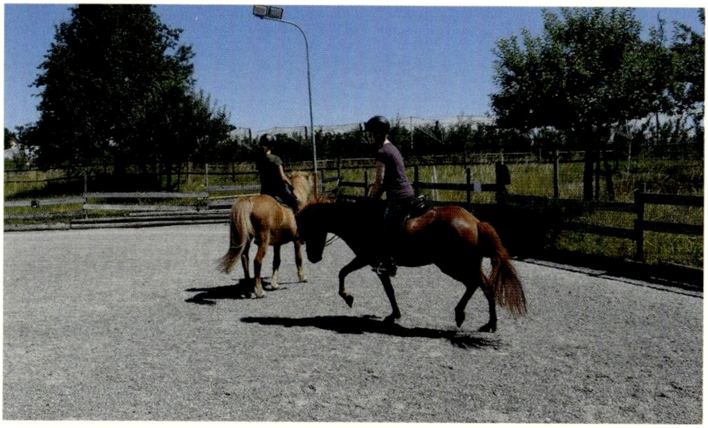

Wo

Reitplatz

Hilfsmittel

Pylonen

Verbessert beim Pferd

Geschmeidigkeit und Reaktion auf die Hilfen

Hilft dem Reiter

auf den Punkt zu reiten; fördert das Gefühl für gute Übergänge, Bewegungsfluss und Vorwärts

Gangarten

Schritt, Trab, Tölt, Galopp

Das Pferd wird geschmeidiger und lernt, besser auf die Hilfen zu reagieren.
Die Übung fördert das korrekte Reiten auf den Punkt und das Gefühl für gute Übergänge. Der Fluss, das Vorwärts, bleiben gut erhalten.

Auf dem Zirkel Übergänge trainieren

Beginne auf dem Zirkel zu reiten. Die einfachste Variante ist einen Außenzirkel zu nehmen. Wenn dies gut klappt, kannst du den Mittelzirkel in Angriff nehmen. Natürlich kannst du auch von einem zum anderen Zirkel wechseln. Um eine ruhige Atmosphäre und konzentriertes Arbeiten zu fördern, ist es aber zunächst einfacher, auf einem Zirkel zu bleiben.
Die Übergänge werden mit Schritt–Halt begonnen. Dabei denkst du beim Anhalten immer ans Ausatmen und beim Losgehen ans Einatmen. Dies sorgt für eine klare Körpersprache. Als Nächstes kommen Schritt-Trab-Übergänge (bzw. Schritt-Tölt). Später dann der Übergang vom Trab zum Halt. Wenn das Pferd fein bleibt, machst du danach Übergänge Trab-Galopp bzw. Tölt-Galopp. Wie lange du im Galopp bleibst, hängt davon ab, wie gut das Pferd schon im Gleichgewicht ist. Bei Pferden, die noch nicht so weit gearbeitet sind, reichen ein bis zwei Sprünge im Galopp. Ansonsten kannst du eine halbe Runde Galopp, eine halbe Runde Trab reiten. Du kannst gerne an immer den gleichen Punkten den Übergang reiten; so wird das Pferd von selbst besser mitdenken. Orientiere dich für die geplanten Übergänge an den Zirkel-

punkten. Zusätzlich kannst du auch noch ein Hütchen innen an den Hufschlag stellen.
Wird das Ganze mit kurzen Reprisen zu hektisch, dehnst du die Trab- bzw. Galoppreprisen etwas mehr aus, oder bleibst auch mal zwei Runden im Galopp, bis das Pferd sein Tempo und Gleichgewicht gefunden hat. Erst dann machst du den nächsten Übergang.

Für eine größere Herausforderung wechselst du den Zirkel nach jeweils einer Runde, indem du dich an der langen Seite zum nächsten Zirkel vorarbeitest: Zirkel bei A, Mittelzirkel, Zirkel bei C, und wieder zurück. Du kannst beliebig oft aus dem Zirkel wechseln oder später auch durch den Zirkel wechseln, damit du beide Seiten deines Pferdes gleichmäßig arbeitest. Je weniger Ausbildung und Übung dein Pferd hat, desto länger bleibst du auf einer Hand, bevor du einen Wechsel einplanst.

34 Kreise an den kurzen Seiten

Wo
Reitplatz

Hilfsmittel
mehrere Pylonen, um damit bei Bedarf eine Kreislinie zu markieren

Verbessert beim Pferd
die Geschmeidigkeit und Flexibilität

Hilft dem Reiter
korrekte runde Volten zu reiten, verbessert die Hilfengebung und Koordination

Gangarten
Schritt, Trab, Tölt, Galopp

Ausführung

Das Pferd wird im Schritt warm geritten, auf dem Reitplatz gehst du ganze Bahn.
Jeweils bei A und C reitest du eine Volte.
Anfangs kann die Volte gerne so groß sein wie ein kleiner Zirkel. Daher nenne ich das Ganze nun vorsichtshalber ›Kreis‹. Wichtig ist nur eines dabei: Es soll RUND werden! Achte besonders darauf, dass dein Pferd nicht mit der Schulter in den Kreis hineinfällt. Das merkst du vor allem daran, dass die zweite Hälfte dann eher einem Ei gleicht, als einem Halbkreis. Ist das der Fall, so achte vermehrt darauf, dass du mit dem inneren Schenkel den Bauch deines Pferdes spüren kannst, gegebenenfalls treibst du mit der Gerte innen nach. Keinesfalls solltest du mit dem inneren Schenkel drücken, dadurch würdest du dein Pferd noch mehr animieren, gegen dich zu drücken. Der äußere Zügel sollte einen guten Kontakt haben, aber auch nicht zum Ziehen kommen. Mit einem Ziehen am äußeren Zügel würdest du nur das Gegenteil von deinem eigentlichen Ziel erreichen. Der äußere Zügel gibt die Kurve vor, die dein Pferd gehen soll; der innere Zügel weist dein Pferd darauf hin, dass es sich nach innen biegen und auch dem inneren Schenkel zuhören soll.

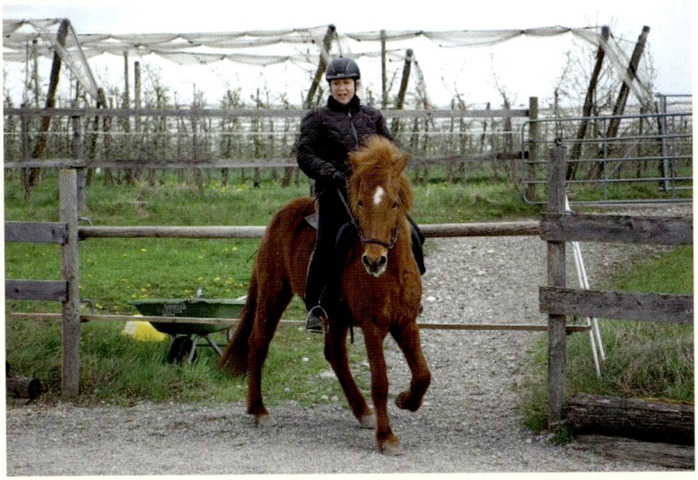

Wenn es richtig gut klappt und die Kreise rund werden, dann kannst du sie kleiner machen. Verkleinere die Kreise noch so weit, wie es der Ausbildungsstand von Pferd und Reiter zulässt. Bei Pferden mit weniger Erfahrung reitest du größere Kreise, jeweils bei A und C.

Bei Pferden, die schon weiter ausgebildet sind, machst du die Kreise unterschiedlich groß oder reitest auch einfach einmal weiter. Denn je besser das Pferd ausgebildet ist, desto mehr soll es auf die genauen Hilfen hören und nicht einfach ein Programm abspulen.
Dann beginnst du mit der nächsten Gangart. Im Trab kannst du die verschiedenen Sitzformen gut einsetzen. An den langen Seiten kannst du dein Pferd im Entlastungssitz oder auch beim Leichttraben gut spüren und den Rücken dadurch schwingen lassen.

Die Kreise kannst du nun, sofern das Pferd schon genügend warmgeritten ist, aussitzen. Dabei kannst du dir mehr Zeit lassen und genau die linke und rechte Seite vergleichen, so dass du dein Pferd mit feinen Hilfen in einer korrekten Volte reiten kannst.

Beginnst du die Übung im Galopp, so achtest du auch wieder darauf, dass die Qualität der Ausführung über der Form steht. Der Kreis sollte so groß geritten werden, dass das Pferd gut im Galopp durchspringen kann. Hast du mit einem annähernd zirkelgroßen Kreis begonnen und das Pferd konnte sich mit runden Galoppsprüngen ausbalancieren, so ist es motiviert und du kannst den nächsten Kreis ein klein wenig kleiner reiten.

35 Takt und Gelassenheit

Wo

Reitplatzz

Hilfsmittel

mehrere Pylonen

Verbessert beim Pferd

Takt und Gelassenheit

Hilft dem Reiter

bei der Fokussierung

Gangarten

Schritt, Trab, Tölt, Galopp

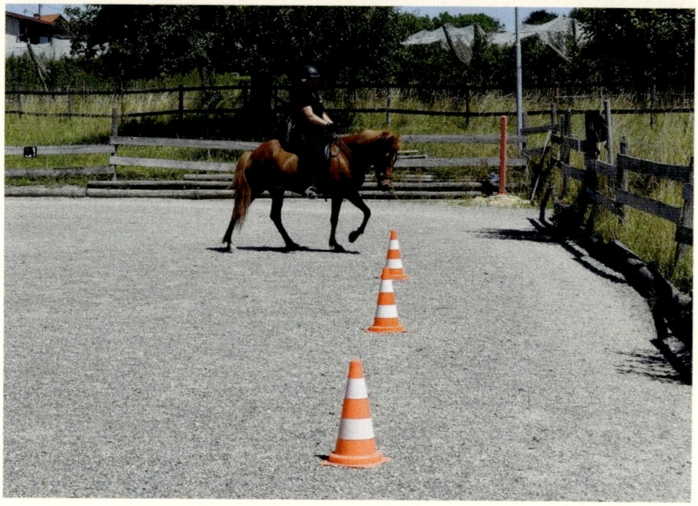

Übungen, bei denen ein steter Wechsel von Biegen und Geradestellen erforderlich ist, sind hervorragend zur Gymnastizierung geeignet. Ebenso werden Takt und Gelassenheit hierbei gefördert. Die Hütchen erleichtern Reiter und Pferd den Fokus.

Ausführung

Stelle jeweils entlang den langen Seiten ein oder auch mehrere Hütchen auf.

Du beginnst im Schritt und reitest um die Hütchen jeweils eine große Volte. Die Größe der Volte kannst du an den Ausbildungsstand deines Pferdes anpassen. Je größer der Kreis, desto einfacher (das Warmreiten beginnst du immer mit großen Volten).

Denke daran:

Vor allem bei älteren Pferden ist es wichtig, dass das Warmreiten im Schritt mit wirklich großen Bögen lange genug erfolgt.

Bemerkst du, dass die Volte ein Ei wird, oder dass das Pferd auf die innere Schulter fällt, so musst du den Kreis größer machen. Achte dabei darauf, dass du die Volte nicht größer machst, indem du dein Pferd am Kopf nach außen führst. Die richtige Ausführung ist die, dass du dein Pferd mit dem inneren Schenkel nach außen treten lässt. Ebenso ver-

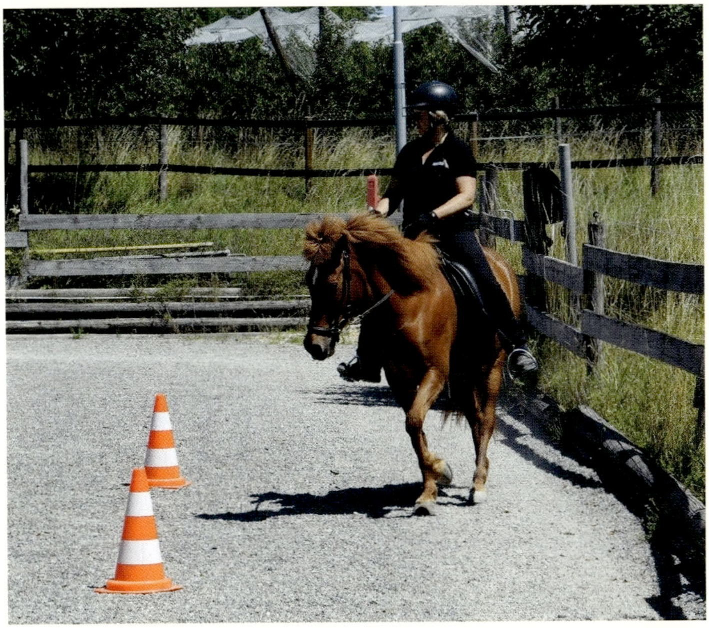

fährst du, wenn das Pferd den Takt verliert, sprich zu stocken beginnt, davoneilt oder passig wird: Um die Ausführung besser (im gymnastizierenden Sinne wertvoller) zu machen, machst du die Volte beim nächsten Mal wieder etwas größer.

Erst wenn es gut klappt, können die Kreise nach und nach kleiner geritten werden. Je nachdem wie lange du im Schritt gearbeitet hast, machst du entweder dieselbe Übung im Schritt auch noch auf der anderen Hand, oder du beginnst gleich mit der nächsten Gangart (Tölt oder Trab). Hast du sehr lange im Schritt gearbeitet, machst du zuerst die Übung im Trab. Wenn das Aufwärmen nicht allzu lang dauerte, und die Übung im Schritt gut klappt, dann wechselst du erst einmal die Hand und arbeitest auf der anderen Hand im Schritt weiter. So vermeidest du, dass die Übung für das Pferd langweilig wird. Klappt alles gut im Trab, kannst du die Übung im Galopp versuchen. Reite die Volten hier anfangs gerne sehr groß, fast wie ein kleiner Zirkel. So machst du die Übung erfolgreich und das Pferd versteht, um was es geht.

Um Ruhe und Takt in die Übung zu bringen, ist es sinnvoll, die Kreise alle gleichmäßig groß oder klein zu reiten. Sind Losgelassenheit und Rhythmus kein Thema mehr, so variierst du jede einzelne Volte in der Größe.

36 Schultern und Knie tanzen lassen

Wo

Reitplatz

Hilfsmittel

ggf. Helfer, der das Pferd führt

Verbessert beim Pferd

Beweglichkeit und Rückentätigkeit

Hilft dem Reiter

im Sattel beweglich zu bleiben

Gangarten

Schritt, Trab, Tölt, Galopp

Im Sattel beweglich bleiben

Kannst du dein Pferd gut spüren? Das Pferd wird es dir danken, indem es feiner und schneller reagieren wird.
Diese Übung kann man auch machen, indem man von einem Helfer geführt wird!

Ausführung

Du gehst in den Entlastungssitz. Nun legst du die Hände links und rechts auf die Schulterblätter deines Pferdes. Wenn du dir nicht sicher bist, wo diese sind, schau auf das Foto unten. Du kannst diesen großen Knochen wunderbar spüren. Mit deinen Händen auf der Schulter kannst du auch die Bewegung deines Pferdes spüren. Die Zügel können dabei gerne links und rechts in der Hand bleiben.
Spürst du wie sich die Schulter deines Pferdes bewegt? Kannst du diese Bewegung bis hinauf in deine eigenen Schultern weitergehen lassen? Nach einer Weile denkst du an deine Knie und stellst dir vor, wie du diese mit Sattelseife einschmierst, bis sie ganz geschmeidig sind. Fühle jetzt, wie dein Pferd deine Knie bewegt. Wenn du ganz geschmeidige Knie hast, dann setzt du dich zurück in den Sattel. Benutze dabei dein Kniegelenk!

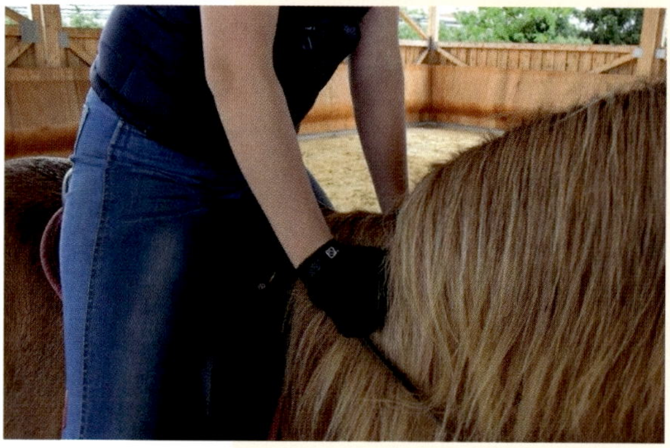

Dies kannst du in allen Gangarten mehrmals wiederholen. Auch beim weiteren Reiten kannst du diese Übung immer wieder einfließen lassen. Vor allem im Trab, wenn du das Gefühl bekommst, dass dein Pferd nicht mehr frei im Rücken schwingt. Kannst du deine Knie tanzen lassen?

LAGE DES SATTELS

Die Schulterblätter deines Pferdes sollten frei sein, der Sattel sollte hinter den Schulterblättern aufliegen. Nur so kann es sich mühelos bewegen.

37 Paarreiten auf dem Reitplatz

Wie der Name schon sagt, brauchst du hierfür nichts weiter außer einem zweiten Reiter!
Früher war das Paarreiten eine Disziplin auf Islandpferdeturnieren. Heute gibt es das leider nur noch hin und wieder auf kleineren Turnieren als Fun-Prüfung. Auch gab es früher in jedem Reitstall, der etwas auf sich hielt, eine Quadrille-Gruppe. Die hier beschriebene Übung kann man quasi als abgespeckte Quadrille-Version betrachten, denn leider hat man nicht immer genug Kollegen parat, um eine Quadrille zu reiten.

Bei uns wird gerne paarweise im Schritt warmgeritten, um Dinge zu besprechen, um den Tagesablauf abzustimmen. Dabei haben wir festgestellt, wie viel Freude dies den Pferden und auch den Reitern macht. Wir reiten zwar nur Runde um Runde im Schritt außen herum, aber immer schön Kopf an Kopf! Deswegen muss man ganz gut auf Zack sein, um die Position präzise zu halten! Nebenbei gewöhnen sich die Pferde so aneinander. Das Paarreiten bietet sich damit auch an, um z. B. Pferde, die neu in die Herde gekommen sind, besser aneinander zu gewöhnen. Pferde lieben es, miteinander zu arbeiten. Manches noch junge Pferd wird dabei eher verstehen, was so von einem Reitpferd verlangt wird und schaut sich einiges vom erfahrenen Pferd ab. Schreckhafte oder ängstliche Pferde bekommen eine gute Schulung und werden ohne viel Zutun entspannter. Was im Übrigen auch für die Reiter gilt!
Als Lehrer kann man einen Reitschüler zudem sehr gut korrigieren, wenn man neben ihm reitet.
Wir verwenden das Paarreiten jedoch nahezu ausschließlich, weil es viel Spaß macht. Die Pferde stacheln sich in jeder Gangart zur absoluten Hochform an. Immer sind sie danach ausgeglichen und hoch motiviert.

Du reitest mit deinem Partner relativ unspektakulär immer im Schritt im Kreis herum. Ein großer Vorteil ist dabei, dass man sich viel Zeit für das Warmreiten nimmt. Um die Hand zu wechseln, könnt ihr durch die ganze Bahn oder durch die halbe Bahn wechseln. Lasst euch etwas einfallen. Je enger die Biegungen sind, desto mehr muss der innere Reiter sein Pferd verhalten und der äußere Reiter sein Pferd vorwärts reiten.

Wo
Reitplatz

Hilfsmittel
ein zweiter Reiter

Verbessert beim Pferd
die Motivation und die Reaktion auf die Hilfen

Hilft dem Reiter
bei der Feinabstimmung der Hilfen

Gangarten
Schritt, Trab, Tölt, Galopp

Achtet darauf, dass die Pferde, wenn möglich, in der gewünschten Gangart bleiben.

Nach viel Schritt kommt dann irgendwann die nächste Gangart. Im Trab oder im Tölt könnt ihr wieder einige Zeit die Pferde im Arbeitstempo reiten. Dann wechselt ihr erneut die Hand. Irgendwann geht ihr dazu über, das Tempo an den langen Seiten etwas zu verstärken und an den kurzen Seiten wieder zurückzunehmen. Ihr solltet natürlich immer auf einen guten Takt achten und darauf, dass das Pferd sich an den Zügel herandehnt. Dazu könnt ihr das Pferd immer ein klein wenig stellen, damit es die Hilfen mehr durch den ganzen Körper annimmt.
Auf Ansage könnt ihr das Tempo zusammen verstärken und verkürzen, an den langen Seiten die Zügel überstreichen oder aus der Hand kauen lassen, oder, oder …

Bei entsprechendem Ausbildungsstand kann man das Paarreiten natürlich auch im Galopp machen. Dies braucht aber viel Übung, damit die Pferde dann nicht zu motiviert sind und ins Rennen kommen.

TIPP
Sollten die Pferde heiß werden, so ist es wichtig, dass der Reiter nicht beginnt, dauerhaft am Zügel zu halten (zu ziehen). In so einem Fall lässig bleiben und das Pferd an nur einem Zügel solange ermahnen bis es wieder zuhört.

Beendet wird diese Arbeit immer mit einer langen Schrittstrecke.

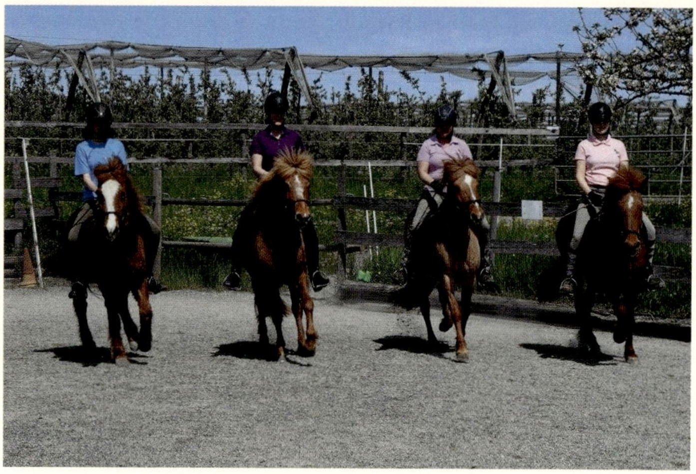

38 Schenkelweichen …

… und daraus angaloppieren

Diese Übung ist eher für fortgeschrittene Reiter interessant. Pferd und Reiter sollten das Schenkelweichen bereits beherrschen. Schenkelweichen gehört einfach zum reiterlichen Alltag dazu, daher hier eine weitere schöne Übung, die dir hilft, dein Pferd gut auf den Punkt zu reiten. Dein Pferd wird dadurch aufmerksam und fleißig mit der Hinterhand.

Ausführung

Du stellst dir auf die Mittellinie 2 Hütchen als Durchgang. Du wendest auf die Mittellinie ab. Bereits hier kannst du dir zwei weitere Hütchen aufstellen, damit du gerade auf die anderen Hütchen zusteuerst. Sobald du durch die Hütchen in der Mitte geritten bist, beginnst du dein Pferd, wie in unserer Skizze bezeichnet, dem linken Schenkel weichen zu lassen. Achte darauf, dass dein Pferd am inneren Zügel weich gestellt ist und du einen feinen Kontakt zu ihm hast. Ideales Feedback ist hierbei, wenn du spürst, wie dein Pferd am inneren Zügel abkaut. Während des Schenkelweichens denkst du gut an deinen äußeren verwahrenden Schenkel.

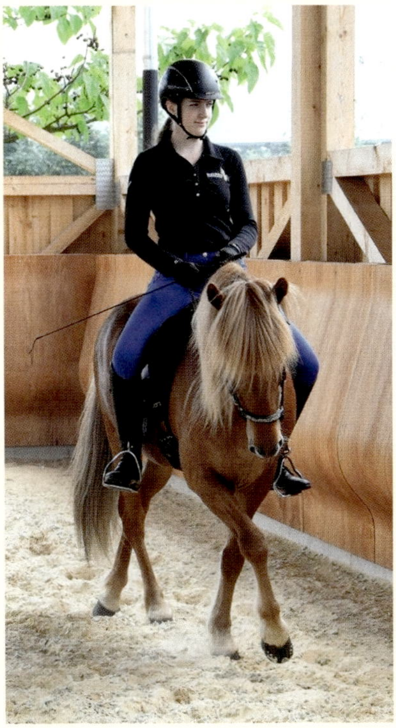

Sobald du an die Bande kommst, galoppierst du dein Pferd an. Hast du es bereits bei der Vorübung gut an den Hilfen gehabt, so dürfte das Angaloppieren nahezu mühelos funktionieren! Wenn nicht: Üben!!

Wo

Reitplatz

Hilfsmittel

2–5 Pylonen

Verbessert beim Pferd

die Aufmerksamkeit und die Hinterhandaktivität

Hilft dem Reiter

gut auf den Punkt zu reiten

Gangarten

Schritt, Trab, Tölt, Galopp

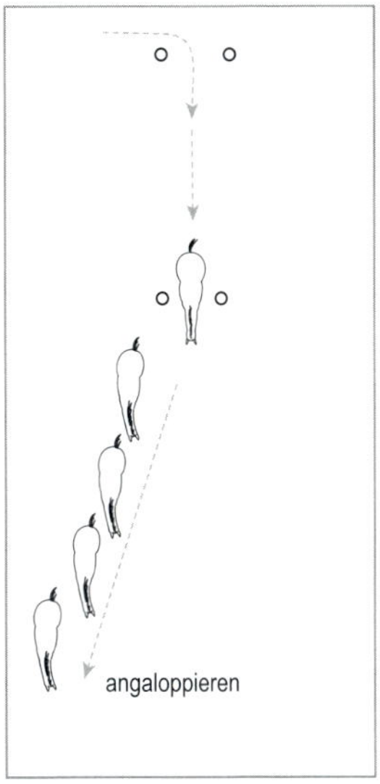

39 Kleine Springreihe

Wo

Reitplatz

Hilfsmittel

Stangen und Cavaletti, Pylonen

Verbessert beim Pferd

das Gleichgewicht, die Konzentration und das Selbstvertrauen; schöpft das Bewegungspotential besser aus

Hilft dem Reiter

sicherer zu sitzen und sich besser auszubalancieren, besser auf den Punkt zu reiten, sich besser zu konzentrieren

Gangarten

Schritt, Trab, Tölt, Galopp

Es spricht vieles für das Überwinden von kleinen Hindernissen. Jedes Pferd, auch ein Dressurpferd, sollte imstande sein, einen einfachen Caprilli-Test zu absolvieren. Ich erinnere mich noch genau an einen Tagesritt, als wir uns extrem verritten hatten. Der einzige Weg zurück führte über einen kleinen Bach. Wir mussten einen Riesenumweg in Kauf nehmen, da sich eines der Pferde partout nicht dazu bewegen ließ, über den Bach zu springen. Ein umgestürzter Baum im Wald kann zu einem ähnlichen Problem werden. Daher sollte man in der Lage sein, kleinere Hindernisse zu bewältigen.

Als Reiter gibt dir dies mehr Sicherheit im alltäglichen Reiten, da ein Sprung eigentlich nichts anderes ist, als ein Galoppsprung. Zudem kann jedes Pferd auch nur einfach mal so einen kleinen (Bock-)Sprung machen …
Dem Pferd gibt es ebenfalls mehr Sicherheit und vor allem Selbstvertrauen, da es lernt, sich in verschiedenen Bewegungs-Situationen mit dem Reiter auszubalancieren. Damit wird auch das Gleichgewicht verbessert. Oft kann man beobachten, dass Jungpferde sich fast die Beine brechen, wenn sie eine Stange überwinden sollen. Versucht man das Gleiche dann ein paar Monate später, ist es plötzlich gar kein Problem mehr. Zudem wird das Bewegungspotential des Pferdes besser ausgeschöpft: Beim Treten oder Springen über Stangen winkelt es z.B. von selbst die Beine mehr an.
Beim Reiten eines Caprilli-Tests wirst du gezwungen, auf den Punkt zu reiten. Der vorgegebene Parcours gibt Struktur. Dadurch wird dein Reiten zielgerichteter und du lernst, dich besser zu konzentrieren. Dasselbe gilt natürlich für dein Pferd. Es macht viel Spaß, sich so einen Test vorzunehmen und sich mit den Übungen im Parcours auseinanderzusetzen, auch wenn man keinerlei Turnierambitionen hat.

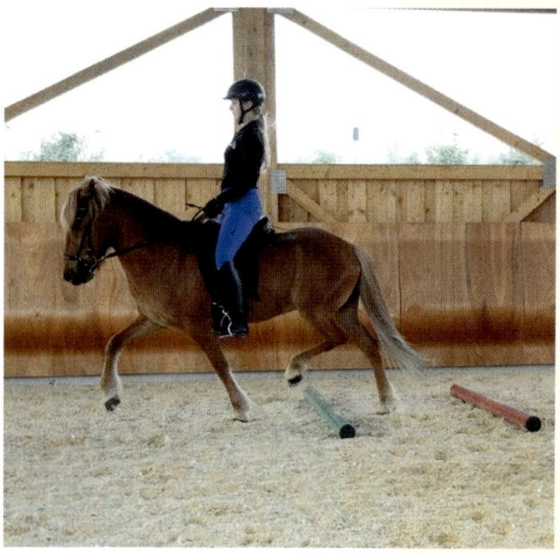

Der Fokus bei so einer Springreihe liegt auf einem gehorsamen Pferd, welches in ruhigem, gleichmäßigem Tempo geritten werden kann, und auf einem harmonischen Zusammenspiel zwischen Pferd und Reiter.

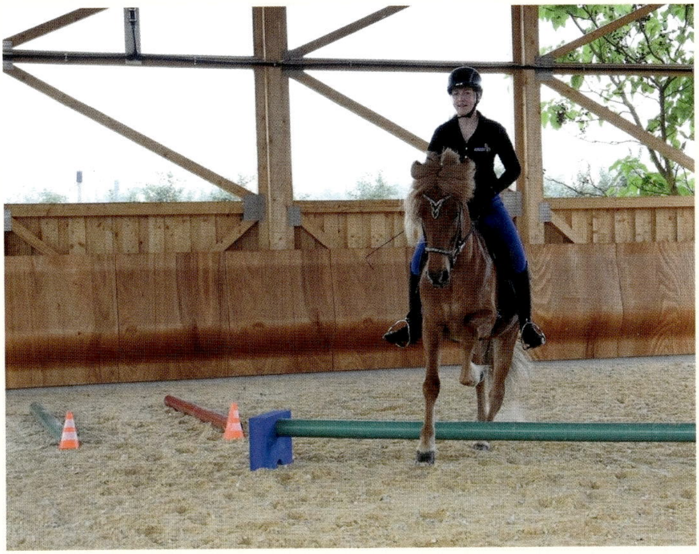

Ausführung

Such dir aus dem Internet oder in alten Aufgabenheften einen Caprilli-Test aus. Alternativ habe ich hier eine kleine Auswahl an Hindernissen:

Die Hindernisse

Eine Cavaletti-Reihe im Trab

Das können auch Bodenstangen sein (evtl. Geitner-Gassen oder Stangen, die mit kleinen Haltern befestigt sind, damit sie nicht wegrollen können, notfalls kannst du sie auch mit Reitplatz-Sand etwas befestigen). Der Abstand beträgt 1,10 m bis 1,30 (abhängig von Pferdegröße/Trittlänge). Das entspricht etwa einem langen Schritt. Man kann den Abstand nach dem ersten Durchreiten ja nochmal anpassen, wenn man merkt, dass es überhaupt nicht passt. Zudem finde ich es sinnvoll, die Abstände immer wieder ein wenig zu variieren. Dadurch bleibt das Pferd aufmerksam und lernt, auf die unterschiedlichen Hilfen des Reiters zu achten.

Ein Sprung

Anstelle des Sprungs kannst du anfangs auch ein zusätzliches, hochgestelltes, Cavaletti nehmen. Ein angenehmer Sprung kann z.B. aus kleinen Strohballen bestehen. Du kannst aber auch ein kleines Kreuz aufbauen, indem du links und rechts zwei Blöcke hinstellst und zwei Stangen kreuzweise legst. Davor kannst du in kleinem Abstand (ca. einem Schritt) eine sogenannte Trabstange legen; das erleichtert das Anreiten des Sprunges.

Slalom

Schließlich kannst du noch 4 Hütchen oder andere Markierungen aufstellen, um einen Slalom einzubauen.

Eine kleine Übungsreihe könnte so aussehen:

- Von der langen Seite auf die Mittellinie einreiten, im Mittelpunkt halten
- antraben, Leichttraben,
- linke Hand auf den Zirkel gehen
- auf dem Zirkel 1-mal herum
- aus dem Zirkel wechseln,
- dann ganze Bahn reiten,
- auf die Viertellinie gehen, Leichter Sitz, über die Trab-Cavaletti reiten,
- bei Erreichen der Bande rechte Hand,
- durch die ganze Bahn wechseln,
- aus dem Trab über den Sprung (der kurz nach X steht), danach weitergaloppieren,
- an der nächsten kurzen Seite auf dem Zirkel geritten 1-mal herum,
- Mitte der kurzen Seite durchparieren zum Trab, Leichttraben, aus dem Zirkel wechseln,
- dem Pferd die Zügel aus der Hand kauen lassen, die Zügel wieder aufnehmen, zur geschlossenen Zirkelseite rechts angaloppieren, ganze Bahn
- 1-mal herum, Mitte der kurzen Seite durchparieren zum Trab,
- Slalom durch die Hütchen
- an der nächsten langen Seite auf die Mittellinie geritten, Halt

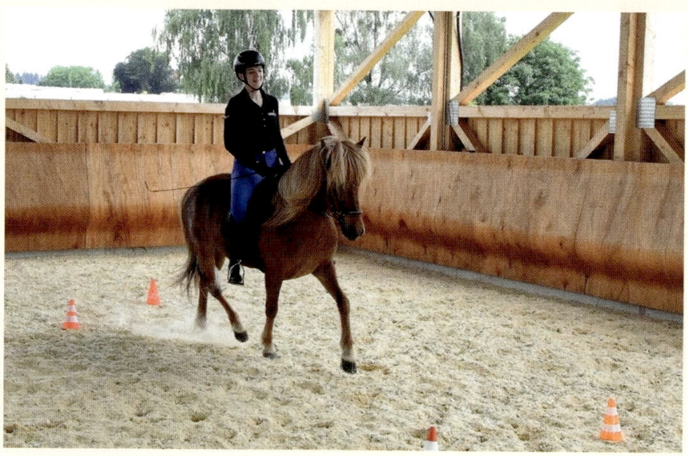

40 Kleine Dressuraufgabe

Ich sehe es als eine tolle Aufgabe an, sich eine Prüfung vorzunehmen und diese zu üben. Wenn du ab und an kleine Turniere gehst, kannst du dich mit deinem Pferd optimal weiterentwickeln. Aber auch wenn du daran kein Interesse hast, hilft dir die Struktur einer Aufgabe dabei, besser zu reiten. Dies kannst du als eine Art Wochenübung sehen.
Dressuraufgaben kannst du dir aus dem Internet heraussuchen, du kannst aber auch selbst etwas erfinden oder die unten aufgeführte Aufgabe verwenden.
Auch, wenn du eine vorgegebene Aufgabe reitest, solltest du nicht einfach stur trainieren. Das Training soll Spaß machen. Nimm es locker. Such dir z.B. eine passende Musik aus, die du beim Training laufen lässt.
Beim ›Aufgaben-Reiten‹ lernst du, präzise auf den Punkt zu reiten. Für das Pferd ist die vorgegebene Struktur eine prima Sache, da es mitdenken kann. Das ›Vorwegnehmen‹, was dann in einer richtigen Turnierprüfung nicht so gerne gesehen wird, empfinde ich im Training als positiv, da es zeigt, dass die einzelnen Aufgaben vom Pferd verstanden wurden. Und danach kann man sich ja die nächste Aufgabe aussuchen.

Wo
Reitplatz

Verbessert beim Pferd
die Reaktion auf die Hilfen, den Gehorsam

Hilft dem Reiter
besser auf den Punkt zu reiten, sich besser zu konzentrieren

Gangarten
Schritt, Trab, Tölt, Galopp

TIPP
Denke daran, dein Pferd für die Übung entsprechend aufzuwärmen. Ich reite z.B. gerne zum Aufwärmen die komplette Aufgabe im Schritt einmal durch. Danach trabe und galoppiere ich eine Weile, abgestimmt auf die Kondition des Pferdes.

Eine Beispielaufgabe

- Einreiten auf die Mittellinie, anhalten
- antraben, Leichttraben
- auf die linke Hand gehen, Mitte der nächsten kurzen Seite durchparieren zum Schritt
- einfache Schlangenlinie an der langen Seite
- Mitte der nächsten kurzen Seite antraben, von nun an aussitzen,
- auf den Mittelzirkel geritten,1-mal herum
- durch den Zirkel wechseln, angaloppieren, 1-mal herum
- ganze Bahn, Mitte der nächsten langen Seite

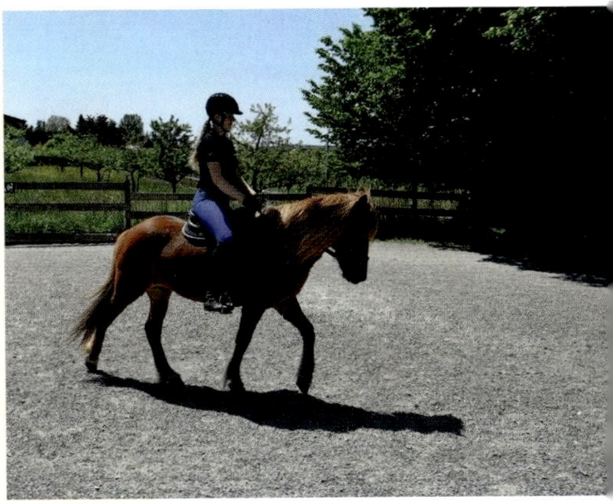

durchparieren zum Trab

- Schlangenlinien durch die ganze Bahn in 3 Bögen
- Mitte der kurzen Seite angaloppieren. 1-mal herum
- Mitte der kurzen Seite durchparieren zum Trab, Mitte der langen Seite durchparieren zum Schritt
- an der nächsten langen Seite stellst du dein Pferd im 45°-Winkel nach innen ab und lässt es dem linken Schenkel weichen. Dann geradeaus.
- Mitte der kurzen Seite Trab
- Mitte der nächsten kurzen Seite eine Volte
- an der nächsten kurzen Seite auf die Mittellinie gehen, bei X halten

Achte bei der Übung vor allem darauf, feine Hilfen zu geben und trotzdem auf den Punkt zu reiten! Denke immer wieder ans Atmen – das hilft dir dabei.

41 Verbesserung der Losgelassenheit

Wo
Reitplatz

Hilfsmittel
Vorstellungskraft

Verbessert beim Pferd
die Losgelassenheit, die Reaktion auf die Hilfen

Hilft dem Reiter
bei der Orientierung im Raum, beim Reiten der Seitengänge

Gangarten
Schritt, Trab, Tölt, Galopp

So kannst du die Losgelassenheit deines Pferdes verbessern:
Heute reitest du dein Pferd im Schritt ausreichend warm. Achte darauf, dass du anfangs nur große Biegungen reitest. Danach reitest du es im Trab solange weiter, bis es ganz locker ist. Gehe dazu in den Entlastungssitz, auf großen gleichmäßigen Biegungen. Das können Zirkel sein, Schlangenlinien entlang der langen Seiten oder durch die ganze Bahn, aber auch Schlangenlinien entlang der Mittellinie.

Dann parierst du durch zum Schritt. Nun lässt du dein Pferd gleichmäßig auf beiden Seiten dem Schenkel weichen. Du kannst es dabei zur Bande stellen oder auch nach innen von der Bande weg. Begnüge dich nicht mit ein, zwei Schritten, sondern bleibe wirklich an der Übung dran, bis dein Pferd sich willig vorwärts-seitwärts bewegt und sich an den Zügel herandehnt.
Natürlich machst du die Übung gleichmäßig auf beiden Händen.

Danach reitest du Schulterherein, auch hier wieder gleichermaßen nach links und nach rechts gebogen. Am einfachsten ist es, diese Übung auf dem ersten Hufschlag auszuführen. So kannst du dich selbst und die

Biegung und Abstellung des Pferdes von der Bande gut kontrollieren. Die Pferdeschulter wird dabei soweit nach innen hereingestellt, dass das äußere Vorderbein auf gleicher Linie auffußt wie das innere Hinterbein. Zur Kontrolle, ob die Biegung korrekt ist, kannst du zwischendrin eine Volte reiten. Die Biegung aus der Volte sollte dein Pferd dann fürs Schulterherein beibehalten!

Im Anschluss reitest du dein Pferd auf kleineren Biegungen im Trab oder Tölt. Also Volten, Achten, Zirkel, aus dem Zirkel wechseln oder durch den Zirkel wechseln. Dabei kannst du leichttraben oder, wenn es sich gut anfühlt, auch aussitzen. Später reitest du große Bögen im Galopp.

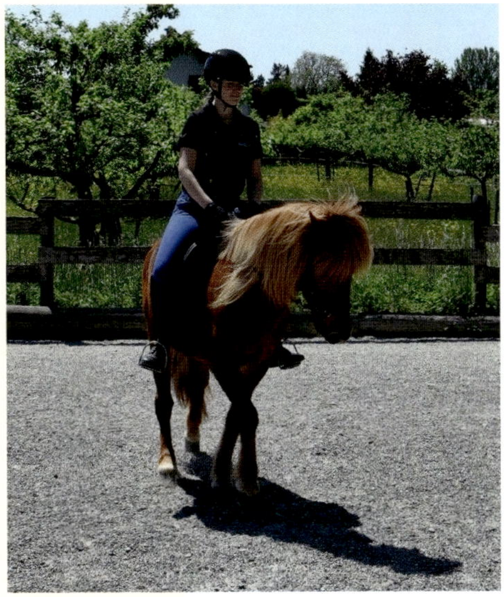

42 Stangen ...

... als Labyrinth, Fächer und Quadrat

Für mehr Aufmerksamkeit und Beweglichkeit!

Du baust dir einen Stangenfächer und ein Stangenquadrat auf wie auf den Fotos auf der nächsten Seite zu sehen.
Für den Fächer nimmst du einen Sprungständer und legst mehrere Stangen als Fächer darauf (ruhig in unterschiedlicher Höhe und unterschiedlichen Abständen). Es sollten mindestens 3 bis 5 Stangen sein.
Für das Stangenquadrat legst du 4 Stangen (alternativ Geitner-Gassen) an den Enden übereinander oder auch aneinander (was etwas einfacher ist).

Der Fächer

Nach einem ersten Aufwärmen reitest du dein Pferd an das erste Hindernis heran. Du lässt es davor anhalten und reitest erst anschließend darüber. Das Anhalten unterstützt die Konzentration. Für das Pferd ist es einfach, so ein Hindernis in Form von ›schnell-drüber-und-weg‹ abzuhaken. Dabei hinterlässt es meist ein Stangenchaos. Deswegen das bewusste Anhalten davor. Gerne darf das Pferd das Hindernis beim ersten Kennenlernen auch genauer anschauen.

Wo

Reitplatz

Hilfsmittel

Stangenfächer (bestehend aus Sprungständer, Stangen und Cavaletti), Stangenquadrat (aus Stangen oder z.B. Geitner-Gassen)

Verbessert beim Pferd

die Aufmerksamkeit, die Reaktion auf die Hilfen

Hilft dem Reiter

bei der Orientierung im Raum, bei der Konzentration

Gangarten

Schritt, Trab, Tölt, Galopp

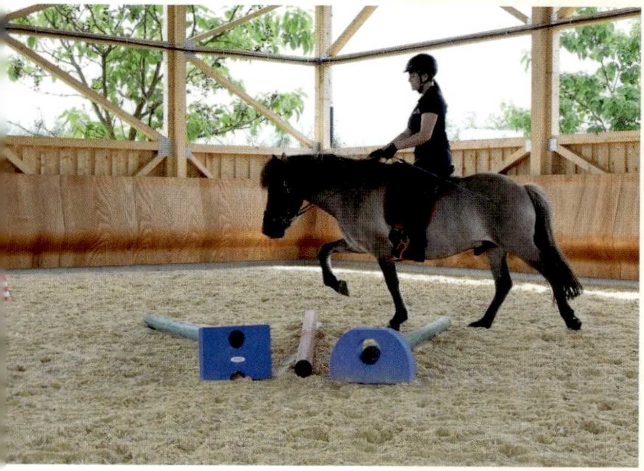

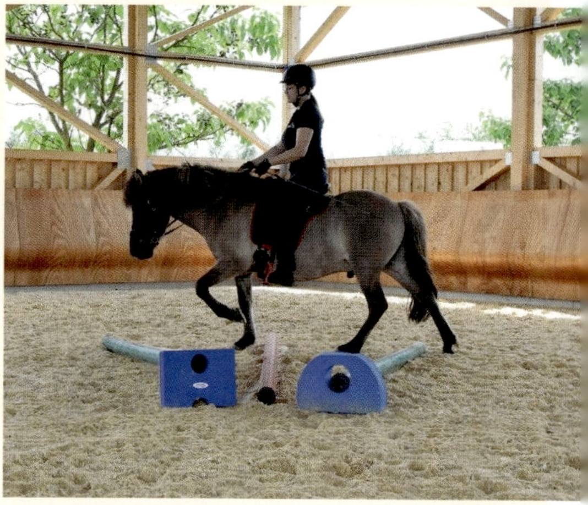

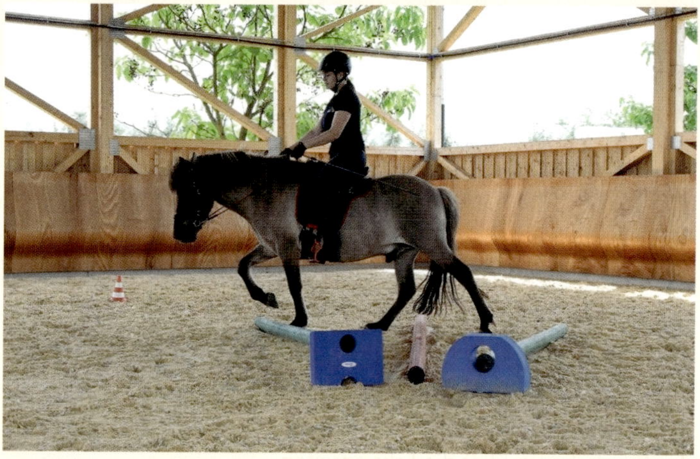

Zunächst lässt du das Pferd eher am äußeren Rand über den Fächer treten. Dies ist einerseits einfacher, andererseits aber auch nicht. Einfacher, weil die Stangen relativ dicht am Boden sind, und auch weiter auseinanderliegen. Andererseits musst du dein Pferd gut an den äußeren Hilfen haben, damit es nicht einen Schritt zur Seite tut und nebendran vorbeigeht (was ja sehr klug von ihm wäre!). Auch nach dem Hindernis hältst du dein Pferd wieder an. Dies dient erneut dem Verarbeiten der Situation. Nicht »schnell, schnell weg«, sondern: »So geht das also, kann man auch nochmal machen.«

Achte darauf, dass du dein Pferd immer wieder zwischendurch ganze Bahn oder auch in anderen Gangarten gehen lässt. Damit bleibt die Übung interessant.

Klappt es gut, lässt du es den Fächer eher in der Mitte der Stangen überwinden. Dort liegen die Stangen enger und höher, was den

Schwierigkeitsgrad erhöht. Achte dabei darauf, dass dein Pferd den Rücken dehnt. Gehe dazu rechtzeitig und genügend lang in den Entlastungssitz. Lieber zu lange im Entlastungssitz bleiben, damit du deinem Pferd nicht versehentlich beim letzten Beinheben in den Rücken fällst. Zudem musst du leicht in der Hand sein und ihm ein Vorwärts-Abwärts ermöglichen.

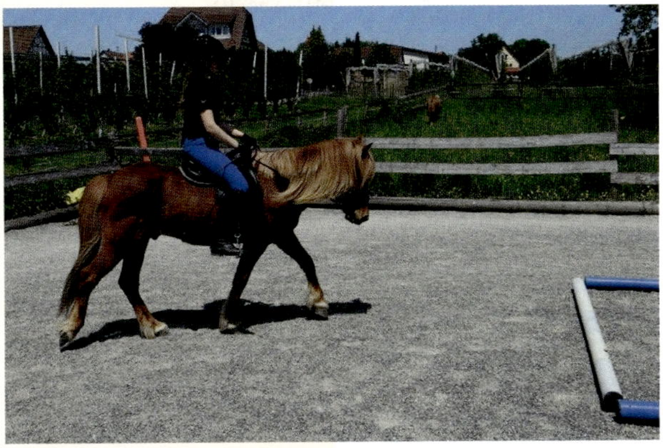

Bleibt dein Pferd ruhig und aufmerksam, kannst du direkt über den Fächer reiten, ohne anzuhalten. Wichtig ist, dass du immer mal wieder etwas anderes forderst, wie z.B. bei jedem zweiten Schritt anhalten und dabei ruhig stehen bleiben. Und natürlich reitest du den Fächer auch von der anderen Seite an!

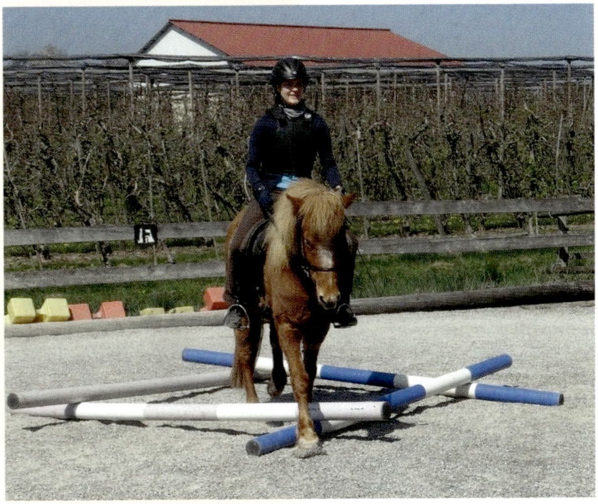

Das Quadrat

Beim Stangenquadrat kannst du zuerst mittig an eine Stange heranreiten und hältst davor an. Dann reitest du über die Stange, hältst dein Pferd im Quadrat wieder an und reitest schließlich wieder heraus. Auch hier variierst du die Übung, damit es aufmerksam bleibt. Du kannst das Quadrat auch über die Ecke anreiten und auf der gegenüberliegenden Ecke wieder herausreiten. Diese Übung kannst du auch im Trab ausführen. Hier kannst du im Inneren durchparieren zum Schritt oder zum Halten, du kannst eine Wendung um 90 oder 180 Grad machen und an einer anderen Seite wieder herausreiten.

Du kannst auch im Quadrat absteigen (und wieder aufsteigen). Sobald dein Pferd verstanden hat, dass es auf dich warten soll, kannst du einmal ums Pferd oder auch um das ganze Quadrat herumgehen, um wieder aufzusteigen. Achte dabei immer darauf, ob dein Pferd dich anschaut; nur so kannst du es anhalten, falls es doch ohne dich weitergehen sollte. Schlage aus Sicherheitsgründen die Steigbügel über und verknote die Zügel – für den Fall, dass dein Pferd doch allein losmarschiert!

43 Biegungen mit innerem Bild

Wo
Reitplatz

Hilfsmittel
Pylonen, paarweise als Tore zum Durchreiten gestellt

Verbessert beim Pferd
die Balance

Hilft dem Reiter
bei der Orientierung im Raum, verbessert die Balance

Gangarten
Schritt, Trab, Tölt, Galopp

Heute verteilst du viele Hütchen auf dem Platz. Stelle sie paarweise als Tore auf.
Die Übung ist gut für eure Balance. Hat das Pferd eine gute Balance, bedeutet dies auch eine geringere Verletzungsgefahr und eine höhere Trittsicherheit.

Zunächst reitest du dein Pferd mit großen Bögen warm, dabei reitest du immer wieder einmal um ein Tor herum.
Das kannst du dann in der nächsten Gangart wiederholen. Achte immer wieder auf deine eigene Balance (die Bausteine!). Nur so kann sich auch dein Pferd genügend ausbalancieren.
Wenn es in einer höheren Gangart immer wieder aus dem Takt kommt oder aus der Gangart fällt, dann ist es zunächst ratsam, nur zwischen den Toren Übergänge zur höheren Gangart einzubauen.

Danach reitest du im Schritt jeweils eine ganze Volte um jedes Hütchen. Mache dabei besonders viele Richtungswechsel zwischen den Hütchen. Die Übung ist einfacher, je größer die Volte um das Tor geritten wird. Achte auf dein Links-rechts-Gleichgewicht. Beobachte die Vorhand deines Pferdes: Es soll in der Volte nicht über die innere Schulter fallen. Auch dies wiederholst du in den anderen Gangarten.

Als dritte Variante kannst du die Hütchen als Tore benutzen. Dabei reitest du nacheinander in beliebiger Reihenfolge durch die Hütchen-Tore hindurch. So kannst du verschiedene Figuren reiten und Handwechsel einbauen. Ganz wichtig ist hierbei, dass du an den Sanften Blick denkst. Sobald du nach unten auf das Tor bzw. auf ein Hütchen schaust, läuft dein Pferd Gefahr, mit den Hinterbeinen an die Hütchen zu stoßen. Das möchten wir nicht. Richte also deinen Blick immer über die Pferdeohren hinweg nach vorne: Schau dort hin, wohin du reiten willst.
Du kannst zwischen den Toren Tempounterschiede reiten oder auch jeweils im Tor anhalten.

Vorstellungsbild
Stelle dir vor, du fährst Fahrrad und befindest dich auf einem Radweg. Folge diesem imaginären Radweg, der vor dir liegt. Es gibt selten Fahr-

radwege in der freien Landschaft, die abrupt nach links oder rechts abbiegen. Du kannst dein Rad bzw. den Lenker nicht plötzlich nach links oder rechts reißen, denn dann würdest du umfallen. Genauso würdest du dein Pferd aus dem Gleichgewicht bringen, wenn du zu abrupt abwendest. Jede Wendung muss harmonisch eingeleitet werden.

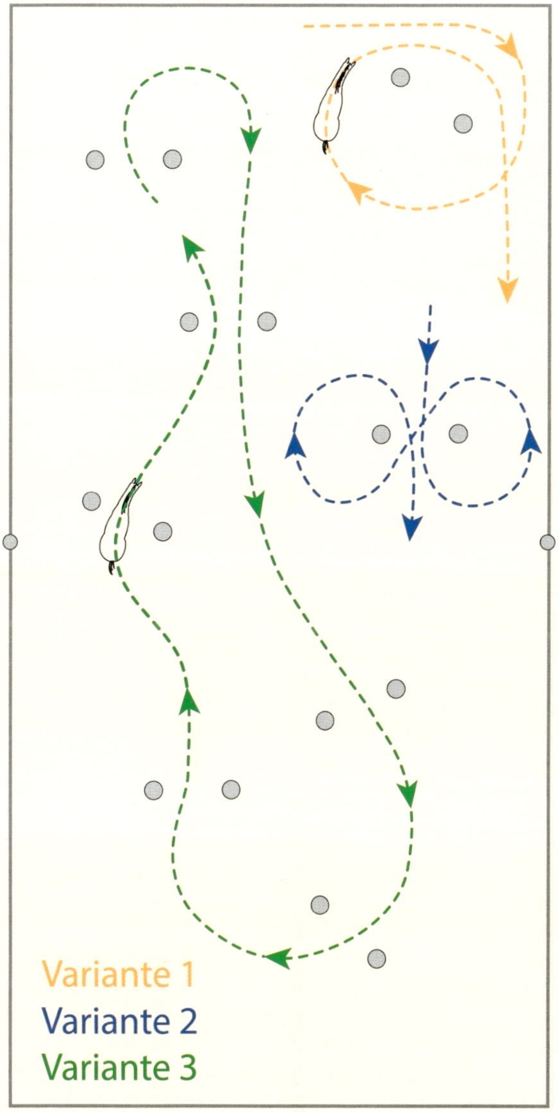

44 Bewegung ›fließen‹ lassen

Wo

Reitplatz

Hilfsmittel

Vorstellungskraft

Verbessert beim Pferd

das Vorwärts und die Nachgiebigkeit im Genick

Hilft dem Reiter

sein Pferd reiterlich zu unterstützen

Gangarten

Schritt, Trab, Tölt, Galopp

Reiten in Stellung

Sobald du aufgestiegen bist, versuchst du mit deinem Pferd zu ›reden‹. Will heißen: Bewege auf einer Seite deine Hand oder die Finger und versuche, dein Pferd zu animieren, das Maul zu bewegen. Erst wenn es kaut, reitest du los.

Im Schritt fängst du bereits mit einer guten Zügelarbeit an. Fühle in dein Pferd hinein. Kannst du es auch im Schritt am inneren Zügel kauen lassen?

Spüre die Bewegung deines Pferdes von der Zügelverbindung bis zu den Hinterbeinen. Kannst du sie fühlen?

Kannst du deine Beine spüren, wie sie weich nach unten hängen und im Rhythmus des Schrittes dem Pferd folgen (nicht aktiv treiben, sondern nur fühlen!).

Du kannst zum besseren Spüren des Pferdes auch deine Hände auf dessen Schultern oder aber auf die Kruppe (in diesem Fall eine Hand) legen. In den höheren Gangarten kannst du das auch einfach nur in Gedanken machen!

Wechsle dabei wiederholt durch die ganze Bahn. Denke dabei eher an ein Aus-dem-Zirkel-Wechseln: Das Wichtigste ist ein fließender Wechsel. Das fleißige, taktmäßige Vorwärts des Pferdes ist das Ziel.

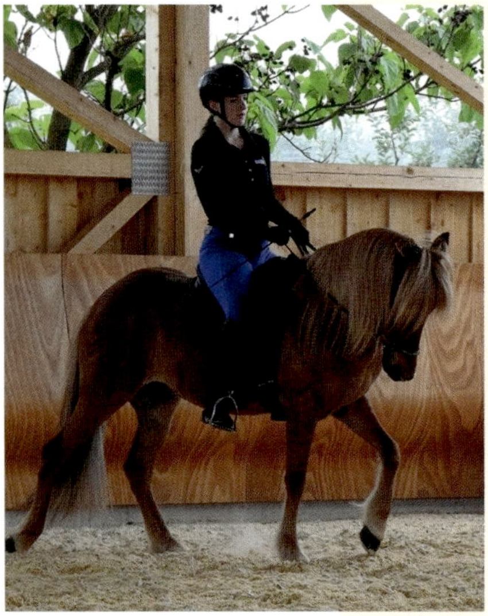

Du kannst dein Pferd auch auf der Geraden etwas in Innenstellung reiten, um das Maul noch besser zu spüren. Wechselst du die Hand, so bleibst du noch einen Moment in der Außenstellung; wenn du spürst, wie das Pferd weich in der Anlehnung wird, so wechselst du wieder in die Innenstellung. Und beginnst dann abermals, das Pferd zum Kauen zu bringen. Denke dabei daran, dass deine Hände ganz weich sind. In-Stellung-Reiten bedeutet nicht, den Kopf des Pferdes nach innen zu ziehen. Nur das Genick sollte leicht nach innen gestellt sein. Möchtest du, dass dein Pferd noch weicher und nachgiebiger im Genick oder Maul wird, dann denkst du zwischendrin immer an dein Genick: Spüre nach, ob du ebenfalls so weich und beweglich bist, wie du es dir von deinem Pferd wünschst. Denke immer daran, dass dir dein Pferd alles nachmacht.

45 Rückwärtsrichten ...

... für Fortgeschrittene

Rückwärtsrichten kannst du immer wieder einsetzen. Es ist eine gute Gehorsamsübung. Achte jedoch immer darauf, dass du den Gehorsam nicht über Gebühr strapazierst. Früher habe ich gelernt, dass sechs Schritte Rückwärtsrichten korrekt sind – ein Mehr wäre nicht fair, da der Ranghöhere (das bist in diesem Fall du), seine Position nicht ausnutzen sollte.

Spüre genau, was dein Pferd beim Rückwärtsrichten macht. Du kannst es auf dem zweiten Hufschlag rückwärts treten lassen. Damit kannst du dich selbst gut kontrollieren, hast aber auch ein Feedback, wie gut das Pferd an deinen Hilfen steht. Geht es gerade zurück? Oder läuft es schief weg? Im zweiten Fall musst du mehr auf deinen Sitz achten. Gibt es irgendwo ein Ungleichgewicht? Hast du gleich viel Kontakt zum linken wie zum rechten Steigbügel?

Dasselbe gilt für einen Weg im Gelände: Nutze den Mittelweg bzw. eine Begrenzung am Rande, um deinen korrekt gerittenen Weg im Rückwärts zu beobachten.

Variiere dein Rückwärtsrichten

Überlege genau, wie viele Schritte dein Pferd zurückgehen soll. Spüre genau hin, hat es gepasst? Steht es nun auf allen Vieren und wartet auf das nächste Signal? Lass dein Pferd nach dem Rückwärtsrichten ruhig stehen, und dann entscheidest du, in welcher Gangart es losgehen soll. Es gilt wie immer: Klappt es gut im Schritt, kann mit der nächsten Gangart begonnen werden. Schließlich kannst du auch direkt aus dem Halten nach dem Rückwärtsrichten angaloppieren, da dieses das Pferd gut auf die Hinterhand bringt.

Eine Alternative ist, dass du die gesteigerte Beweglichkeit durch das Rückwärts ausnutzt und dein Pferd direkt aus dem Rückwärtsrichten losgehen lässt. Da muss es jedoch schon sehr gut auf die Hilfen achten. Wenn das so ist, kannst du dein Pferd direkt im Tölt, Trab oder Galopp antreten lassen. Achte darauf, dass deine Hilfen eindeutig sind. Diese Übung macht den Pferden richtig viel Spaß! Du lernst dabei das passende Timing, was ja beim Reiten immer entscheidend ist. Zudem wird die Reaktion deines Pferdes verbessert.

Wo

Reitplatz

Verbessert beim Pferd

Aufmerksamkeit und Losgelassenheit, Schwungentwicklung, Reaktionen auf die Hilfen

Hilft dem Reiter

beim richtigen Timing für die Hilfen

Gangarten

Schritt, Trab, Tölt, Galopp

46 Stellen und Biegen auf dem Zirkel

Wo
Reitplatz

Hilfsmittel
Vorstellungskraft

Verbessert beim Pferd
das Gleichgewicht, die Losgelassenheit, die Aufmerksamkeit, die Reaktion auf die Hilfen, die Geschmeidigkeit; hilft beim Geraderichten

Hilft dem Reiter
bei der Rechts-links-Koordination der Hilfen, bei der Orientierung im Raum

Gangarten
Schritt, Trab, Tölt, Galopp

Dein Pferd bekommt mehr Gleichgewicht und lernt, die Muskulatur locker zu lassen. Die Übung hilft auch beim Geraderichten. Du hast bei diesen Biegeübungen viel Ruhe, um deine Links-rechts-Hilfen korrekt zu geben und dein Gleichgewicht zu überprüfen.

Beginne mit einem großen Zirkel, egal auf welcher Hand. Nun stellst oder biegst du dein Pferd vermehrt nach innen, bleibst aber dabei auf der Zirkellinie. Danach reitest du den Zirkel wieder in normaler Stellung und Biegung und wechselst schließlich in die Außenstellung (Konterstellung). Dabei stellst und biegst du das Pferd nach außen, bleibst aber auf der ›normalen‹ Zirkellinie. Dann geht es wieder ›geradeaus‹ auf dem Zirkel. Diese Wechsel zwischen vermehrter Innenstellung, geradeaus und Außenstellung kannst du einige Male ausführen (auf beiden Händen). Diese Übung ist sehr wirkungsvoll und macht dein Pferd aufmerksam und geschmeidig. Es ist meiner Meinung nach nicht so wichtig, wie stark dein Pferd gestellt oder gebogen ist; reite einfach und bilde dir eine Meinung, was dein Pferd von der Übung hält!

Reite zuerst im Schritt auf beiden Händen.
Kennt dein Pferd die Übung und hat es bereits einige Erfahrung, so kannst du, wenn es die Hilfen besonders fein angenommen hat, aus dem Zirkel auf die andere Hand wechseln. Du bist z.B. auf der linken Hand und dein Pferd ist nach links gestellt, du wechselst nun aus dem Zirkel auf die rechte Hand und behältst diese Linksstellung bei. Du reitest also auf dem neuen Zirkel zuerst in Außenstellung. Anschließend wechselst du auf dem neuen Zirkel wieder zwischen Innen- und Außenstellung. Bist du zufrieden, machst du wieder einen großen Wechsel auf die andere Hand.

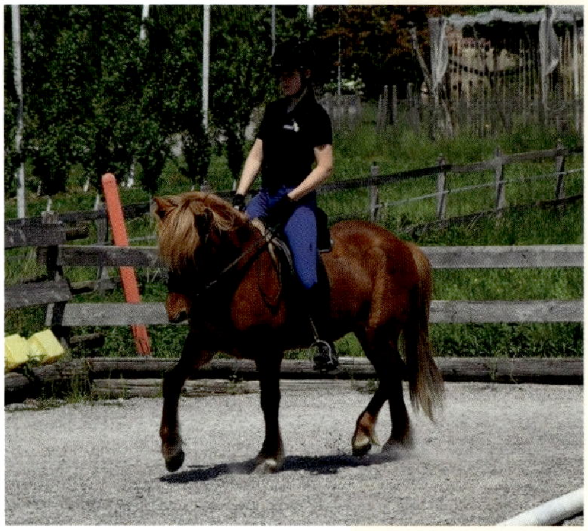

Alternativen

Diese Übung kannst du ebenso auf großen Volten machen, und mit fortschreitender Ausbildung auch in den anderen Gangarten. Zudem kannst du von einem großen, normalen Zirkel in eine Volte wechseln und umgekehrt.

47 Aufwärmübungen für den Reitplatz

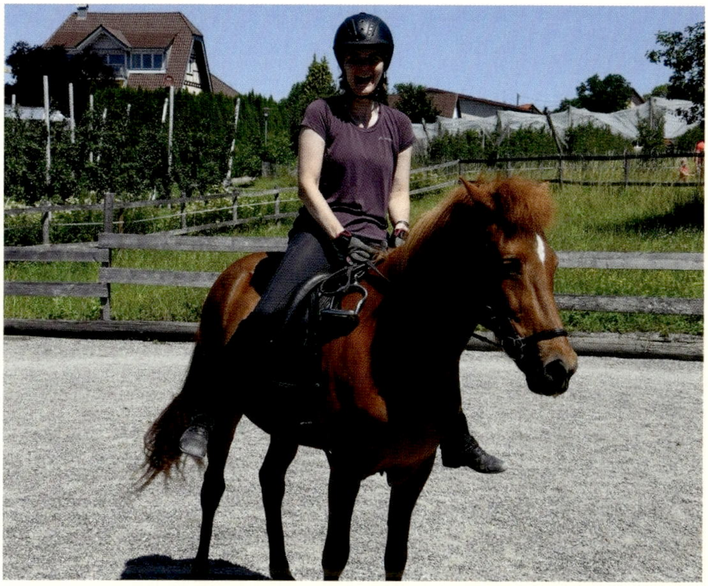

Wo
Reitplatz, vor der Reitstunde

Hilfsmittel
evtl. ein Helfer zum Führen des Pferdes

Verbessert beim Pferd
die Losgelassenheit

Hilft dem Reiter
seine Muskeln zu lockern; verbessert das Gleichgewicht

Gangarten
Schritt und Halten

Es ist immer eine gute Idee, sich selbst im Sattel aufzuwärmen. Die Muskeln werden mit diesen Übungen gelockert und ein gutes Gleichgewicht wird erreicht.
Du kannst die Übungen auf dem stehenden Pferd machen oder aber im Schritt auf dem ersten Hufschlag reiten, bzw. einen Helfer bitten, dein Pferd zu führen.

Du machst alle Übungen 7-mal.
Bewege zunächst deinen Kopf nach oben und unten (wie beim Ja-Sagen). Nun bewegst du den Kopf nach links und rechts wie beim Nein-Sagen. Dann neigst du den Kopf nach links und rechts, das Ohr geht dabei in Richtung der gleichseitigen Schulter. Übertreibe die Bewegung nicht und mache nur so viel, wie dir guttut.

Du bewegst die linke Hand in Richtung rechtes Pferdeohr. Du kannst die Zügel derweil in die andere Hand nehmen und dich einfach entlang der Mähne so weit nach vorne lehnen, wie es dir angenehm ist. Dann wiederholst du die Übung mit der rechten Hand in Richtung des linken Ohres.

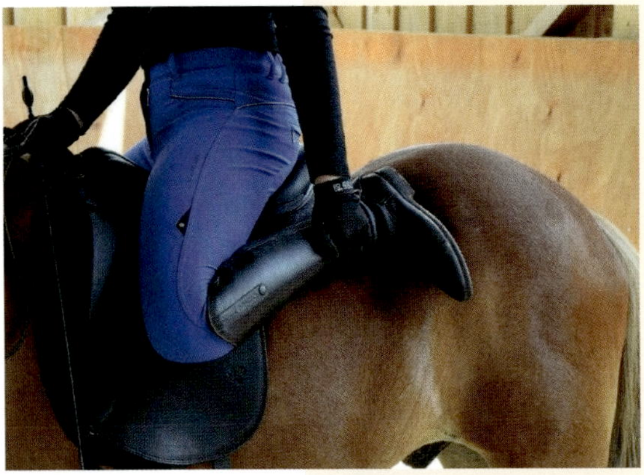

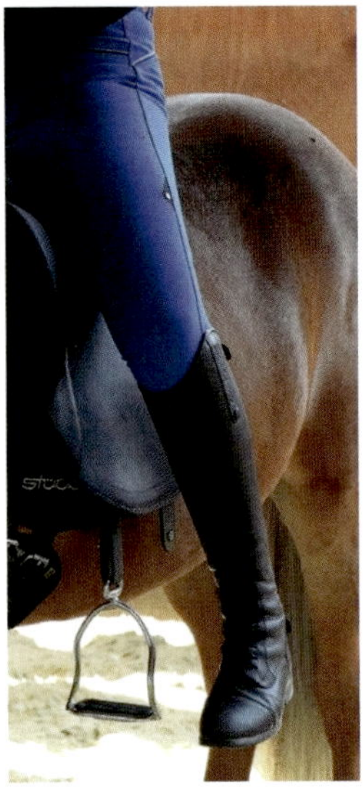

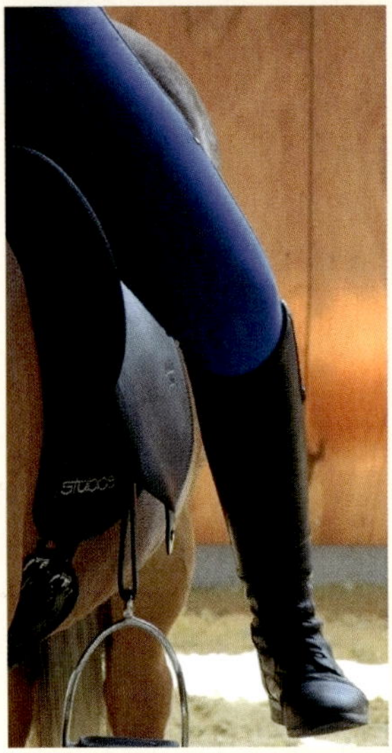

Nimm nun beide Füße aus den Steigbügeln, die Steigbügel kannst du überschlagen.
Lass jetzt deine Fußgelenke kreisen. Zuerst nach außen, dann nach innen. Jeweils 7-mal.
Die Zügel nimmst du dabei locker in eine Hand. Auf einem eingezäunten Platz kannst du die Zügel auch auf den Hals des Pferdes legen oder du bittest jemanden, dein Pferd zu halten.
Dann streckst du einen Arm zur Seite, nach vorne, nach oben und nach hinten. Wiederhole dies 7-mal, anschließend kommt der andere Arm dran.
Danach legst du eine Hand an dein Genick, drehst den Ellenbogen nach vorne, zur Seite und nach hinten; nach den 7 Wiederholungen führst du diese Drehbewegungen mit dem anderen Arm aus.
Fasse mit beiden Händen an den Vorderzwiesel; nun streckst du den Oberkörper nach oben und die Füße nach unten, dann wieder lockern und 7-mal wiederholen.
Du fasst mit einer Hand an das gleichseitige Fußgelenk und ziehst den Fuß zu deinem Gesäß hoch, lässt ihn wieder nach unten hängen und wiederholst das Hochziehen und Hängenlassen ebenfalls 7-mal. Dann folgt der andere Fuß.
Nun hebst du die Beine links und rechts vom Sattel nach außen ab. Die Bewegung soll dabei von der Hüfte aus kommen, also das Bein nicht vom Fuß aus mit Hebelwirkung anheben! Ich nenne diese Bewegung ›die Knie lüften‹. Es kommt nicht so sehr darauf an, dass man die Knie sehr weit vom Sattel wegbewegt, es genügt, wenn sie sich ganz leicht vom Sattel entfernen. Wenn es dir schwerfällt, nimmst du zuerst nur ein Bein zur Seite, dann das andere (wie immer 7-mal auf jeder Seite).

So vorbereitet, kann die Reitstunde losgehen!

48 Stangen-Übung: Das große U

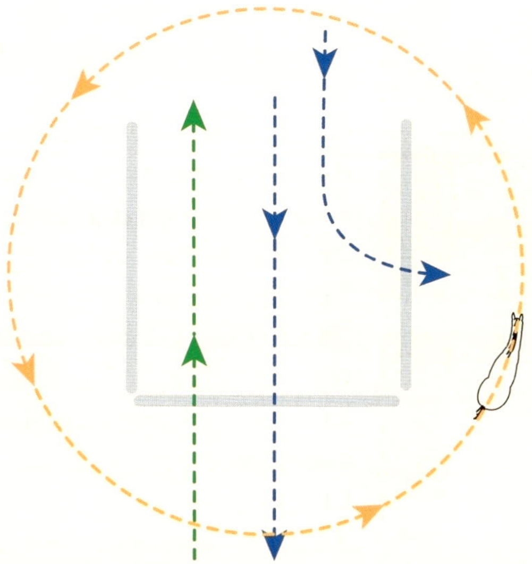

Kreise
Tunnel von der offenen Seite
über Seitenteile
von der geschlossenen Seite

Wo
Reitplatz

Hilfsmittel
Stangen, in U-Form gelegt

Verbessert beim Pferd
die Mitarbeit und die Reaktion auf die Hilfen, die Gelenkbeweglichkeit, den Takt

Hilft dem Reiter
seine Hilfen koordiniert und fein zu geben, auf die Reaktion des Pferdes zu achten

Gangarten
Schritt, Trab, Tölt, Galopp

Diese Übung macht dein Training auf dem Platz abwechslungsreich und hält dein Pferd bei Laune. Sie ist gut geeignet für kalte, eklige Tagen im Winter. Man kann sein Pferd kopfmäßig bei Laune halten, ohne dass es ins Schwitzen gerät. An solchen Tagen achtest du auf ein ruhiges, langsames Tempo und bleibst hauptsächlich im Schritt.

Ausführung
Mit Stangen bildest du ein U.
Reite zuerst einmal außen herum in großen gleichmäßigen Kreisen. Danach kannst du die Seitenteile als Gasse nutzen und über die Mittelstange hinausreiten. Die Gasse hilft dir, das Hindernis gerade anzureiten. Das kannst du in allen Grundgangarten ausprobieren. Etwas schwieriger wird es, wenn du von der geschlossenen Seite aus in den Tunnel hineinreitest.

Später kannst du über die zwei parallel liegenden Stangen reiten. Eine andere Variante ist, in das U hineinzureiten und mit einer 90-Grad-Biegung über eine Stange links oder rechts hinauszureiten.
Alternativ kannst du in den Tunnel hineinreiten, dein Pferd anhalten

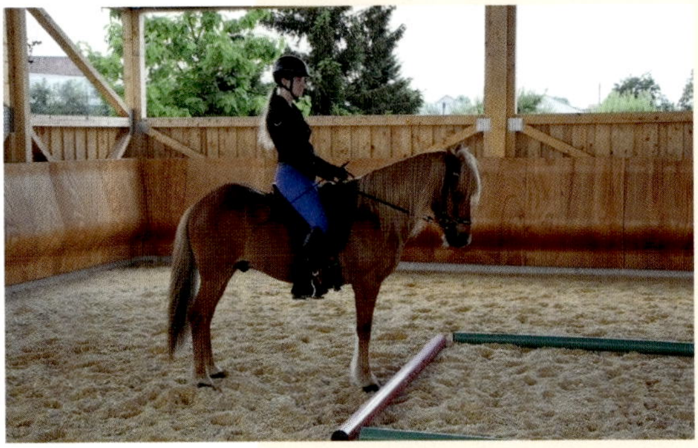

und dann über die Stange treten lassen.
Beim nächsten Mal reitest du hinein, hältst dein Pferd an und richtest es rückwärts wieder hinaus. Achte darauf, dass du dabei ganz gerade und mit gleichmäßiger Belastung auf beiden Sitzknochen auf dem Pferd sitzt. Versuche so genau und fein zu reiten, dass du sofort merkst, wenn dein Pferd mit der Hinterhand ausschert. Nur dann kannst du es schnell und fein korrigieren.
Ein anderes Mal reitest du im Schritt in den Tunnel hinein, achtest bereits beim Hineinreiten auf einen klaren Viertakt. Bleib in der Bewegung und lass dein Pferd in einem klaren diagonalen Zweitakt zurücktreten.
Du kannst dein Pferd im Takt vorwärts und ein paar Schritte rückwärts gehen lassen, um es dann im Takt wieder nach vorne losgehen zu lassen.

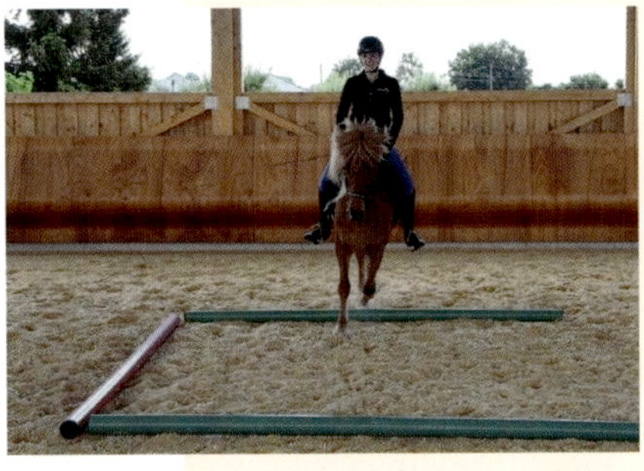

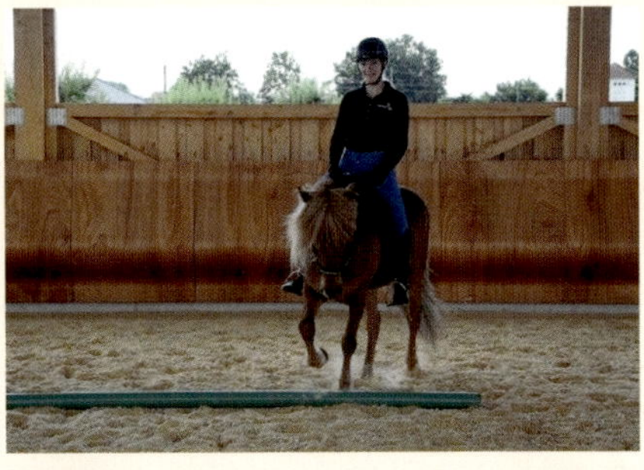

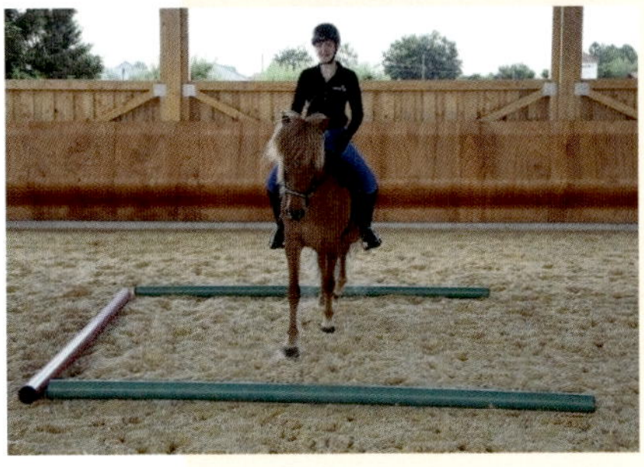

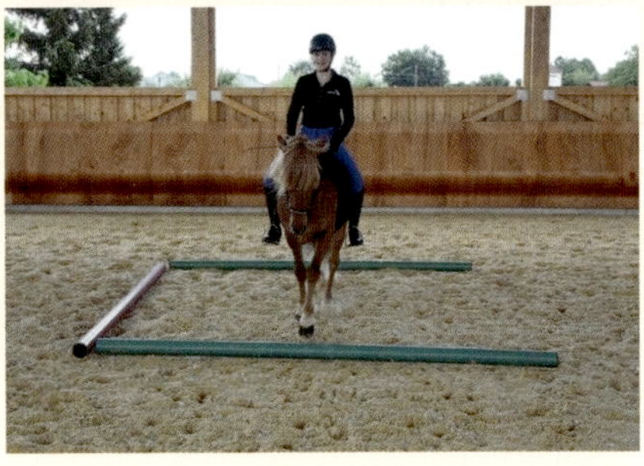

49 Leichte Stangen-Übung 1

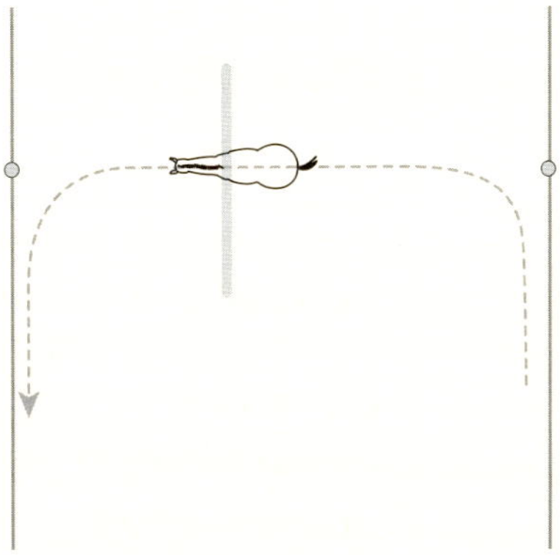

Sehr schöne Übung, auch für absolute Nicht-Springreiter, bei der Pferd und Reiter ihren Spaß haben. Jeder Reiter sollte möglichst bald lernen, über Stangen zu reiten. Hierdurch wird das Gleichgewicht von dir und deinem Pferd verbessert und du kannst damit den Entlastungssitz trainieren. Für Reiter, die sehr großen Respekt vor Stangen oder einem Sprung haben, ist diese Übung besonders wichtig, um Ängste abzubauen. Hierbei empfehle ich, mit einer weichen Stange, einer Schwimmnudel oder Ähnlichem, zu beginnen.

Ausführung

Lege die Stange mit etwas Abstand zur langen Seite des Platzes auf den Boden. Ideal und vollkommen ungefährlich sind Geitner-Gassen (weiche Schaumstoff-Stangen, Schwimmnudeln gehen auch). Wer es etwas anspruchsvoller mag, verwendet richtige Cavaletti oder auch einen kleinen Sprung.

Reite zuerst einmal im ruhigen Schritt an. Beginne z. B. auf der linken Hand. Das korrekte Anreiten ist besonders wichtig. Auf Höhe der Stange machst du eine ordentliche 90-Grad-Wendung nach innen und begibst dich in den Entlastungssitz. Nun reitest du dein Pferd mittig über die Stange. Achte darauf, dass du ihm Kopf und Hals frei lässt, also lieber anfangs übertrieben mit beiden Händen am Mähnenkamm nach vorne gehen. Dein Pferd soll lernen, sich über der Stange bzw. dem späteren Sprung zu dehnen; keinesfalls darfst du es hierbei im Maul stören. Bleibe im Entlastungssitz, bis du die gegenüberliegende Bande erreicht hast. Dann gehst du wieder auf der linken Hand weiter.

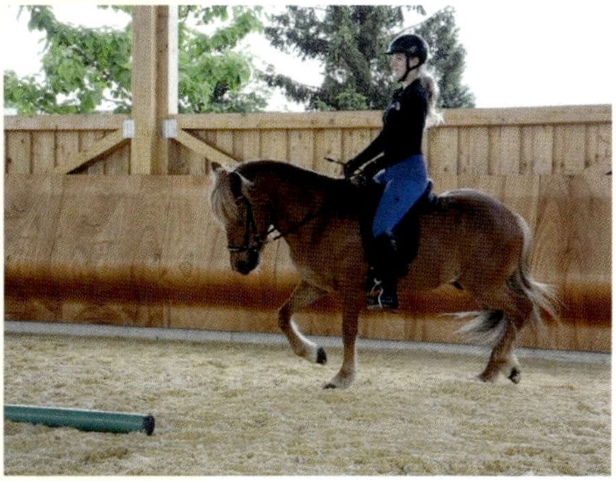

Später baust du Handwechsel ein und reitest von beiden Seiten an. Klappt es im Schritt gut, machst du die Übung im Trab und im Galopp.

Wo

Reitplatz

Hilfsmittel

Stangen oder Geitner-Gassen

Verbessert beim Pferd

das Gleichgewicht, bereitet es aufs Springen vor

Hilft dem Reiter

sich besser auszubalancieren, den Entlastungssitz zu lernen; ist eine Vorübung zum Springen

Gangarten

Schritt, Trab, Tölt, Galopp

50 Leichte Stangenübung 2

Wo

Reitplatz

Hilfsmittel

Cavaletti, Stangen oder Geitner-Gassen, Pylonen

Verbessert beim Pferd

das Gleichgewicht und die Reaktion auf die Hilfen, bereitet es aufs Springen vor

Hilft dem Reiter

sich besser auszubalancieren, den Entlastungssitz zu lernen, sich im Raum zu orientieren; ist eine Vorübung zum Springen

Gangarten

Schritt, Trab, Tölt, Galopp

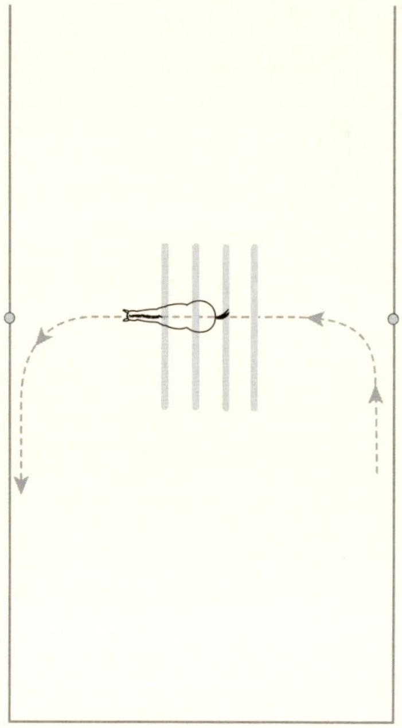

Übung 49 kannst du im Schwierigkeitsgrad steigern, indem du 3 oder 4 Stangen oder Cavaletti hintereinander legst. Der Abstand zwischen den Stangen beträgt bei ›durchschnittlicher‹ menschlicher Schrittlänge einen ›normalen‹ Schritt für den Schritt (ca. 80 cm bis 1 m), einen sehr großen Schritt für den Trab (ca. 1,10 bis 1,30 m). Du kannst zur optischen Unterstützung an den Enden der Cavaletti links und rechts Hütchen aufstellen. Damit fällt es dir leichter, die Cavaletti mittig anzureiten.

Bei den Abständen bin ich nicht so zentimetergenau. Man wird nach den ersten Versuchen sehen, wie das Pferd mit den Abständen zurechtkommt und kann sie dann bei Bedarf anpassen. Zudem denke ich, dass ein Pferd auch lernen sollte, sich mit unterschiedlichen Abständen zu arrangieren, indem es Tritte verlängert oder verkürzt. Dadurch bleibt es aufmerksam und lernt, mitzudenken. Gleichzeitig wird durch diese unterschiedliche Schrittlänge die Balance des Pferdes verbessert. Ein Pferd, was sich an immer neue Anforderungen anpassen kann (Bewegungsvielfalt), wird in seinem Bewegungsapparat gesünder bleiben und insgesamt trittsicherer sein.

Bei noch unerfahrenen Reitern/Pferden nimmst du 4 Geitner-Gassen. Damit kann nichts passieren, wovor Reiter oder Pferd Angst bekommen könnten. Das Pferd soll schließlich lernen, sich zu dehnen, den Rücken mitsamt der ganzen Oberlinie zu verlängern. Dies funktioniert nicht, wenn es Angst hat, auf die Stangen zu treten. Dasselbe gilt für einen Reiter, der sich davor fürchtet, dass sich sein Pferd wehtun könnte: Er wird nicht ›fröhlich‹ vorwärts reiten lernen.

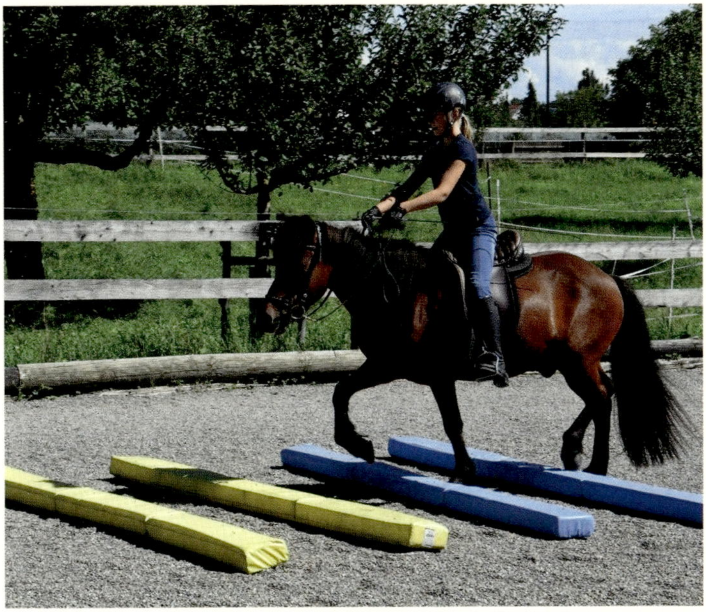

Sind Reiter und Pferde sicher im Takt und im Gleichgewicht und haben mehr Übung, so bevorzuge ich Cavaletti, da man sonst einem gut gerittenen Pferd die Achtlosigkeit auch anerziehen kann, wenn es merkt, dass man überall drauftreten und drüberstolpern kann, ohne dass etwas passiert.

Baue die Cavaletti nun einfach in große Hufschlagfiguren ein, so dass du immer wieder darüber reitest. Achte aber darauf, dass du sie immer gerade anreitest (im 90-Grad-Winkel).
Beginne immer zunächst im Schritt. Damit erklärst du deinem Pferd die Aufgabe.

Dann kannst du die Abstände zwischen den Stangen für den Trab ändern. Variiere, indem du entweder erst kurz vor den Stangen antrabst, oder auch längere Trabreprisen beibehältst. Du kannst die Tritte im Trab verlängern oder verkürzen. Zudem kannst du immer wieder Galoppabschnitte einbauen, wenngleich du dann über den Cavaletti wieder im Trab reitest!

51 Leichte Stangenübung 3

Wo

Reitplatz oder größerer Platz

Hilfsmittel

Cavaletti, Stangen oder Geitner-Gassen, Pylonen

Verbessert beim Pferd

das Gleichgewicht und die Reaktion auf die Hilfen, den Schenkelgehorsam, die Aufmerksamkeit, bereitet es aufs Springen vor

Hilft dem Reiter

sich besser auszubalancieren, energisch vorwärts zu reiten, sich im Raum zu orientieren; verbessert die Kondition

Gangarten

Schritt, Trab, Tölt, Galopp

Ausführung

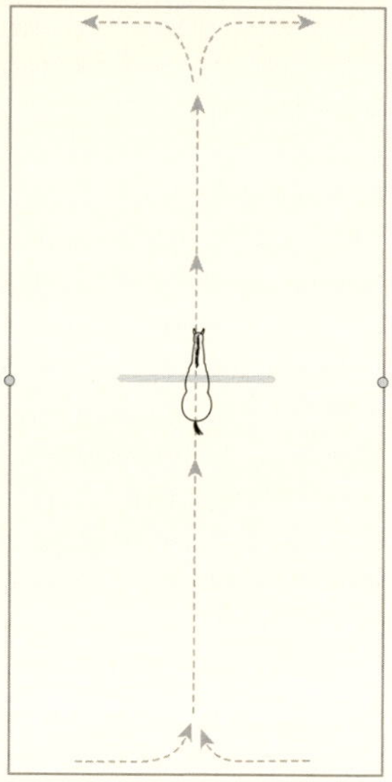

Du legst eine Stange oder baust einen kleinen Sprung auf die Mittellinie.

Durch die lange Gerade ohne Begrenzung wird diese Variante gleich einmal eine Probe des Schenkelgehorsams sein. Wie gut hast du dein Pferd bereits an den Hilfen? Es ist nicht von Belang, wie hoch das Hindernis ist, es geht nur um das energische Vorwärtsreiten und die feine Hilfen-Abstimmung des Reiters. Das Ergebnis ist ein aufmerksames Pferd.

Bleibe anfangs im Schritt und auf einer Hand. Später machst du jeweils am Ende der Mittellinie einen Handwechsel.

Beginnst du mit dem Trab, gehst du nach dem Verlassen der Bande in den Entlastungssitz. An der Bande entlang kannst du auch leichttraben. Nach dem Überwinden des Hindernisses bleibst du im Entlastungssitz bis zum Erreichen der Bande. Ein zu frühes Einsitzen könnte dein Pferd evtl. aus dem Bewegungsfluss bringen.

Achte darauf, dass du die Ecken davor immer gut ausreitest und dass du die Stange jedes Mal mittig und gerade anreitest.

In dem Moment, in dem du nach dem Abwenden auf der Mittellinie geradeaus schaust, trabst du an. Betrachte eine Stelle irgendwo an der gegenüberliegenden kurzen Seite. Damit kommst du geradeaus auf der anderen Seite an, ohne dass dein Pferd ins Stocken kommt. Kurz vor der kurzen Seite parierst du mit deinem Körper wieder durch zum Schritt.

Dann kannst du angaloppieren, sobald du auf der Mittellinie bist, und am Ende der langen Geraden wieder durchparieren. Dies verhindert ein unschönes Durch-die-Ecke-Schlurfen und fördert ein Zurücknehmen des Pferdes über deine Körpermitte.

Willst du die Übung variieren, so nimmst du statt einer Stange oder Geitner-Gasse ein Cavaletti oder einen kleinen Sprung.

Brauchst du eine größere Herausforderung, verwendest du ein schmales Hindernis (Stange ca. 1,5 m breit) oder einen einzelnen Strohballen.

52 Gute Ecken reiten

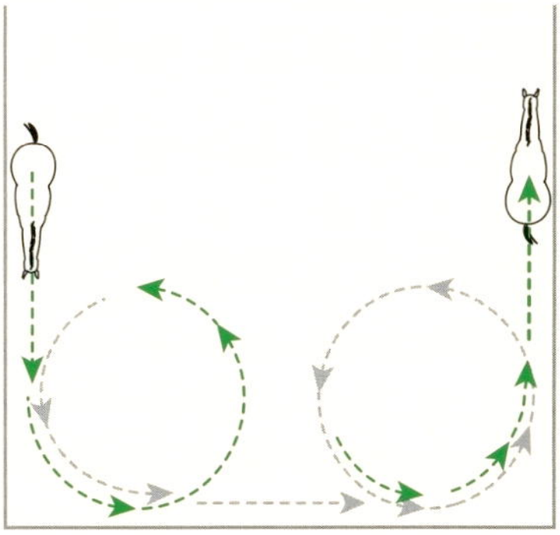

Beim Ausreiten der Ecken sehe ich oft, dass die Reiter entweder keine richtigen Ecken reiten und das Pferd ›geradeaus‹ auf der Zirkelspur läuft.

Anderen Reitern wurde eingetrichtert, sie sollen die Ecken ausreiten. Dann sieht das in etwa so aus, dass das Pferd geradeaus in die Ecke geritten wird. Es dann nicht weiterkommt, aus dem Takt und aus der Balance geworfen wird und sich anschließend auf die nächste Gerade schummelt. Manche Pferde bekommen beinahe Panik, da sie nicht wissen, wo der Reiter sie hinführen möchte.

Dabei sind Ecken eine feine Übung. Wenn du auf deinem Fahrrad außen um den Reitplatz fahren würdest, würdest du dann auch einfach nichts machen, wenn die Ecke kommt? Vermutlich würdest du dein Tempo etwas verringern, anschließend würdest du den Lenker benutzen und dein Gleichgewicht ausgleichen, um danach wieder geradeaus zu fahren und weiter zu treten.

Du musst dir bewusst machen, dass eine Ecke eigentlich eine Viertel-Volte ist. Das bedeutet, dass dein Pferd sich tatsächlich biegen muss. Also macht es gar keinen Sinn, von einem Jungpferd zu verlangen, dass es ›die Ecken ausläuft‹; das kann es schlicht und einfach noch nicht. Und genau dasselbe gilt auch für einen Reitanfänger.

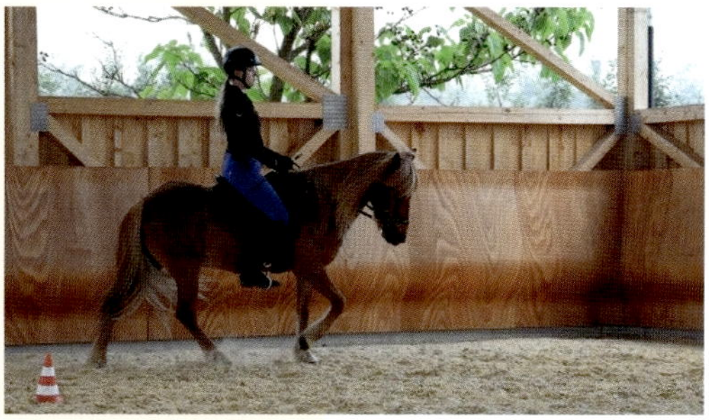

Sobald dein Pferd aber eine gewisse Ausbildung hat, solltest du dir angewöhnen, die Ecke als solche zu reiten.

Reite zunächst einmal in jeder Ecke eine Volte. Bist du mit deiner Volte nicht zufrieden, sei es, weil sie nicht rund war, weil du aus dem Takt

Wo
Reitplatz

Hilfsmittel

Verbessert beim Pferd
das Geraderichten, die Anlehnung

Hilft dem Reiter
ein Gefühl für die Biegung zu bekommen, bei der Erarbeitung der Anlehnung, beim Geraderichten

Gangarten
Schritt, Trab, Tölt, Galopp

gekommen bist oder weil dein Pferd irritiert ist, da du anscheinend nicht mehr weißt, dass es da geradeaus geht ☺, dann hast du zwei Möglichkeiten: Entweder du machst die Volte etwas größer, bis dein Pferd verstanden hat, um was es geht und du ein gutes Gefühl für das Biegen bekommen hast. Oder du kannst einfach eine zweite Volte anhängen. Die zweite Variante empfiehlt sich besonders, wenn dein Pferd leicht hektisch wird. Du reitest deine Volten so lange, bis du mit dem Ergebnis zufrieden bist, dann erst geht es weiter auf die Gerade.

Mir hilft es generell, die Ecke so anzugehen: Vor der Ecke denkst du an Schultervor, damit leitest du die Ecke ein. Dann kommt der innere Schenkel, der die Hinterhand des Pferdes nach außen ›drückt‹. Der Begriff ›Druck‹ ist nicht wörtlich zu verstehen; er soll nur ausdrücken, dass die Hinterhand sich nach außen bewegen muss, damit das Pferd tatsächlich ›gebogen‹ bleiben kann. Bist du auf der neuen Seite angelangt, denkst du wieder an Schultervor, um dann geradeaus weiter zur nächsten Ecke zu reiten.
Auch hier arbeitest du dich von einer Gangart zur nächsten vor.

53 Mach den Reitplatz bunt!

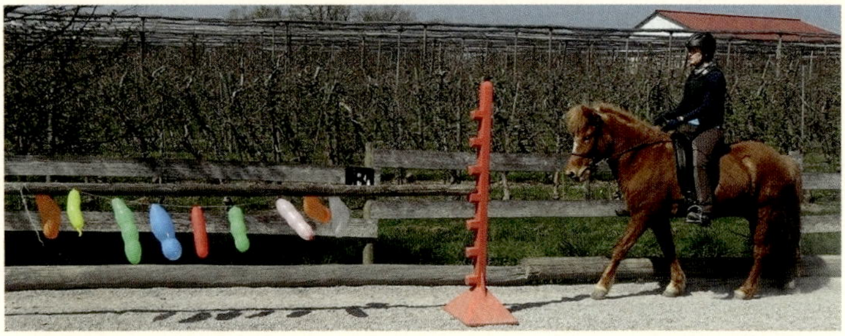

Im Alltag wird dein Pferd immer wieder von diversen Dingen abgelenkt werden. Besonders auf einem Ausritt, aber meist noch viel mehr, wenn du dich mit deinem Pferd auf ein Turnier begibst. Daher ist es enorm wichtig, deinem Pferd beizubringen, dass es sich auf dich konzentrieren muss, wenn du es um etwas bittest. Das kannst du am besten üben, indem du Ablenkungen aller Art daheim in einer gewohnten Umgebung einbaust.

Baue dir einen Parcours, bestehend aus einem oder auch mehreren ›Hindernissen‹. Es gibt Pferde, die sich aus Angst oder auch aus Aufregung anspannen, sobald Hindernisse in der Nähe sind, auch wenn sie gar nicht springen sollen. Ignoriere solche Dinge nicht, sondern übe es immer und immer wieder, bis dein Pferd sich entspannen kann. Genau dasselbe gilt für flatternde Gegenstände. Bemerkst du, dass dein Pferd davor Angst hat, dann nimm das Problem in Angriff, statt zu vermeiden, in die Nähe einer Plane oder Fahne zu kommen. Natürlich musst du immer auf dein Pferd hören und darauf achten, ob es wirklich Angst hat, oder einfach nur unbekannte Situationen vermeidet. In jedem Falle ist es sinnvoll, am Boden zu beginnen und die Situation dem Pferd gegenüber so einfach wie möglich darzustellen. Es kann durchaus schon eine Herausforderung für die Pferdenerven sein, einfach nur an einem Ende des Reitplatzes geritten zu werden, wenn sich komische Dinge am anderen Ende befinden. Später kannst du um die Angst auslösenden Gegenstände herumreiten und irgendwann kannst du überall drüber und untendurch reiten! Achte immer darauf, dass du hinschaust, wohin du reiten möchtest, und nicht etwa selbst auf das ›Monster‹ starrst!
Ein Stangen-Viereck ist eine sehr einfache, aber auch effektive Idee, um mit Dingen auf dem Boden zu beginnen: Hierfür legst du 4 Stangen oder Schwimmnudeln oder 4 farbige Bänder im Viereck auf den Boden. Als Steigerung der Anforderung kannst du in die Mitte z.B. zerknülltes Zeitungspapier legen.

Wo

auf einem eingezäunten Reitplatz

Hilfsmittel

Hindernisse, Stangen, Pylonen, Luftballons, Flatterbänder

Verbessert beim Pferd

die Aufmerksamkeit, das Nervenkostüm, die Konzentration, fördert die Rittigkeit

Hilft dem Reiter

Abwechslung in die Arbeit zu bekommen, der Reiter wird geschickter

Gangarten

Schritt, Trab, Tölt, Galopp

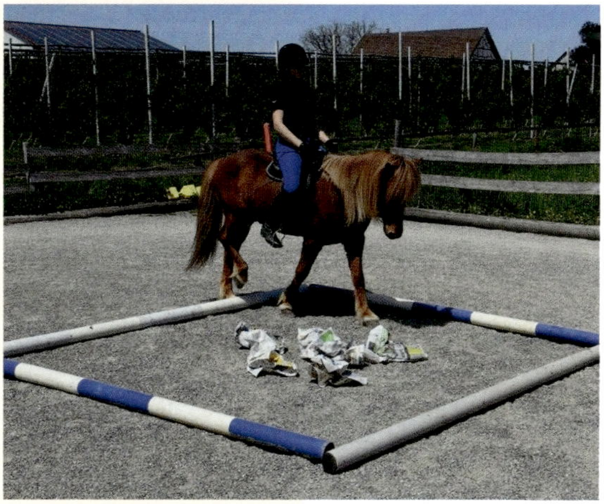

Du kannst einen Tunnel bauen, indem du zwei Hindernisse mit Stangen auf Brusthöhe parallel zueinander aufbaust. Als Steigerung kannst du über die Stangen Planen hängen, verschiedene Luftballons oder auch Krepppapier anbringen.

Du kannst in ein Hütchen eine Gerte stecken, die du dann zu einem weiteren Hütchen transportierst.

Bei allen Dingen, die du aufbaust, bedenke, dass dein Pferd jederzeit alles zerstören kann, keinesfalls sollte ein Hindernis eine Gefahr für dich und dein Pferd darstellen.

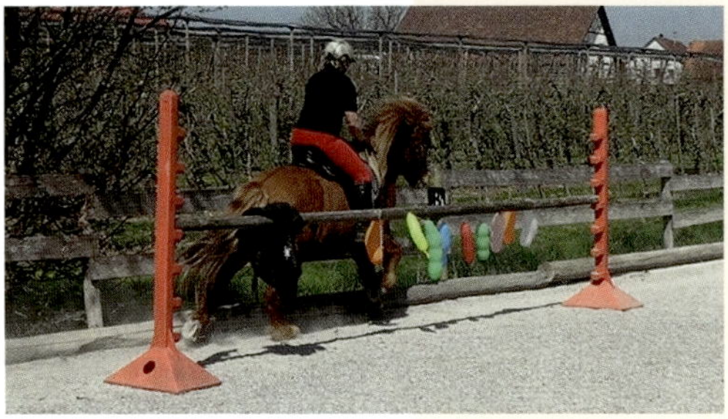

Dann kannst du um die Stangen herumreiten und später auch darüber oder hindurch. Eine gute Übung vor allem für sehr eifrige oder gar hektische Pferde ist es, vor jedem Hindernis anzuhalten, dann in aller Ruhe aber mit gutem Rhythmus darüber oder hindurch zu reiten, und nach dem Hindernis wieder anzuhalten. Dann erst geht's weiter.

Sollte es für dein Pferd sehr ungewohnt sein, so arbeite diese Objekte immer nur am Rande, vielleicht auch am Schluss einer Trainingseinheit in dein tägliches Training ein. Bedenke, dass es für manche Pferde bereits eine Zumutung sein kann, wenn sich auch nur ein Brett (z. B. eine Rampe) auf dem Reitplatz befindet.

54 Die Acht für einen Platz

Wo
Reitplatz

Verbessert beim Pferd
die Aufmerksamkeit, die Reaktion auf die Hilfen

Hilft dem Reiter
beim korrekten Reiten von Hufschlagfiguren

Gangarten
Schritt, Trab, Tölt, Galopp

Korrekte Übungen auf dem Reitplatz verhelfen dir zu einem genussvolleren Reiten, ganz egal, was du mit deinem Pferd vorhast.

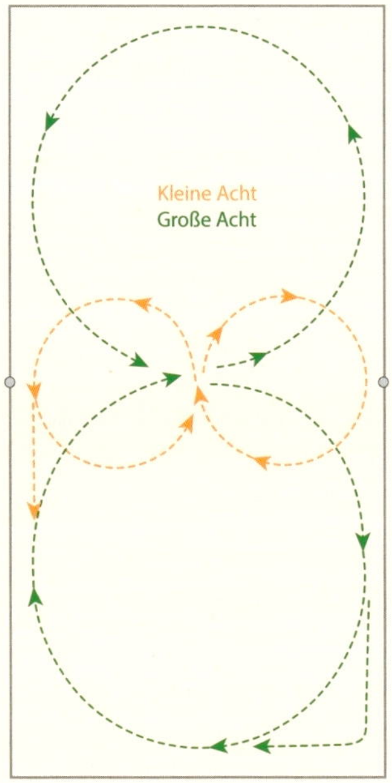

Meiner Meinung nach macht es viel Sinn, sich von Anfang an ein konzentriertes, korrektes Arbeiten mit dem Pferd anzugewöhnen. Reitet man seine Hufschlagfiguren immer aufmerksam und ordentlich, so wird man später dafür keine zusätzliche Energie verschwenden müssen.
Auf dem Turnier bekommst du durch exaktes Reiten gute Noten, selbst wenn dein Pferd nicht die ausdrucksvollsten Bewegungen hat.
Du kannst mit einer Riesenacht (2 x 20-Meter-Zirkel) beginnen. Wechsle die Richtung bei X. Bevor du den ersten Zirkel startest, reite sehr ordentlich durch die vorhergehende Ecke. So wird der Unterschied zwischen der Ecke und dem ersten Halbzirkel deutlich. Stelle dir immer

jeweils einen Halbzirkel vor, den du reitest. Dann stelle dein Pferd bei X komplett gerade, bevor du die Biegung wechselst und in die andere Richtung weiterreitest. Immer ein Halbkreis nach dem anderen. Denke daran, dass du beim Leichttraben den Fuß wechselst!
Klappt dies gut, machst du eine ›richtige‹ Acht, also 10-Meter-Kreise. Auch hier immer einen Halbkreis an den anderen setzen. Denke während der gesamten Übung an den Takt und an das Gleichgewicht. Behalte immer im Blickpunkt, einen guten Wechsel zwischen Links- und Rechtsbiegung zu reiten.

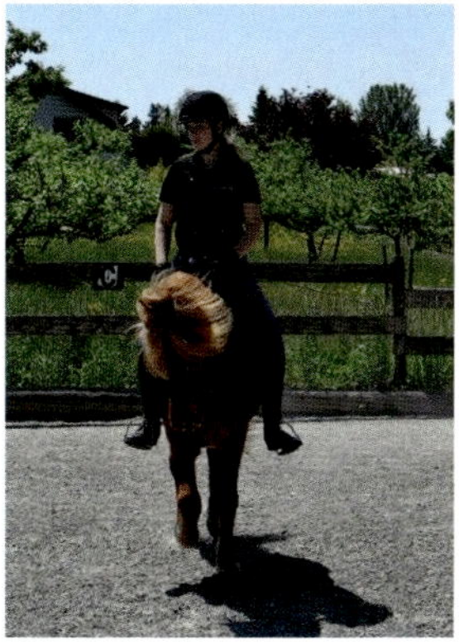

55 Serpentinen auf der Mittellinie

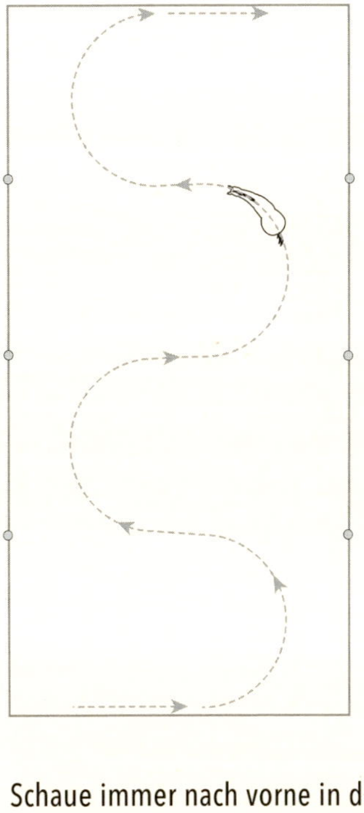

Bei dieser Übung wird dein Pferd gleichmäßig links-rechts gearbeitet. Es wird geschmeidiger und aufmerksamer.

Die gleichen Fähigkeiten, die du für die Acht brauchst, brauchst du hier für den Mini-Slalom.
Nur dass die Wechsel bei dieser Übung schneller aufeinander folgen. Teile dir die 4 Schlaufen gleichmäßig auf, beachte dabei, dass du im Takt bleibst und die jeweiligen Kreislinien geschmeidig ineinander übergehen. Wie bei der Acht reitest du zuvor aufmerksam eine Ecke aus, um zu kontrollieren, ob du und dein Pferd im Gleichgewicht seid.
Schaue immer nach vorne in die nächste Wendung. Biege dein Pferd dabei gut um dein inneres Bein herum, ohne dabei das äußere, verwahrende Bein zu vergessen, welches die Tritte des äußeren Hinterbeines kontrolliert.
Bei jedem Richtungswechsel auf der Mittellinie reitest du für ein paar Meter geradeaus, um einen guten Übergang zu bekommen. Es ist wichtig, dass du mit deinem ganzen Körper die Richtung vorgibst, und kor-

Wo
Reitplatz

Verbessert beim Pferd
die Aufmerksamkeit,
die Geschmeidigkeit,
das Geraderichten

Hilft dem Reiter
beim korrekten Reiten von Hufschlagfiguren

Gangarten
Schritt, Trab, Tölt, Galopp

rekte Schenkelhilfen gibst, damit du dein Pferd nicht mit den Zügeln herumziehst. Kontrolliere immer wieder deine Schenkelhilfe, indem du das Knie etwas abhebst, oder auch nur ein bisschen außer der Reihe bewegst, um sicherzustellen, dass das Bein nicht klemmt. Wechsle im Leichttraben jeweils den Fuß.

Die Übung kann mehrmals nacheinander oder auch immer wieder während deiner Trainingseinheit wiederholt werden.

56 Immer mal ein bisschen seitwärts

Wo

Reitplatz

Verbessert beim Pferd

die Qualität des Ganges, die Haltung, die Konzentration, stärkt die Hinterhand

Hilft dem Reiter

leicht in der Hand zu werden

Gangarten

Schritt, Trab, Tölt, Galopp

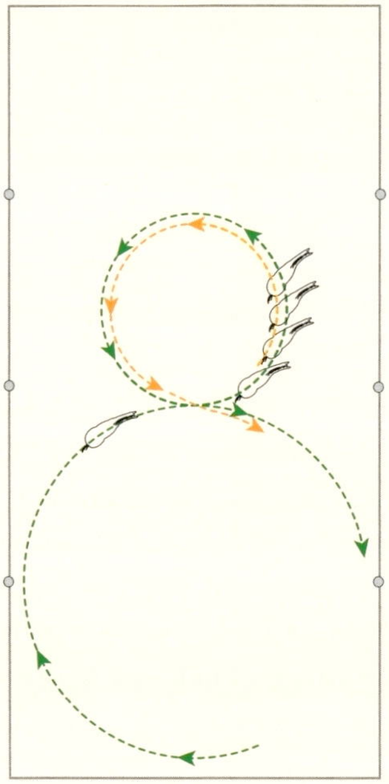

Hier wird eine Verbesserung innerhalb der Gangart erreicht. Die Übung hilft deinem Pferd, konzentriert zu bleiben und auch die Qualität des Ganges verbessert sich. Dein Pferd wird damit besser vom Schenkel wegkommen und leicht in der Hand werden. Die Hinterhand wird gestärkt. Haltung und Stellung deines Pferdes verbessern sich.

Hast du dein Pferd genügend warmgeritten, beginnst du mit dem Schenkelweichen.
Du kannst auf die Diagonale gehen und dann ein paar Schritte Schenkelweichen einbauen, dann stellst du es wieder gerade, bevor du erneut ein paar Schritte Schenkelweichen verlangst. Dies wiederholst du auf beiden Händen bzw. in beide Richtungen.

Dann gehst du rechte Hand auf einen Zirkel. Nutze hierfür z. B. den dritten Hufschlag des Zirkels. Nachdem du einen guten Takt bei gutem Herandehnen an den Zügel erreicht hast, beginnst du nun mit dem Schulterherein. Sobald das Gleichmaß in der Bewegung stimmt und du eine feine Verbindung mit deinem Pferd hast, wechselst du an der offenen Seite nach links in einen etwas kleineren Zirkel und behältst deine Rechtsbiegung bei. Du reitest also ein paar Schritte Konter-Schulterherein. Kannst du spüren, wie sich der Rücken deines Pferdes anhebt, in Richtung von deinem Gesäß?

Höre immer auf dein Pferd: Wenn es unwillig geht oder die Übung zu zäh wird, begnüge dich mit wenigen Schritten, die aber fließend und mit korrekter Biegung geritten werden.

Bevor du die Übung auf der anderen Hand machst, lasse dein Pferd fröhlich ein wenig in einer höheren Gangart vorwärts gehen.
Wenn der Seitengang im Schritt gut geklappt hat, kannst du die Übung auch im Trab probieren. Verlange auch hier zunächst nur ein paar Schritte Trab und pariere dann wieder durch zum Schritt.

57 Mit dem Galopp spielen

Dein Pferd bekommt mehr Gleichgewicht im Galopp, die Hinterhand muss dabei aktiv werden.
Dadurch dass sich dein Pferd im Galopp mehr formen lässt, wird es auch geschmeidiger gehen. Beachte, dass du für diese Übung bereits einen sicheren Takt im Galopp haben solltest. Das Pferd sollte kein Problem beim Angaloppieren oder im Galopp, wie z. B. ungewolltes Umspringen, haben. Dann hätte die Übung keinen Nutzen, sondern würde dein Pferd komplett verunsichern.
Ansätze dieser Arbeit kann man auch prima im Gelände trainieren!

Hast Du dein Pferd gut aufgewärmt, kannst du es im Galopp immer wieder ein wenig ›gehen lassen‹, um es dann wieder ein bisschen vom Tempo her einzufangen. So arbeitest du an der Hinterhand. Das tolle daran ist, dass es einem gar nicht wie Arbeit vorkommt! Auch den Pferden macht dies viel Spaß.

Nun kannst du dich spielerisch an den Außengalopp heranwagen: Wenn du auf der linken Hand galoppierst, lässt du dein Pferd ein klein wenig nach links galoppieren, um es danach wieder nach rechts auf die Spur zu lenken. Auf dem Reitplatz wäre dies z. B. ein kleiner Schlen-

Wo

Reitplatz oder Gelände

Verbessert beim Pferd

die Qualität des Galopps, das Gleichgewicht, die Geschmeidigkeit, die Aufmerksamkeit, die Reaktion auf die Hilfen, aktiviert die Hinterhand

Hilft dem Reiter

präzise zu reiten, Stellung und Biegung zu variieren

Gangarten

Schritt, Trab, Tölt, Galopp

ker, zuerst nur auf den 2. Hufschlag, später dann eher eine einfache Schlangenlinie (ohne dass dabei die Linie ganz korrekt sein muss!).
Mit der Zeit merkst du, wie dein Pferd sich immer mehr aufrichtet und an Links-Rechts-Balance gewinnt.
Du wechselst dabei nicht den Galopp! Später kannst du dann auf der linken Hand reiten und im Außengalopp angaloppieren. Reite den Außengalopp anfangs nur auf der Geraden und pariere vor der Ecke rechtzeitig wieder durch. Damit lernt dein Pferd wirklich korrekt auf die Galopphilfe zu achten, anstatt einfach irgendwie anzugaloppieren! Das beeinflusst außerdem das Verhalten des Pferdes im Galopp. Es wird auch während des Galoppierens aufmerksam bleiben und Hilfen von dir erwarten!
Dieselbe Spielerei machst du schließlich mit Galoppwechseln über die Mittellinie: Beim ›Aus dem Zirkel wechseln‹ reitest du einfach über die Mittellinie drüber. Normalerweise wird dein Pferd automatisch in der Mitte umspringen, sobald deine Hilfengebung sich zur anderen Seite ändert!

Anmerkung: Diese Übungen sind für Freizeitpferde gedacht. Pferd und Reiter sollen mehr Spaß haben und mehr Balance bekommen! Auch ein Freizeitreiter sollte an fliegenden Galoppwechseln arbeiten und daran Freude haben. Das muss meiner Meinung nach nicht immer ›bierernst‹ sein und überkorrekt geritten werden!

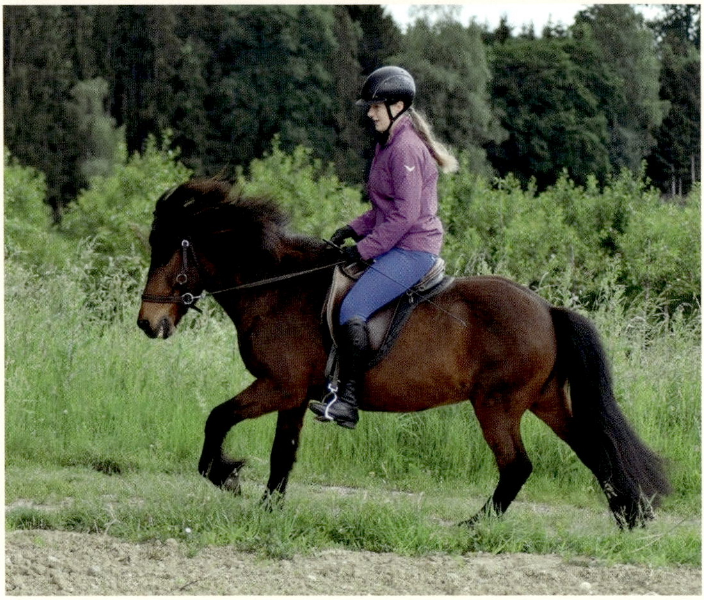

58 Gut ausbalanciertes Leichttraben

Die Übung verbessert das Geraderichten des Pferdes.
Der Reiter wird ausbalancierter und somit für das Pferd leichter zu tragen. Der Sitz wird gleichmäßiger.

Im Schritt reitest du dein Pferd warm. Dabei kannst du die Übung gut vorbereiten, indem du deine Sitzknochen spürst. Du nimmst die rechte Hand vom Zügel weg und streckst sie nach oben. Nun spüre in dich hinein. Gibt es eine Dehnung zwischen der rechten Hand und dem gleichseitigen Fuß? Kannst du eine Diagonale zwischen der rechten Hand und dem linken Fuß spüren? Später fühlst du die andere Diagonale. Diese Diagonale kannst du dir vorstellen, als ob dein Körper ein X wäre. Reite eine Weile im Schritt und spüre das X.

Im Trab beginnst du nun im Entlastungssitz und fühlst den Rücken vom Pferd. Spürst du, wie das Pferd dich nach oben katapultiert? Dann kannst du mit dem Leichttraben beginnen. Denke dabei immer wieder an das X in deinem Körper. Dann wechselst du alle 6 Tritte den Fuß.

Beobachte einmal, wann genau du den Fuß wechselst? Beim Aussitzen? Prima, dann versuchst du als nächstes den Fuß beim Aufstehen zu wechseln. Geht das auch? Du kannst 2-mal oben bleiben und dann erst wieder einsitzen. So kannst du deinen Sitz kontrollieren. Gehen die Füße dabei nach vorne, verlierst du die Balance. Rutschen deine Füße nach hinten, ebenfalls. Du musst sehr aufpassen, dass du nicht versehentlich an den Zügeln ziehst, wenn du die Balance verlierst!

Denke daran, viele Handwechsel zu reiten. Dann wechselst du alle 4 Tritte den Fuß. Wie fühlt sich der Rücken deines Pferdes mittlerweile an? Wird der Rücken runder? Sicher wird auch dein Leichttraben insgesamt geschmeidiger.

TIPP
Das Umsitzen beim Aufstehen will nicht klappen? Dann schaust du dir die Grundlagen Bausteine und Zentrieren vom Centered Riding noch einmal genau an.

Wo

Reitplatz oder Gelände

Verbessert beim Pferd

das Geraderichten

Hilft dem Reiter

den Sitz und die Balance zu verbessern

Gangarten

Schritt, Trab

59 Übergänge sind alles

Wo
Roundpen oder quadratischer Platz

Hilfsmittel
Pylonen

Verbessert beim Pferd
die Aufmerksamkeit, die Balance, die Hinterhandaktivität

Hilft dem Reiter
präzise Hilfen zu geben

Gangarten
Schritt, Trab, Tölt, Galopp

Es ist kein Geheimnis, dass man durch das simple Reiten von Übergängen eine gymnastische Wirkung erzielt. Man bekommt das Pferd alleine durch die Tatsache, dass man Übergänge reitet, gesetzter und aufmerksamer, zudem wird die Hinterhand aktiver.

Ausführung

Du reitest ganze Bahn. Welche Hand ist egal, da du später auf die andere Hand gehst.
Generell ist es immer schlau, mit der besseren Hand deines Pferdes zu beginnen, da die schlechtere Seite von der guten lernt.
Nun ist deine Aufgabe, einfach an jeder Seite, also viermal, einen Übergang zu reiten. Und da es immer auf die Qualität ankommt, kannst du den Übergang an einer beliebigen Stelle der jeweiligen Seite reiten. Es ist besser, du reitest einen harmonischen Übergang irgendwo an der Seite, als auf Biegen und Brechen z.B. am Punkt C ›unschön‹ anzuhalten.
Wenn du (oder dein Pferd) schon fortgeschrittener bist, reitest du die Übergänge auf dem 2. oder 3. Hufschlag. Du kannst dir hierfür ein paar Hütchen als Anhaltspunkte aufstellen, damit du wirklich auf dem 3. Hufschlag bleibst.
Du beginnst mit ganzen Paraden. Dann machst du Schritt-Trab-Übergänge, auf der einen Seite antraben, auf der nächsten Seite eine Parade zum Schritt. Du kannst alles reiten, Hauptsache, du machst auf jeder Seite einen Übergang!

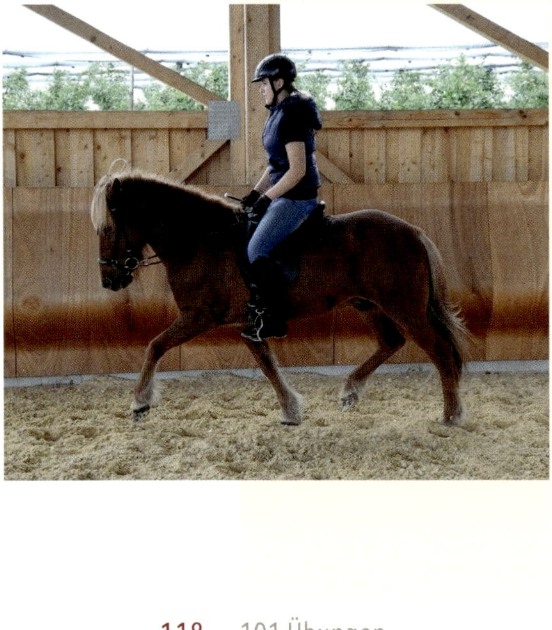

Denke daran, dass du auch immer wieder einen Handwechsel reitest und Schrittpausen in das Training mit einbringst.
Reitest du im Roundpen, so stellst du dir als Anhaltspunkt 1 oder 2 Hütchen auf, damit du regelmäßig Übergänge einbaust.

60 Einfach nur gut sitzen

Am langen Zügel lässt du dein Pferd im Schritt gehen.
Nach einiger Zeit wechselst du nach innen auf den 3. Hufschlag. Du gehst also vorwärts und nach innen.
Dann denkst du an den inneren Schenkel in Verbindung mit dem äußeren Zügel und lässt dein Pferd zurück zum Hufschlag mit dem inneren Hinterbein übertreten.
Dies wiederholst du einige Male.
Wenn es gut klappt, wechselst du auf die andere Hand.

Um deinen Sitz zu verbessern, denkst du an beide Sitzknochen (Sitzbeinhöcker), spüre, wie du dein Gewicht gleichmäßig innen wie außen verteilst (Links-rechts-Gleichgewicht). Kontrolliere auch den Kontakt im Steigbügel. Spüre wie du eine gleichmäßige, feine Zügelverbindung bekommst, sowohl mit dem inneren als auch mit dem äußeren Zügel. Immer, wenn du mit deiner Ausführung zufrieden bist, kannst du zur nächsten Gangart wechseln. Im Trab gehst du wieder erst einmal ganze Bahn. Dabei achtest du zuerst wieder auf deine eigene Gewichtsverteilung. Dieses Reiten ist fast wie eine Sitzübungsstunde – indem du immer wieder auf diese Weise deinen Sitz spürst und kontrollierst, machst du auch dein Pferd freier (in der Schulter) und lockerer.
Im Trab gehst du nun erneut auf den 2. Hufschlag und trabst dabei leicht – es geht eventuell einfacher, wenn du, kurz bevor du nach innen abwendest, auf den ›falschen‹ Fuß wechselst. Dasselbe machst du auf der anderen Hand. Lass dir viel Zeit bei der Übung.

Wo
Roundpen oder quadratischer Platz

Verbessert beim Pferd
die Schulterfreiheit, die Losgelassenheit

Hilft dem Reiter
seine Sitzknochen zu spüren, eine feinere Zügelverbindung zu bekommen

Gangarten
Schritt, Trab

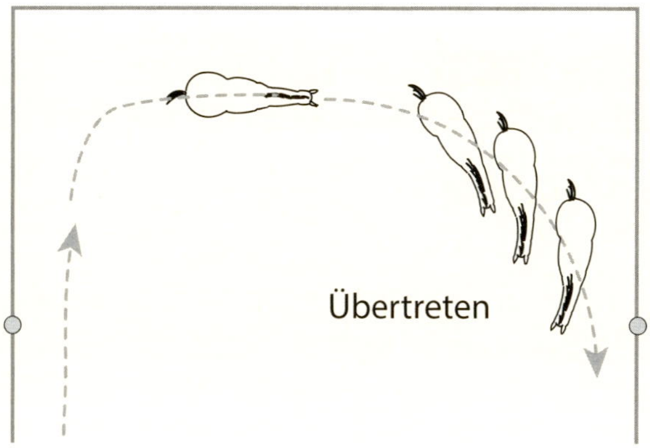

61 Balance in der Biegung

Wo

Roundpen oder Reitplatz

Hilfsmittel

Pylonen

Verbessert beim Pferd

die Balance in der Biegung, die Hinterhandaktivität, die Konzentration

Hilft dem Reiter

präzise Hilfen zu geben, den Körper gut auszurichten, das Aussitzen zu trainieren

Gangarten

Schritt, Trab, Tölt, Galopp

Stelle an den gegenüberliegenden Seiten jeweils 2 Hütchen etwa auf den 3. Hufschlag.

Es geht um bessere Balance in der Biegung. Wir haben hier viele Biegungen; wenn man die Ecken auch noch dazu nimmt, gibt es fast einen kleinen Tanz.

Du kannst dein Pferd bereits mit den Bauchaugen warmreiten.

Man schaut beim Reiten ja immer nach vorne. Wie beim Autofahren auch. Wenn man in der Gegend herumschaut, ist es meist nicht so gut; ebenso wenig praktisch ist es, auf das Lenkrad zu starren.

Darum haben wir beim Reiten zusätzliche Augen am Bauch. Irgendwo links und rechts vom Bauchnabel können die sein. Hauptsache, du kannst dir diese Bauchaugen vorstellen. Wenn du magst, kannst du dir auch noch Schulteraugen dazu denken.

Du reitest um jedes Hütchen eine Volte, die kann ganz groß sein. Wichtig ist immer die Ausführung. Soll heißen, dass Takt und Losgelassenheit in der Volte nicht verloren gehen dürfen.

Passiert dies muss die Volte viel größer geritten werden. Mit der Zeit klappt es dann auch mit kleinen Volten. Nach einiger Zeit beginnst du mit der nächsten Gangart. Dies kann bisweilen recht schwierig sein, das Pferd kommt aus der Balance, die Volte wird ein Ei, die Ecken kommen zu schnell auf dich zu?

Manchmal fehlt dir als Reiter noch das richtige Gefühl dafür, oder du reitest ein junges unerfahrenes Pferd. Dann reitest du immer wieder

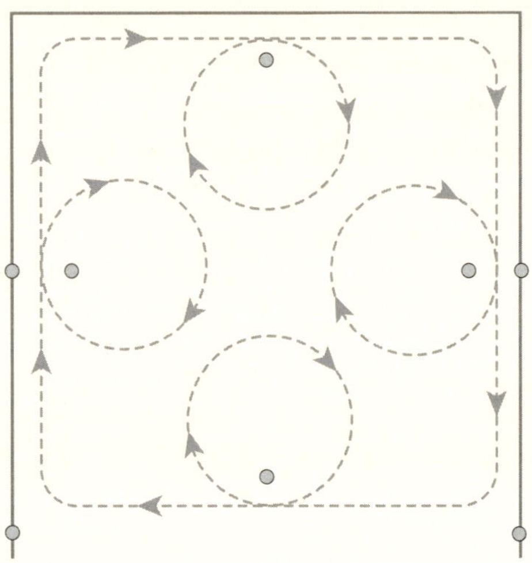

Übergänge zum Schritt, bevor die Gangart schlecht wird. Sobald Takt und Losgelassenheit wieder da sind, wieder antraben/antölten.

So gibst du dem Pferd die Möglichkeit, sich besser auszubalancieren. Es wird willig mitarbeiten und sich auf Grund der vielen Bögen auch gut konzentrieren. Erst wenn dies prima klappt, bleibst du in der Gangart. Genauso machst du es mit dem Galopp. Es ist eine Herausforderung, den Galopp so zu reiten, dass dein Pferd wirklich während der Übung immer im Takt bleibt! Dies zu trainieren, wird Zeit brauchen. Darum immer wieder Übergänge zum Trab reiten,

TIPP: AUSSITZEN ODER LEICHTTRABEN?
Trabe so oft es geht leicht oder reite im Entlastungssitz. Das Aussitzen sollte nur bei wirklich gut ausgebildeten Pferden nach einer ausreichend langen Aufwärmphase genutzt werden. Andererseits kann man mit dieser Übung das Aussitzen gut trainieren, indem man z. B. immer nur in den Volten aussitzt.

62 Aufsitzen-Übung

Wenn es ein ordentliches Sauwetter ist und man nicht wirklich richtig reiten kann, da der Platz matschig ist, oder wenn das Pferd wetterbedingt zu nervös ist, als dass man großartig etwas machen möchte, kann man das Aufsitzen trainieren.
Dies ist eine spannende Übung für Pferde, die sich schwertun, beim Aufsteigen stehen zu bleiben, bzw. gleich immer vorwärtsdrängen! Also eher eine Gehorsamsübung fürs Pferd. Es ist eine schreckliche Unart, wenn das Pferd direkt beim Aufsteigen losmarschiert. Vielleicht macht es dir ja nichts aus, und du bemerkst es kaum. Die negativen Auswirkungen eines solchen Verhaltens machen sich jedoch unangenehm bemerkbar, wenn du etwa auswärts bist, oder aus irgendwelchen Gründen vielleicht doch mal nicht so gut hochkommst, und dann erst halb auf dem Pferd hängst, wenn es bereits losmarschiert (im Winter in voller Montur …).

Außerdem ist das Aufsteige-Training eine tolle Fitness-Übung für den Reiter.

Wo
Roundpen oder Reitplatz

Hilfsmittel

Verbessert beim Pferd
das Stillstehen beim Aufsteigen, den Gehorsam

Hilft dem Reiter
koordinierter und Pferde schonender auf- und abzusteigen, hält fit

Gangarten
Halten

Wenn ein Pferd so schön beim Aufsteigen auf allen Vieren stehen bleibt, hat der Reiter offensichtlich alles richtig gemacht!

Ausführung

Du steigst ganz normal auf und auf der anderen Seite wieder ab! Dasselbe wiederholst du mehrmals. Hört sich lustig an, ist es auch! Dabei ist es einerlei, ob du mit oder ohne Aufstiegshilfe aufsteigst. Ab einer gewissen Größe des Pferdes MUSS eine Aufstiegshilfe benutzt werden. Ist das Pferd ›klein genug‹, kann man folgende pferdeschonende Aufstiegs-Technik anwenden und üben!

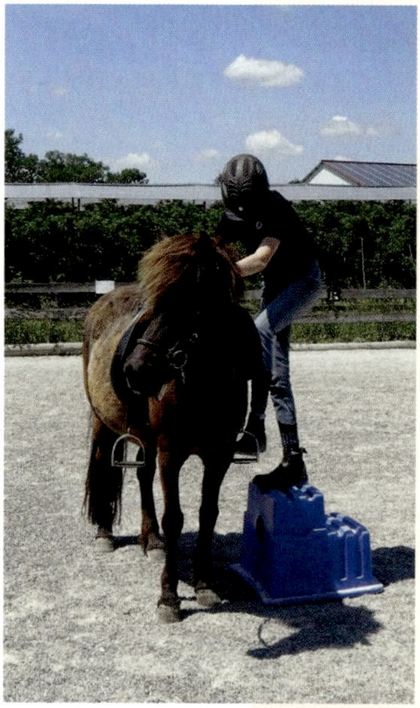

Beim Aufsteigen von links: Quasi In Fahrtrichtung vom Pferd stehen. Linker Fuß in den Steigbügel, dann linke Hand in die Mähne, rechte Hand an die Kniepausche rechts. Nun, sobald man Gewicht in den Steigbügel bringt, links ziehen und rechts runterdrücken. So bleibt der Sattel optimal im Gleichgewicht und man hängt dem Pferd nicht seitlich an den Dornfortsätzen!

Man kann das Pferd loben oder aber direkt wieder auf die andere Seite abspringen.
Beim Abspringen: Füße aus den Steigbügeln! Und Achtung: mit genug Schwung, wenn man es nach rechts, auf die ungewohnte Seite, macht!
Dann vorne ums Pferd herum, und wiederholen!

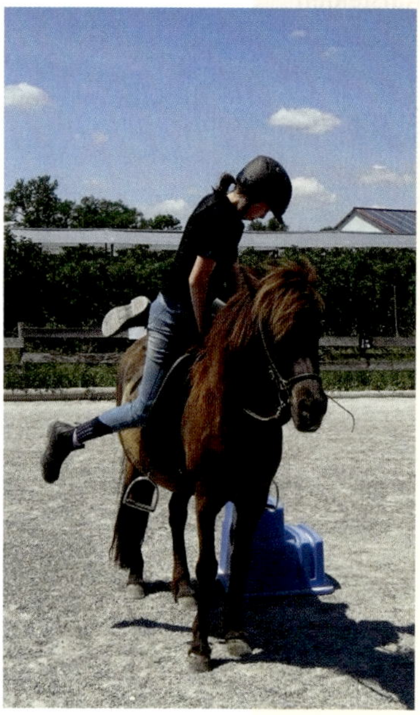

Auch Zappelpferde, die sich schwertun beim Aufsteigen stehen zu bleiben, halten irgendwann inne und wundern sich nur noch. Sobald unser Pferd kapiert hat, dass das Aufsteigen eine Übung ist und nicht einfach übergangen werden kann, haben wir es diesbezüglich bequemer und leichter. Oft steckt hinter dem Nicht-Stehen-Bleiben auch, dass der Reiter das Aufsteigen nicht als eigenständige Aufgabe ansieht, sondern mit dem Kopf schon einen Schritt weiter ist.

Darum achte darauf: Dein Pferd soll ehrlich ruhig stehen und geduldig abwarten, was nun kommt. Es wird verstehen lernen, dass es nichts tun muss – was wir in diesem Augenblick ja wollen. Am Schluss der Übung kann man schließlich auch in aller Ruhe die Zügel richtig aufnehmen und einen guten Kontakt zum Pferd herstellen. Warte dabei ab, bis das Pferd im Genick nachgibt. Du kannst hierzu die Hände etwas hochnehmen oder mit den Fingern das Pferd im Maul ›massieren‹. Sobald es anfängt zu kauen, ist die Übung zu Ende und wir loben unser Pferd.

Natürlich kann die Übung auch mit Aufsteigen von rechts begonnen werden!

TIPP: PFERDEGERECHTES AUFSTEIGEN

Oftmals sehe ich, dass für den Reiter das Aufsteigen einfach als ›notwendiges Übel‹ dazugehört, um hoch zu kommen. Es ist aber ein Teil der Kommunikation mit dem Pferd. Beim Aufsteigen outet sich der Reiter regelrecht. Das Pferd merkt sofort, mit wem er es zu tun hat. Unvergessen bleibt für mich eine Situation bei einem Kurs mit Linda Tellington-Jones. Sie, damals weit über 70 Jahre, wollte bei einem Kurs etwas vorzeigen. Also ließ sie sich auf ein großes Pferd raufhelfen. Sofort stieg sie wieder ab und saß erneut auf. Ich fragte »Was war das?« Da antwortete sie: »Das Aufsteigen war nicht gut.« Das veranlasste mich damals, darüber nachzudenken, was wir eigentlich dabei tun.

Manche Pferde verdrehen regelrecht die Augen, wenn ihr Reiter aufsteigt! Andere wiederum zeigen deutlich am Davongehen, was sie von der Art, wie der Reiter aufgestiegen ist, halten. Versuche darum, in Zukunft darauf zu achten. Bringe bereits in dein Aufsteigen mehr Qualität. Dein Pferd wird es dir danken, wenn du es nicht gleich beim Aufsteigen das erste Mal aus dem Gleichgewicht bringst!

Nutze, wann immer es geht, eine Aufstiegshilfe. Dann fasst du mit der vorderen Hand in die Mähne deines Pferdes, mit der anderen Hand fasst du hinüber auf die andere Sattelseite an die Kniepausche. Wenn du von links aufsteigst, linke Hand in die Mähne, rechte Hand an die Kniepausche. Zum Aufsteigen ziehst du nun mit der Hand an der Mähne nach oben und drückst die Hand an der Pausche nach unten. Wenn du diese Technik gut beherrschst, kannst du von einem nicht allzu großen Pferd auch wunderbar pferdegerecht vom Boden aus aufsteigen.

63 Gymnastizieren im Roundpen

Wo

Roundpen oder quadratischer Platz

Verbessert beim Pferd

die Konzentration und die Reaktion auf die Hilfen

Hilft dem Reiter

konzentriert zu reiten, präzise Hilfen zu geben, Gefühl für die Seitengänge zu entwickeln

Gangarten

Schritt

Schultervor im ruhigen Tempo

Durch das ruhige Reiten ist die Übung auch für sehr kalte Tage geeignet, weil das Pferd nicht unnötig ins Schwitzen kommt, und die Lunge nicht strapaziert wird.
Reiter und Pferd müssen sich dabei gut konzentrieren. Der Reiter wird mehr Gefühl entwickeln und an die Seitengänge herangeführt, ohne dass er allzu viel Gefahr läuft, einzuknicken, zu viel zu treiben oder zu stark am Zügel einzuwirken.

Zuerst lässt du dein Pferd im Schritt am langen Zügel gehen. Dabei wechselst du immer wieder die Hand, indem du durch den Zirkel wechselst. Hierbei ist es wichtig, dass der Handwechsel mit viel Gefühl und einem geradegerichteten Pferd erfolgt. Du vergleichst also den Zügelkontakt links und rechts sowie deine linke und rechte Körperhälfte. Dann stellst du dein Pferd um.

Achtung: Oft klappt der erste Bogen wunderbar, beim zweiten neigt das Pferd sich dann zu sehr in den Bogen hinein, es läuft also über die Schulter. Wenn dies passiert, achte vermehrt auf die äußeren Hilfen! Hat der Zügel außen tatsächlich denselben Kontakt wie innen? Stelle dir vor, wie deine äußere Hälfte sich langmacht, dein Bein kannst du dabei in Gedanken bis auf den Boden sinken lassen. Den eigentlichen Handwechsel stellst du dir vor, als ob du einen Staffelstab auf die andere Seite übergeben möchtest. Obwohl du denselben Zügelkontakt links und rechts herstellst, bist du diejenige, die bestimmt: So, HIER wird umgestellt. Also sich nicht irgendwie larifari auf die andere Hand schmuggeln!

Nun kommt eine meiner absoluten Lieblingsübungen:

Schultervor

... ist eine Vorübung zum Schulterherein und kann immer und überall von Nutzen sein. Das gut ausgebildete Pferd wird auf einem Reitplatz immer so geritten, da es nur so geradegerichtet ist. Da das Pferd vorne etwas schmaler ist als hinten, läuft es, wenn man es ohne irgendwelches Zutun geradeaus laufen lässt, immer ein wenig gegen die Bande.

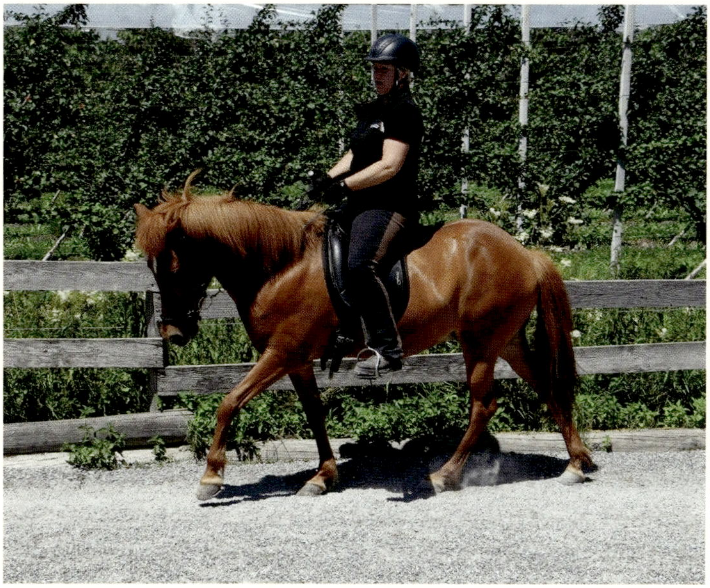

Manchmal bemerken wir dann, dass das Pferd den Reiter gegen die Bande drückt.

Beginnen wir auf der rechten Hand: Das Pferd läuft geradeaus, also auf denselben Hufspuren. Der rechte Vorderhuf fußt in der gleichen Spur, wie der rechte Hinterhuf, der linke Vorderhuf fußt in der gleichen Spur wie der linke Hinterhuf. Nur die Schulter sollte etwas nach innen gedreht werden, das Pferd wird im Genick leicht nach rechts ›weich‹.

Wie machst du das?

Stelle dir vor, dass du dein inneres Knie sinken lassen möchtest. Indem du deine Aufmerksamkeit dorthin schickst, animierst du dein Pferd dazu, dir zu folgen. Dann kannst du die innere Hand etwas anheben, oder auch leicht eindrehen, um dem Pferd einen Hinweis zu geben, dass du etwas von ihm erwartest. Lass dir dabei Zeit! Sobald du spürst, wie dein Knie sinkt, gehst du mit deiner inneren Hand weich mit und zeigst dem Pferd so, dass dies richtig war.
Kannst du nun den Kontakt vom inneren Zügel zum inneren Hinterbein spüren?

Mach die Übung dann auch auf der anderen Hand.

64 Körperbewusstsein trainieren ...

... und Aufmerksamkeit fördern

Wo

Roundpen oder Reitplatz

Hilfsmittel

Stange, Geitner-Gasse oder Badeschlange

Verbessert beim Pferd

Aufmerksamkeit, Gehorsam, Körperbewusstsein

Hilft dem Reiter

feinere Hilfen zu geben, zu spüren, wo die Beine seines Pferdes sind

Gangarten

Schritt, Trab, Tölt, Galopp

Die Übung trainiert die Aufmerksamkeit, den Gehorsam und das Körperbewusstsein deines Pferdes. Du selbst lernst dabei, gut auf dein Pferd zu hören und zu spüren, wo sich dessen Beine befinden. Deine Hilfengebung wird verfeinert. Dein Pferd muss dir gut vertrauen, da es für ein Fluchttier doch eher gruselig ist, eine Stange unter sich zu haben.

Man trifft die Übung immer wieder im Trailparcours oder auf Breitensport-Turnieren an.

Ausführung

Du legst dir an beliebiger Stelle eine Stange auf den Boden.
Nun reitest du an die Stange heran und hältst vor der Stange an. Dann reitest du weiter geradeaus über die Stange.

Achte darauf, dass du deine Hilfen so fein gibst, dass dein Pferd immer gerade zur Stange geht.
Du variierst die Übung, indem du einmal ohne zu Halten darüber reitest. Ein anderes Mal hältst du dein Pferd vor und nach der Stange an. Auch dieses Anhalten kannst du variieren. Belohne dein Pferd, indem du es nur kurz stehen lässt, wenn es optimal auf deine Aufforderung angehalten hat. War das Anhalten insgesamt eher zögerlich und du bist nicht zufrieden, so lässt du es etwas länger stehen.
Dann kannst du die Stange anreiten und direkt davor anhalten. Nun soll dein Pferd mit einem Bein darüber treten und wieder still stehen bleiben. Dann kommt das nächste Vorderbein. Versuche dein Pferd so zu reiten, dass es tatsächlich ein Bein nach dem anderen über die Stange stellt und jeweils dann in Ruhe stehen bleibt. Bist du dir nicht sicher, dann kannst du auch ›spicken‹, oder dir jemanden als ›Bodenpersonal‹ hinstellen, der dir sagt, wie dein Pferd gerade steht.
Du kannst die Vorderbeine darüber treten und einzeln auch wieder zurücktreten lassen.

Nach der Stange kannst du dein Pferd direkt antraben oder angaloppieren lassen.

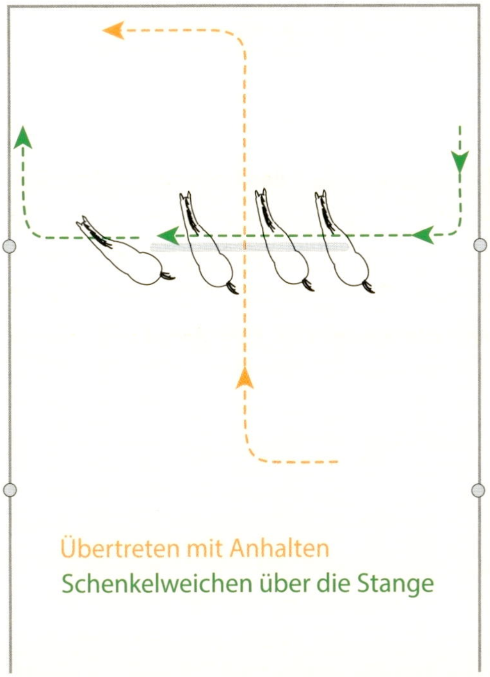

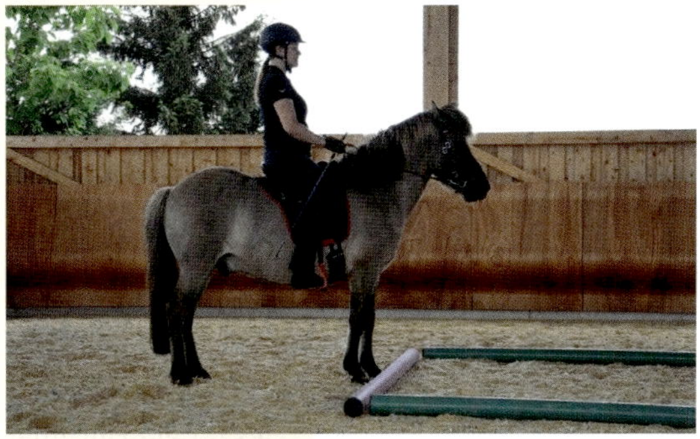

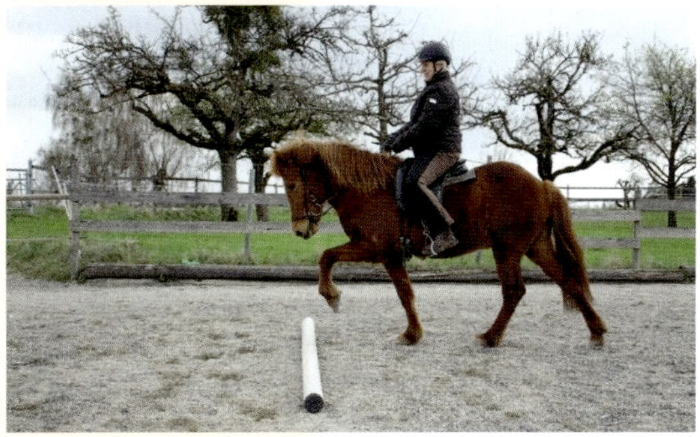

Dann kannst du üben, aus allen Gangarten so knapp wie möglich vor der Stange anzuhalten.

Zuletzt kannst du dein Pferd quer über die Stange dem Schenkel weichen lassen. Die Vorderbeine deines Pferdes bewegen sich dabei auf der einen Seite, die Hinterbeine des Pferdes auf der anderen Seite der Stange seitwärts. Du und dein Pferd solltet hierfür das Schenkelweichen schon ganz gut beherrschen. Wenn du das Pferd nach rechts weichen lassen möchtest, reitest du links neben das Ende der Stange. Dort hältst du so an, dass sich die Stange auf Höhe deines Schenkels befindet. Du stellst dein Pferd nach links, lässt es hier im Maul weich werden. Dann treibst du ganz leicht mit dem linken Unterschenkel. Achte darauf, dass du nicht zu viel treibst, mache jeden Schritt bewusst. Es ist besser, wenn du dein Pferd immer wieder einmal stehen lässt, damit du deine Position ggf. korrigieren kannst. So verhinderst du, dass es hektisch über die Stange rennt und sich verheddert. Denke an dein eigenes Gleichgewicht, also auf gar keinen Fall in der Bewegung nach unten zur Stange schauen. Vom Gefühl her muss man relativ weit vorne in Richtung der Stange sitzen, da die Hinterbeine genügend Platz zum Übertreten brauchen.

65 Guter Takt und Vorwärts …

… mit Schulterherein

Wo

Roundpen

Verbessert beim Pferd

Konzentration, Aufmerksamkeit, Gymnastizierung

Hilft dem Reiter

feinere Hilfen zu geben, zu spüren, worauf es ankommt bei den Seitengängen

Gangarten

Schritt, Trab, Tölt, Galopp

Mit dieser Übung werden Reiter und Pferd an die Seitengänge herangeführt. Das Pferd wird in ruhigem, konzentriertem Tempo gearbeitet. Deswegen ist diese Übung gute für kalte Wintertage geeignet.
Dem Reiter fällt es dabei leicht, zu spüren auf was es ankommt. Die vorgegebene Biegung im Roundpen bietet eine gute ›natürliche‹ Hilfestellung. Damit wird verhindert, dass der Reiter mit seinen Hilfen die Tendenz bekommt: viel hilft viel.

Zunächst reitest du dein Pferd in fleißigem Schritt vorwärts, der Zügel darf dabei lang sein. Der Schritt muss auf alle Fälle taktklar sein. Nach einigen Minuten der Lockerung kannst du den Schritt immer wieder verkürzen und verlängern.
Nun beginnst du mit Schulterherein auf beiden Seiten. Achte darauf, dass dein innerer Zügel immer weich bleibt. Denke an dein äußeres Bein, welches das äußere Hinterbein des Pferdes quasi ermahnt, unter dem Körper zu bleiben.
Selbstverständlich wechselst du immer wieder die Hand. Dafür kannst du jeweils eine Kurzkehrtwendung einbauen.

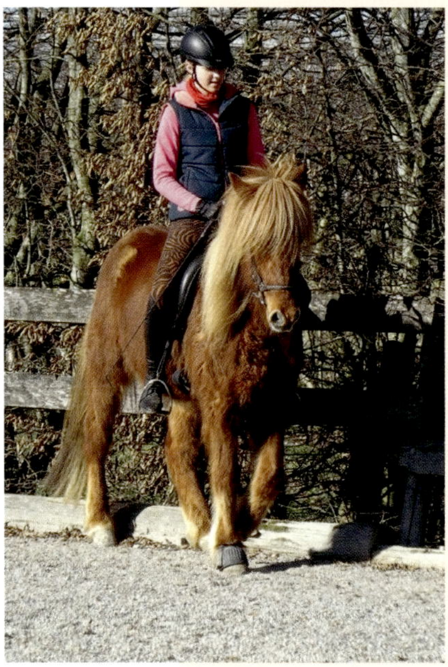

Wenn du spürst, dass sich dein Pferd gut gelöst hat, und die Übung sich leicht anfühlt, kannst du mit dem Trab beginnen. Hier kannst du mehrfach den Zirkel verkleinern. Dabei muss der Takt erhalten bleiben.
Wenn du einen guten Takt im Trab hast, kannst du immer wieder die Vorhand deines Pferdes ein wenig nach innen schicken. Denke dabei stets an deine äußeren Hilfen, damit dein Pferd dich nicht missversteht und nach innen abwendet. Achte darauf, dass deine äußere Schulter gut vorgeht, dein Becken aber im Roundpen weiter ›geradeaus‹ zeigt.

Schmetterlinge reiten

Während du dein Pferd ein paarmal außen herumlaufen lässt, stellst du dir vor, dass auf deinem Reitplatz ein Schmetterling aufgemalt ist. **Der sieht ungefähr so aus:**
Du hast in der Mitte eine Gerade, dann jeweils zwei Flügel links und rechts davon. Du kannst in deiner Fantasie festlegen, wie die Flügel aussehen sollen. Sind sie kreisrund? Sind sie eher eierförmig, oder fast schon eckig? Wenn du Probleme hast, dir solche Dinge vorzustellen, so nimmst du einfach ein paar Markierungen, wie z. B. Schwimmnudeln, Hütchen oder Ähnliches, damit du dir eine Skizze auf den Boden ›malen‹ kannst!
Die Form dieser Flügel reitest du dann eine nach der anderen nach.
Nach einem gründlichen Warmreiten im Schritt beginnst du mit der nächsten Gangart. Wird es deinem Pferd zu anstrengend, dann machst du zwischendurch Übergänge zum Schritt oder gehst wieder ganz außen herum. Im Trab machst du die Übung je nach Ausbildungsstand im Entlastungssitz, Leichttraben und/oder Aussitzen. Zuletzt machst du die Übung im Galopp; werden dir die Flügel hierfür zu eng, arbeitest du mit vielen Übergängen.

Alternative: Mit Sägemehl kannst du dir die Kontur eines Schmetterlings real aufmalen!
Eine solche vorgegebene Form macht das Gymnastizieren einfacher und logischer, z. B. auch auf einer Wiese (entweder der eigenen oder den Besitzer vorab fragen), wenn du keinen Reitplatz zur Verfügung hast. Auf unserem Reitplatz benutzen wir statt Sägemehl helleren Sand und malen die Flügel damit auf (ein Eimer voll reicht).
Beim Reiten folgst du der aufgemalten Spur so korrekt wie möglich.
Hat dein Pferd abgeschnaubt und dir erzählt, wie schön locker es nun ist?

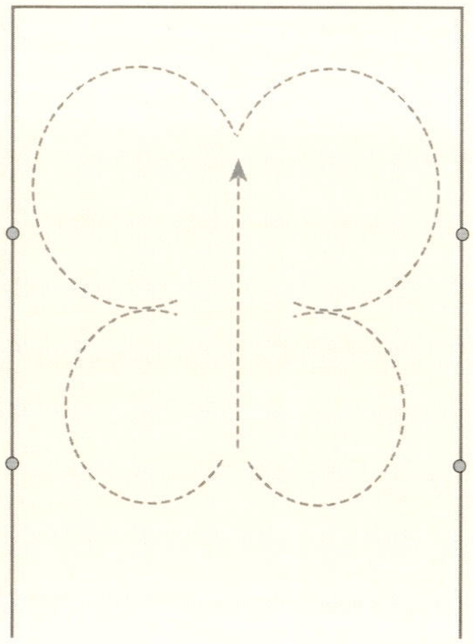

Wo
Reitplatz

Hilfsmittel
Markierungen wie Schwimmnudeln, Pylonen oder ähnliches, Sägemehl

Verbessert beim Pferd
Konzentration, Aufmerksamkeit, Gymnastizierung

Hilft dem Reiter
bei der Orientierung im Raum, auf den Punkt zu reiten

Gangarten
Schritt, Trab, Tölt, Galopp

66 Bessere Paraden

Wo

Roundpen, quadratischer Platz

Verbessert beim Pferd

Konzentration, Aufmerksamkeit, Reaktion auf die Hilfen

Hilft dem Reiter

das Fühlen bei den Paraden zu lernen

Gangarten

Schritt, Trab, Tölt, Galopp

Kannst du mit dem inneren Bein den Bauch vom Pferd spüren? Vielleicht kannst du fühlen, wie der Bauch deines Pferdes sich bei jedem zweiten Schritt nach außen zur Bande hinbewegt? Wenn du das spürst, hältst du dein Pferd an.

Also immer zuerst das Pferd spüren, dann folgt die Parade zum Halt. Dann wieder den Kontakt zum Pferd fühlen und im Schritt losreiten. Lass dir ganz viel Zeit dafür.

Ich mache diese Übung gerne auf dem Zirkel. Das ist insofern einfacher, da man immer die gleiche Biegung hat und nicht noch zusätzlich hierfür etwas ändern muss. Man kann sich ganz auf das Fühlen konzentrieren und Zeit nehmen, da man sich quasi in einer Endlosschleife befindet.

Du parierst immer erst dann durch, wenn du den Kontakt zum Pferd über das innere Bein und deine Zügelhände spürst.
Danach kannst Schritt-Trab-Übergänge reiten. Auch hier wieder ganz wichtig: Erst das Pferd spüren und dann einen Übergang reiten! Im Trab fällt dies oftmals leichter, wenn du entweder im Entlastungssitz bleibst oder aber zum Durchparieren aussitzt.

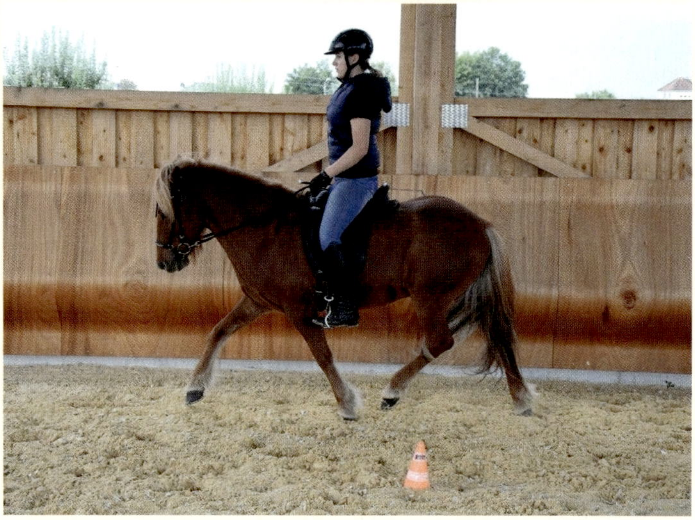

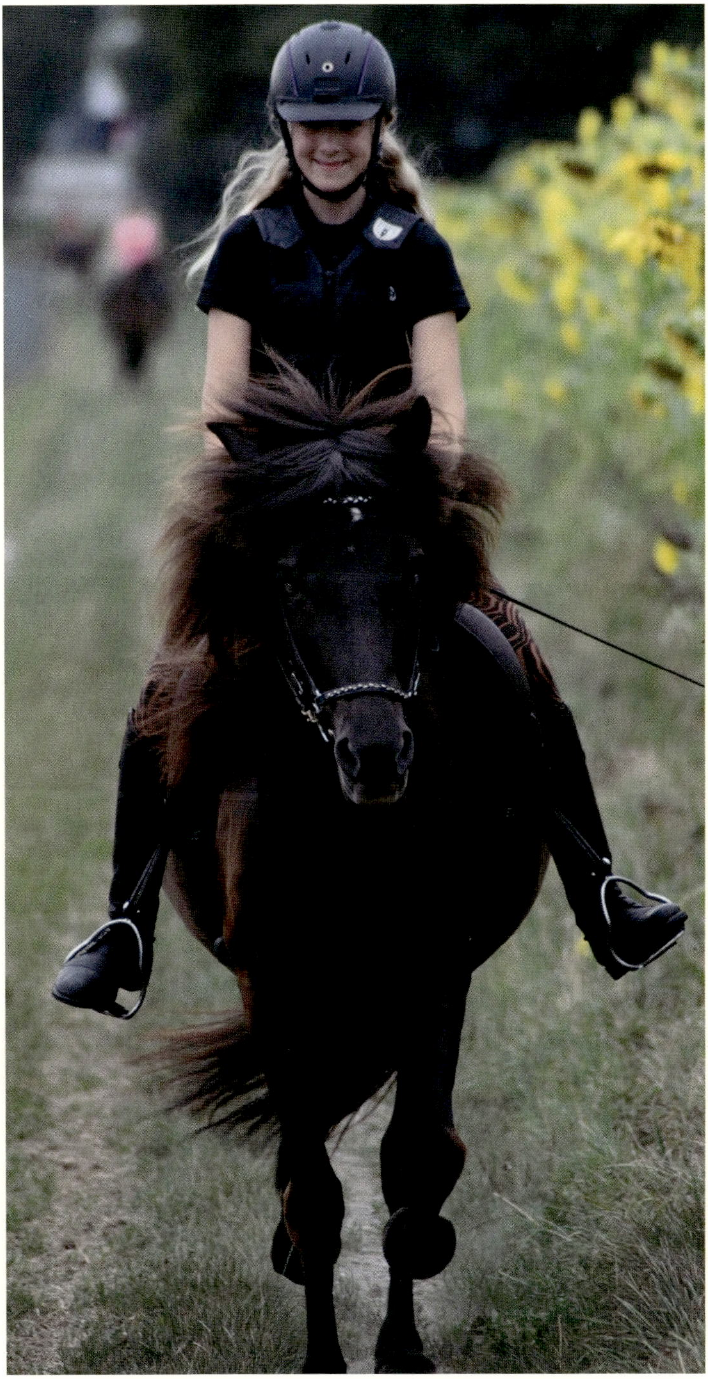

67 Von Baum zu Baum

Wo

im Gelände

Verbessert beim Pferd

Gymnastizierung, Aufmerksamkeit, Reaktion auf die Hilfen

Hilft dem Reiter

auf den Punkt zu reiten, bei der Orientierung im Raum

Gangarten

Schritt, Trab, Tölt, Galopp

Hier haben wir ein prima Training während des Ausritts. Der Vorteil im Vergleich zur Arbeit auf dem Platz besteht darin, dass das Pferd oft motivierter ist und das natürliche Vorwärts erhalten bleibt. Das Auf-den-Punkt-Reiten wird trainiert, was ja allgemein sehr nützlich ist, und auch für das Turnierreiten vorbereitet!
Oft reitet man ›einfach so‹ durchs Gelände. Doch man kann auch und gerade hier sehr viel gymnastizierende Arbeit einbringen.

Ausführung:
Schaue (mit dem sanften Blick) nach vorn, wie du es beim Reiten ja ohnehin tun solltest.
Dann nimmst du dir eine Aufgabe vor, wie zum Beispiel: »Bei der Tanne beginne ich zu traben.«
Suche dir Stück für Stück Anhaltspunkte, wie z.B. die Tanne, der hohe Baum, die Kurve am Waldrand, zu Beginn der Wiese, beim Schatten. An den Punkten hältst du jeweils an oder du änderst deine Gangart.
Später, wenn dein Pferd locker ist, bleibst du in der Gangart und änderst nur das Tempo.
Erhöhe aus dem Arbeitstrab bloß ein ganz klein wenig das Tempo, um dann am nächsten Wegpunkt das Pferd wieder einzufangen. Lieber mit kleinen Tempounterschieden beginnen und das Tempo dann beim nächsten Verstärken steigern.

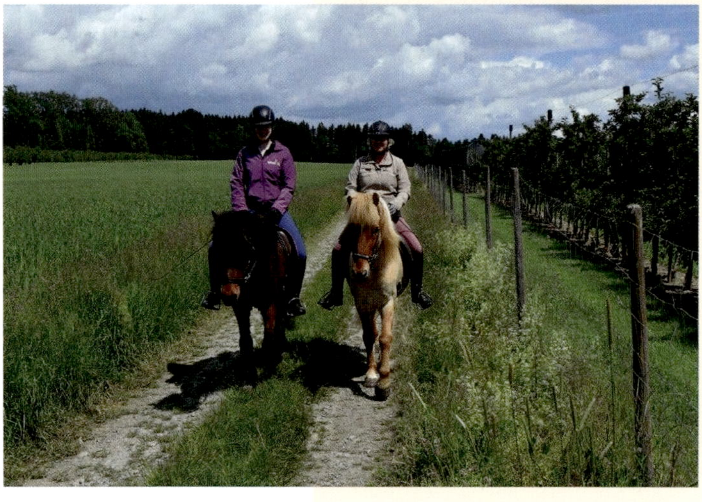

Benutze beim Zurücknehmen zunächst nur deinen Sitz, erst danach nimmst du die Zügel hinzu. Der Zügel ist nur zum Formen des Pferdes da, nicht zum Abbremsen. Hast du den Eindruck, du brauchst zu viel Zügelkontakt, so kontrollierst du die Zügellänge. Eventuell nimmst du die Zügel dann ein ganzes Stück kürzer oder hebst die Hand etwas an. Keinesfalls darfst du dich auf ein Ziehen oder ›Diskutieren‹ mit

dem Pferd einlassen. Achte immer wieder darauf, dass deine Schultern sowie dein Brustkorb weich und beweglich bleiben.
Wichtig bei der Übung ist, dass du es auch wirklich so machst, wie du es dir vorgenommen hast und dich nicht selbst austrickst, indem du dann sagst »gut da hat es nicht geklappt, nun mache ich es eben ein paar Meter später«. Das macht einen großen Unterschied im Training!

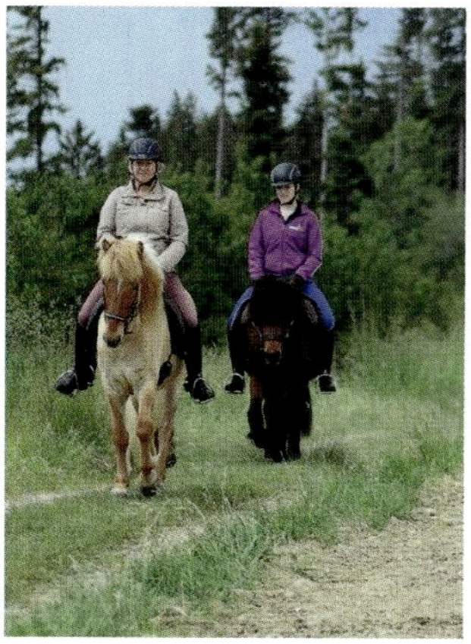

Anstatt zu denken »Ich möchte jetzt antraben«, gib dir selbst die klare Vorgabe »Ich möchte am Baum antraben«. Dadurch bekommst du eine gute Konzentration und die Vorbereitung auf deinen Übergang wird deutlich verbessert.

68 Übung im Gelände, Variante

Dies ist eine tolle Übung, um das Pferd im Gelände aufmerksamer und auf den Reiter konzentriert zu arbeiten. Sie ist für jeden geeignet, da du sie deinem Können und dem Ausbildungsstand des Pferdes anpassen kannst.

Oftmals reitet man im Gelände einfach irgendein Tempo. Bei einem Gangpferd ist die Gefahr wahrscheinlich groß, dass man im Arbeitstempo Tölt anfängt und irgendwann nur noch so durch den Wald schießt. Meist merkt man erst, wenn man wieder einmal mit einem Kollegen ausreitet, dass man gar nicht mehr langsam reiten kann.

Wärme dein Pferd im Gelände im Schritt auf, indem du es mal nach links, mal nach rechts stellst. Dazwischen auch immer wieder geradeaus gehen lassen. Dabei achtest du darauf, dass dein Pferd im Takt bleibt. Durch das Stellen soll der Schritt nicht in irgendeiner Form verändert werden.
Dann beginnst du mit Tölt oder Trab und reitest im Arbeitstempo. Versuche mit deinem Gesäß das jeweilige Hinterbein deines Pferdes zu spüren. Sobald das Pferd sich locker anfühlt und gut auf dich reagiert, beginnst du das Tempo etwas zu verstärken – nur ein kleines bisschen schneller. Dann nimmst du das Pferd wieder zurück zum Arbeitstempo. Dein Tempo kannst du kontrollieren, indem du an den Wegesrand schaust: Kannst du die Blumen in der Wiese anschauen, so passt es.

Wo
im Gelände

Verbessert beim Pferd
Konzentration auf den Reiter, Aufmerksamkeit, Reaktion auf die Hilfen

Hilft dem Reiter
das Tempo zu kontrollieren

Gangarten
Schritt, Trab, Tölt, Galopp

Wenn nicht, bist du wohl eher zu schnell. Dann verstärkst und verkürzt du dein Tempo immer ein bisschen mehr. Achte dabei aber darauf, dass das Pferd nicht hektisch wird. Sollte das Pferd beim Verstärken auf die Vorhand kommen, so musst du mehr an die Hinterbeine denken und vielleicht mit der Gerte energisch nachtreiben.
Verstärke lieber nur über kurze Strecken das Tempo und verkürze es dann rechtzeitig wieder. Denke daran, dass die Hilfen von deiner Körpermitte ausgehen. Der Motor des Pferdes ist hinten! Denkst du zuerst an die Zügel, wird dein Pferd automatisch auf die Vorhand kommen.

69 Das Pferd ausbalancieren

Wo
im Gelände

Verbessert beim Pferd
die Balance, Aufmerksamkeit, Reaktion auf die Hilfen, bringt Ruhe ins Pferd

Hilft dem Reiter
das Tempo zu kontrollieren, das Pferd wieder ins Gleichgewicht zu bringen

Gangarten
Schritt, Trab, Tölt, Galopp

Gerade im Winter wird das Ausreiten manchmal spannend, wenn es dem Pferd nicht schnell genug gehen kann.
Die Übung ist besonders gut geeignet, wenn das Pferd im Gelände heiß ist! Damit bringst du es wieder ins Gleichgewicht.

Ausführung

Im Schritt reitest du geradeaus, dabei stellst du das Genick deines Pferdes leicht nach links und dann nach rechts.
Angenommen du möchtest mit einer Linksstellung beginnen: Du forderst dein Pferd auf, ein wenig auf den linken Zügel nachzugeben. Dabei kannst du an dein linkes Knie denken und dies schwer nach unten sinken lassen. Deine linke Hand bewegst du so, dass dein Pferd links zu kauen beginnt. Ob das Pferd nach links gestellt ist, erkennst du am Genick. Schaue, ob die Ohren auf gleicher Höhe sind. Ist das Pferd gestellt, so sind die Ohren nicht auf gleicher Höhe (links-rechts), sondern das rechte Ohr ist etwas weiter vorne als das linke.

Daneben achtest du darauf, dass dein Pferd im Takt geht.
Denke dabei an dein eigenes Genick, spüre deine eigenen Schultern. Fällt dir dies schwer, so bewege dich ein wenig.
Um das Pferd noch deutlicher zur Entspannung zu animieren, gähne auch einfach selbst einmal ganz herzhaft und ausgiebig.

TIPP

Das Pferd ist unser Spiegel! Wollen wir etwas von unserem Pferd, so müssen wir zuerst an uns selbst denken. Und wenn unser Kiefergelenk fest ist, dann kann sich auch der ganze Nacken/Schulterbereich nicht lösen. Durch das Gähnen vermitteln wir unserem Pferd zudem, dass alles gar nicht so aufregend ist. Gähnen wirkt auch beim Pferd ansteckend!

Achte immer darauf, dass du schnell mit der Hand bist und deinem Pferd keine Chance gibst, den Zügel zum Ausbalancieren zu nutzen. Der Zügel sollte vielmehr eine Anregung sein – dafür, dass dein Pferd sein Gewicht von vorne nach hinten ausbalancieren kann. Hilfreich dabei ist auch, wenn du an die Bausteine vom Centered Riding denkst!

Bedenke in solchen Momenten auch:

Manche Pferde haben ihren Schwerpunkt (ob mit oder ohne Reiter) sehr weit vorne. Manche Reiter reiten die Pferde dann auch so. Mit dem zusätzlichen Reitergewicht aber ist das wenig sinnvoll. Wenn ein Pferd einen schweren Wagen ziehen muss, dann muss es sein Gewicht so einsetzen. Zum Reiten jedoch muss es sein Gewicht immer wieder auf die Hinterhand verlagern. Deinem Pferd selbst ist das egal, wir als Reiter müssen ihm jedoch immer wieder mit unserem Körper sagen, dass es mit den Hinterbeinen Last aufnehmen soll!

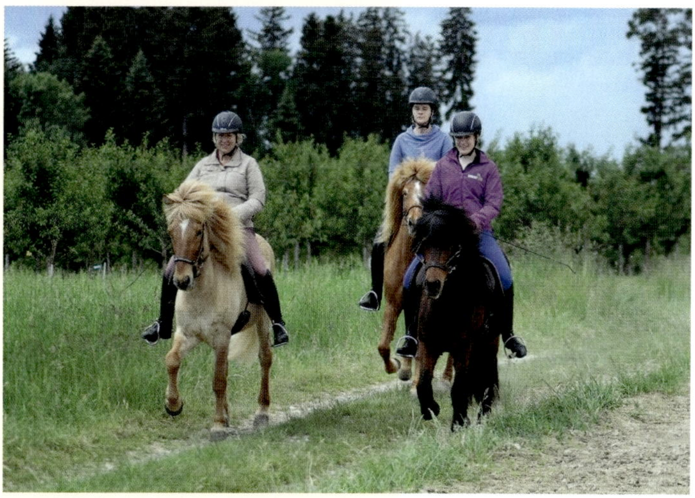

Selbsttest für zu Hause:

Stell dich auf alle Viere. Nun gehst du mit dem Becken vor und zurück (quasi auf die ›Vorderbeine‹ und auf die ›Hinterbeine‹). Dann bleibst du mit dem Gewicht vorne zwischen den Schultern. Nun versuche einmal so loszugehen! Oder auch zur Seite abzuwenden. Eher schwierig, oder? Jetzt lässt du dein Gewicht wieder vor- und zurückpendeln. Wenn sich dein Gewicht ›auf der Hinterhand‹ befindet, die Schultern also frei sind, dann gehst du einen Schritt los. Wie einfach war das? Dasselbe machst du mit einem Schritt zur Seite. Kannst du den Unterschied spüren? Wie-

viel einfacher ist dies? Wieviel einfacher wird es für dein Pferd, wenn du ihm immer wieder sagst, dass es sein Gewicht auf die Hinterhand verlagern soll?
Oftmals wird das Pferd im Gelände eilig und kommt dadurch schnell auf die Vorhand, gerade wenn es sehr motiviert ist. Nur muss es dann immer schneller werden, weil es andernfalls sein Gewicht nicht mehr von der Vorhand ›wegbekommt‹. Dies ist dann ein Teufelskreis, da wir ja eigentlich das Pferd langsamer haben wollen. Um es jedoch ›einzufangen‹, musst du dein Pferd auf die Hinterhand bringen, so wie in diesem Selbsttest!

70 Zu Mehreren im Gelände ...

Wo

im Gelände

Verbessert beim Pferd

das Vertrauen in den Reiter, den Gehorsam, die Aufmerksamkeit, die Reaktion auf die Hilfen, bringt Ruhe ins Pferd

Hilft dem Reiter

das Tempo in der Gruppe zu kontrollieren, bei der Kontrolle seines Sitzes und seiner Einwirkung

Gangarten

Schritt, Trab, Tölt, Galopp

Wenn du mit Freunden ausreitest, kannst du ein paar wichtige Übungen in den Ausritt einbauen. Oftmals sind die Pferde es gewohnt, mit einem bestimmten anderen Pferd oder in einer Gruppe zu gehen. Dies kann unter Umständen sehr gefährlich werden. Daher lernen alle meine Pferde auch alleine zu gehen und sich dabei auf ihren Reiter zu verlassen. Jedes Pferd hört zuerst auf seinen Reiter. Keines stürmt einem anderen einfach hinterher.
Auch für Turnierreiter ist es unerlässlich, solche Dinge zu üben. Sonst bekommt man spätestens bei der Ehrenrunde ein Problem.

Ihr reitet am Anfang im Schritt, bis die Pferde gut aufgewärmt sind. Versucht dabei wirklich auf gleicher Höhe, also Nase an Nase, zu reiten. Nun könnt ihr euch gegenseitig beobachten und Tipps geben. Hilfreich sind dabei vielleicht folgende Sätze:
Läuft das Pferd locker? Das Pferd eventuell mehr stellen oder leicht biegen? Läuft das Pferd etwas auf der Vorhand? Drückt es gegen den Zügel? Läuft es zu eilig? Könnte es etwas fleißiger sein? Sitzt der andere Reiter ›gerade‹, also hält er seinen Rücken aufrecht.
Dies müssen keine ›Reitlehreranweisungen‹ sein, verlasst euch darauf, was ihr sehen könnt. Jeder kann etwas sehen!
Dann beginnt ihr paarweise in der nächsten Gangart. Achtet darauf, dass das Tempo eher ruhig gewählt wird, damit die Pferde sich alle an das Tempo anpassen können. Auch hier könnt ihr euch wieder gegenseitig beurteilen.

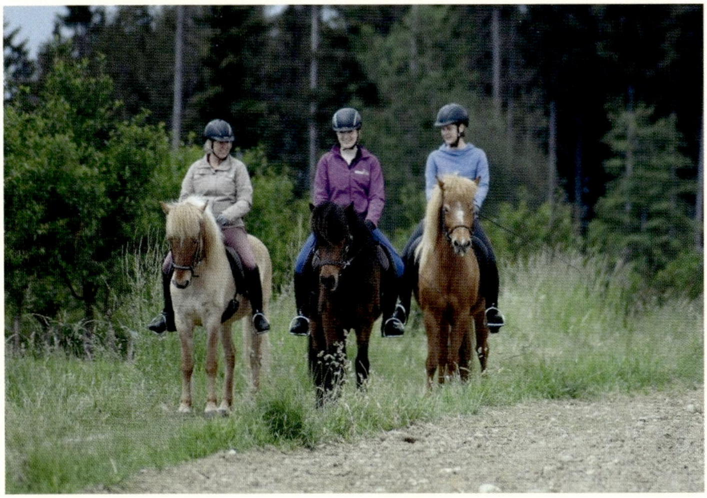

Nach einer Weile wechselt ihr zum Galopp. Versucht auch hier paarweise zu bleiben. Keinesfalls darf der Vordermann überholt werden! Habt ihr das Glück, mehrere Kollegen beim Ausritt dabei zu haben, so wechselt ihr immer wieder auch einmal eure Position in der Gruppe.

71 Gutes Angaloppieren

Wo

im Gelände

Verbessert beim Pferd

den Gehorsam, die Ausdauer, die Losgelassenheit, die Aufmerksamkeit, die Reaktion auf die Hilfen, bringt Ruhe ins Pferd

Hilft dem Reiter

Rhythmus-Gefühl zu entwickeln und ruhig zu reiten

Gangarten

Schritt, Trab, Tölt, Galopp

Heute geht es ins Gelände und wir üben das Angaloppieren! Diese Übung ist einfach spitze. Das korrekte Angaloppieren gelingt leicht, weil dein Pferd im Gelände schon entsprechend motiviert ist. Außerdem ist sie perfekt für Pferde, die im Gelände gerne etwas heftig werden, nur weil es ans Angaloppieren geht. Mache aus dem Angaloppieren etwas Normales, keine einmalige Sache beim Ausritt! Rhythmusgefühl und ruhiges Reiten werden gefördert. Die Bewegungen deines Pferdes werden gelöster und es bekommt mehr Ausdauer.

Du reitest solange, bis du auf einem Feldweg (Waldweg) an eine schöne Kurve oder Weggabelung kommst. Vor der Gabelung bzw. Kurve hältst du mit großzügigem Abstand an. Du trabst an und bereitest dich darauf vor, direkt in der Biegung auf dem jeweils ›richtigen‹ Fuß anzugaloppieren.

Das Vorbereiten geht so:

Du trabst zuerst im Entlastungssitz oder trabst leicht, dann sitzt du aus.

Achte darauf, dass du einen guten, feinen Zügelkontakt zu deinem Pferd hast.

Dann lässt du dein äußeres Bein nach hinten-unten in Richtung Sprunggelenk sinken (also für Rechtsgalopp, das linke Bein). Spüre genau hin, ob dein Pferd dich versteht! Wenn es bereit ist, gibst du mit dem inneren Bein einen kurzen Impuls. Je nachdem, wie gut ihr euch bereits kennt, kann es auch ausreichen, nur an das innere Bein zu denken.

Gerne nehme ich ein entsprechendes Stimmkommando dazu, damit es mein Pferd leichter hat. Besonders Kinder haben ihren Spaß dabei, ein ›Küsschen‹ zu geben. Und tatsächlich empfinde ich das dazu passende Geräusch perfekt als Stimmhilfe zum Angaloppieren.

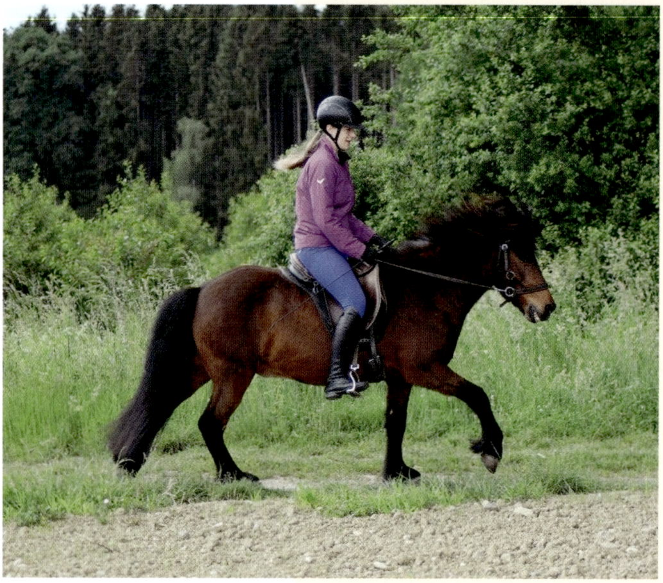

Du galoppierst ein paar Meter und parierst in Ruhe durch zum Trab, denke dabei vor allem an deine Körpermitte und benutze danach erst den Zügel.

Nun drehst du um und übst das Angaloppieren auf der anderen Hand.

Solltest du Bedenken oder einfach nur ein ungutes Gefühl dabei haben, in Richtung Stall anzugaloppieren, so reitest du ganz entspannt im Schritt zurück. Dann drehst dein Pferd in Ruhe um, z.B. mit einer Vorhandwendung, und beginnst die Übung von Neuem. Mache dies ein paar Mal in Folge. Falls du die Übung noch nicht in beide Richtungen ausgeführt hast, reitest du ein Stück weiter und suchst dir eine passende Biegung zur anderen Hand hin!

Um die Übung etwas schwieriger zu gestalten, kannst du

- aus dem Schritt angaloppieren
- in ruhigem Tempo angaloppieren und nach einer gewissen Distanz (ich suche mir gerne einen bestimmten Baum aus), im Galopp zulegen. Lege im Vorhinein fest, an welchen Stellen du zulegen bzw. das Tempo zurücknehmen möchtest.

72 Heute gehen wir Waldbaden

Wo

im Gelände

Verbessert beim Pferd

die Losgelassenheit

Hilft dem Reiter

zu entspannen, den sanften Blick anzuwenden und die Umgebung bewusster wahrzunehmen

Gangarten

Schritt, Trab, Tölt, Galopp

Heute kannst du das Atmen üben und den sanften Blick anwenden! Es geht um Entspannung für dich und dein Pferd. Dein Handy schaltest du dafür aus.

Freunde aus Saudi-Arabien haben mir vor Jahren bei einem Ausritt sozusagen die Augen geöffnet. Wir waren im Wald unterwegs. Sie sagten plötzlich, wie sagenhaft es hier riechen würde. Und diese Farben, das satte Grün der Wälder. Bei ihnen zu Hause hat alles dieselbe Farbe: beige wie Sand. Bei diesem Ausritt hätten sie wie von selbst einen sanften Blick bekommen!
Als ich das nächste Mal alleine im Wald unterwegs war, kamen mir ihre Worte wieder in Sinn. Und ich fing an zu atmen. Und tatsächlich konnte ich den Wald riechen. Eigentlich habe ich mich ein bisschen gewundert: Da hält man sich die ganze Zeit im Wald auf und riecht ihn nicht einmal! Ich kann schon sagen, dass ich seit dieser Zeit viel bewusster durch Wald und Wiesen reite. Ganz automatisch atme ich intensiver mit richtig großen Atemzügen.

Mittlerweile ist das Ganze als Waldbaden bekannt. Es ist wissenschaftlich erwiesen, dass der bewusste Aufenthalt im Wald Burn-out und andere Krankheiten vertreiben kann bzw. gar nicht erst aufkommen lässt. In Japan ist Waldbaden eine anerkannte Anti-Stress-Methode und wird vom Gesundheitswesen gefördert. Es gibt ganze Bücher hierzu und viele Menschen geben eine Menge Geld für Seminare aus. Wir Reiter können in der Regel ganz umsonst in diesen Genuss kommen. Warum sollten wir also heute nicht einmal mit allen Sinnen auf ›On‹ in die Natur reiten?

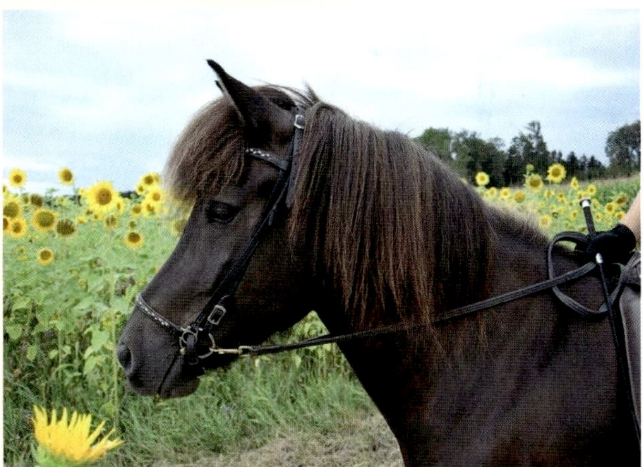

Achte ganz bewusst darauf, was du am Wegesrand alles siehst. In der Nähe unseres Stalls gibt es ein riesiges Blumenfeld. Man kann sich kaum sattsehen an den Farben – und dann der Duft! Es gibt Apfel- und

Kirschplantagen in der Gegend, auch diese duften herrlich. Im Mai fängt der Flieder an zu blühen. Ich könnte hier noch viele weitere Eindrücke aus der Natur aufzählen.
Welche Gerüche erkennst du heute auf deinem Ausritt? Konzentriere dich einmal ganz bewusst darauf. Vielleicht kannst du das Getreidefeld riechen oder die frisch gemähte Wiese? Das ist der beste Geruch überhaupt, wenn das Gras zu trocknen beginnt. Das frisch geschlagene Holz im Wald und die Tannen, riechst du sie? Siehst du ihr sattes Grün?

Vielleicht gibt's einen kleinen Fluss oder einen See in deiner Nähe. Gewässer sind eine besondere Wohltat für die Seele. Viele Pferde genießen es, Zeit im Wasser zu verbringen.

TIPP
Beginnt dein Pferd mit den Vorderbeinen im Wasser zu platschen, solltest du besser vorsichtig sein. Es ist eventuell gerade im Begriff, sich hinzulegen.

Du wirst am Ende deines Ausrittes bemerken, wie du plötzlich ganz tiefe Atemzüge machst und einen sanften Blick bekommen hast.

73 Sicherheit im Gelände

Gelassene Pferde im Gelände in jeder Situation. Das möchte sicher jeder. Diese Übung hört sich recht einfach an, kann aber für Pferde, die keinerlei Struktur im Gelände gewohnt sind, eine große Herausforderung darstellen. Daher ist es wichtig, dass ihr auf eure Pferde hört. Gebt euch lieber mit kleinen Fortschritten zufrieden. Bevor die Übung einem Pferd zu stressig wird, brecht besser ab und übt ein anderes Mal wieder. Es lohnt sich ganz bestimmt.

Früher haben wir immer gesagt: »Jedes Pferd muss bei einem Notfall von der Gruppe weggeritten werden können, damit sein Reiter mit ihm Hilfe holen kann.« In Zeiten von Handys & Co. wird diese Notsituation vielleicht nicht mehr vorkommen, allerdings denke ich, dass dies trotzdem wirklich jedes Pferd können muss, mit dem man sicher im Gelände unterwegs sein möchte. Je eher es lernt, unabhängig von den anderen Pferden, auf seinen Reiter zu hören, desto besser.

Wo
im Gelände

Hilfsmittel

Verbessert beim Pferd
die Gelassenheit, die Aufmerksamkeit, die Reaktion auf die Hilfen

Hilft dem Reiter
sein Pferd von der Gruppe wegzureiten, das Tempo zu kontrollieren

Gangarten
Schritt, Trab, Tölt, Galopp

Ausführung

Beginne diese Übung immer mit Bedacht und achte darauf, dass dein Pferd dabei lässig bleibt. Es muss nicht alles an einem Tag trainiert werden, du solltest aber immer wieder dran gehen. Es werden dabei Dinge trainiert, die keinen großen Anspruch haben, sich aber unbedingt bezahlt machen, wenn sie zur Selbstverständlichkeit werden.

Zunächst kannst du im Schritt das Tempo variieren. Das heißt, ein Reiter verkürzt das Tempo und lässt sich etwas nach hinten fallen. Die anderen schauen, dass sie in ihrem Tempo gut vorwärts weiterreiten. Der Abstand muss zu Anfang nicht groß sein: ein paar Meter vielleicht, dann lässt du dein Pferd wieder in normalem Schritt vorwärts gehen. Ebenso kann ein Reiter sein Pferd im Schritt mehr vorwärtstreiben, während die anderen Reiter ihr Tempo etwas verkürzen. So lernen die Pferde ganz „nebenbei", dass nichts passiert, wenn man nicht mit der Herde mitgeht, sondern sein eigenes Ding macht.

Haltet dann alle Pferde immer wieder an und reitet wieder los. Beim nächsten Anhalten geht nur ein Reiter alleine im Schritt los. Die anderen Reiter bleiben zurück.

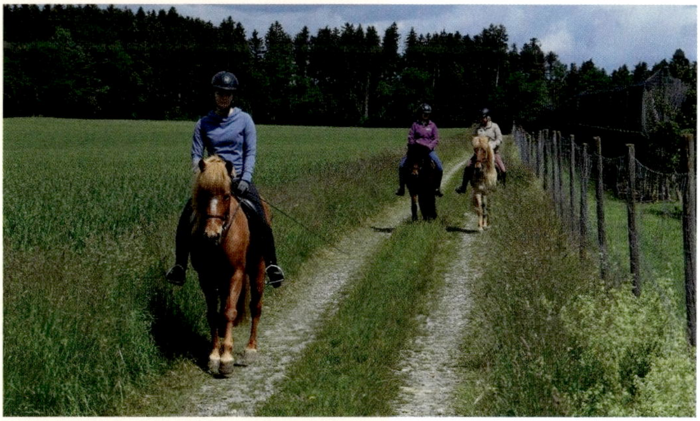

Wenn die Pferde dies nicht kennen, solltest du dich mit ein paar Metern zufriedengeben. Du hältst dein Pferd an. Dann kommt der nächste Reiter im Schritt und hält ebenfalls bei dir an. Und so weiter. Nach einer Weile wiederholt ihr das Ganze. Bleiben alle Pferde entspannt und gelassen, so kann man die Übung im Trab und später auch im Galopp machen. Also immer einzeln nacheinander zum vereinbarten Punkt aufrücken. Dieser Punkt sollte zunächst immer für die Zurückgebliebenen sichtbar sein.
Klappt die Übung tadellos, so könnt ihr einen Zielpunkt ausmachen, der erstmal für die zurückgebliebenen Reiter nicht einsehbar ist. Um

keine Probleme aufkommen zu lassen, kann dies eine Stelle sein, die nur ein paar Meter weit weg liegt, aber sich vielleicht hinter einer Hecke oder einer Kurve im Wald befindet.

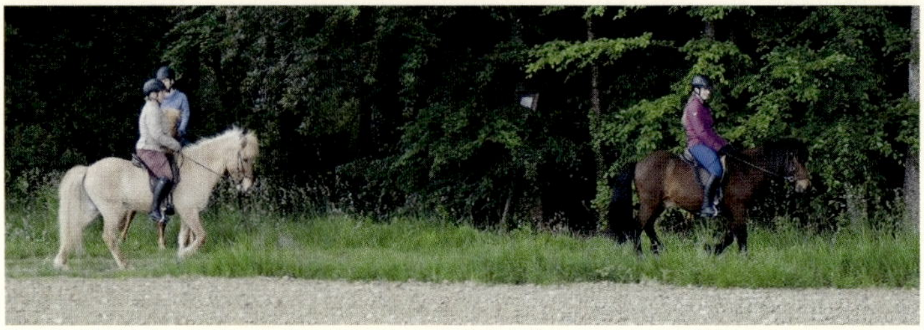

Danach reitet ihr einzeln hintereinander und haltet genügend Abstand, so dass jeder im Trab oder Tölt für sich reiten kann. Ihr macht nun große Bögen nach links und rechts über die ganze Wegbreite. Beobachtet hierbei, ob der Bogen nach links genauso groß und rund ist, wie der Bogen nach rechts. Vielleicht hilft es an die ›Bauchaugen‹ zu denken?

74 Slalom im Gelände

Wo

im Gelände

Verbessert beim Pferd

die Gelassenheit, die Aufmerksamkeit, die Reaktion auf die Hilfen

Hilft dem Reiter

sein Pferd von der Gruppe wegzureiten, das Tempo zu kontrollieren

Gangarten

Schritt, Trab, Tölt, Galopp

Je mehr Struktur ihr eurem Ausritt gebt, desto sicherer wird euer Pferd. Dadurch, dass du deinem Pferd auch beim Ausritt eine Anweisung gibst, gewöhnt es sich daran, dir zuzuhören und in brenzligen Situationen gelassener zu reagieren.

Reitet bei eurem Ausritt immer wieder einmal eine Volte, sobald es der Weg zulässt!

Sind die Pferde schon etwas aufgewärmt, dann reitet ihr alle im Schritt am linken Wegrand. Der Reiter, der ganz hinten ist, überholt auf der rechten Seite in einer höheren Gangart und setzt sich an die Spitze. Dies könnt ihr beliebig oft wiederholen.

Variante für eine größere Anzahl von Reitern auf breiten Wegen:

Alle reiten in ruhigem Schritt mit ausreichend großem Abstand hintereinander in der Mitte des Weges. Nun beginnt der hinterste Reiter im Tölt oder Trab Slalom durch alle anderen hindurch zu reiten. Wenn er ganz vorne ist, pariert er wieder durch zum Schritt und setzt sich an die Spitze. Diese Übung macht ihr solange ihr Lust habt bzw. solange der Weg es zulässt.

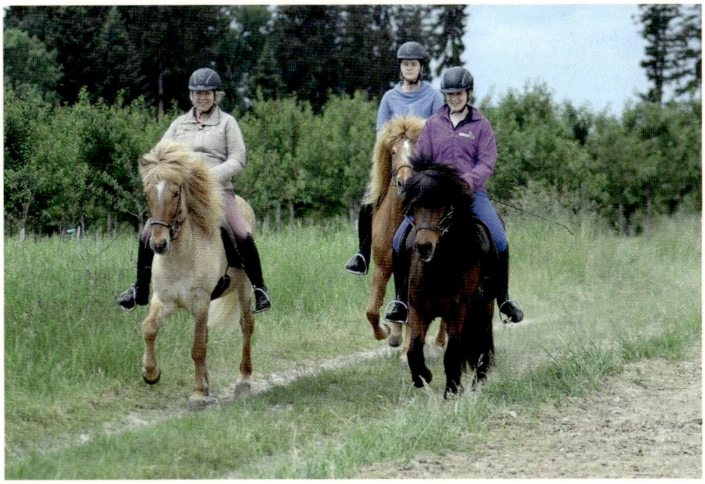

Nun könnt ihr in der Reihe mit Abstand alle einmal anhalten und ab- und wieder aufsteigen. Wer mag, geht vorne um sein Pferd herum und steigt von der anderen Seite auf.

Dann dürfte es bei einem normalen Ausritt schon wieder in Richtung Stall gehen. Dies ist ein guter Zeitpunkt, um die Pferde im Schritt zu reiten. Jeder hält Abstand zum Vordermann und übt immer wieder für sich ganze Paraden.

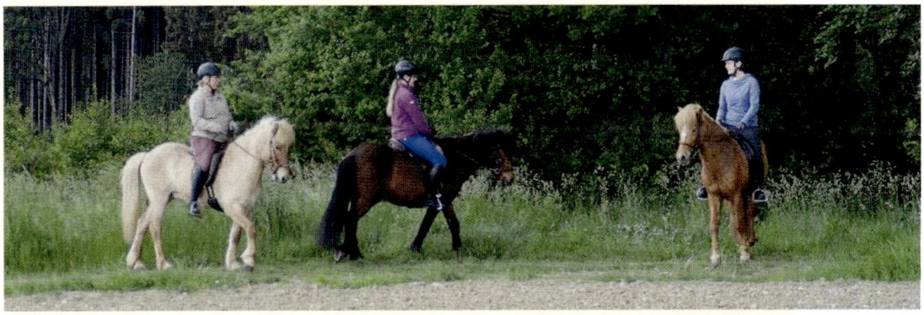

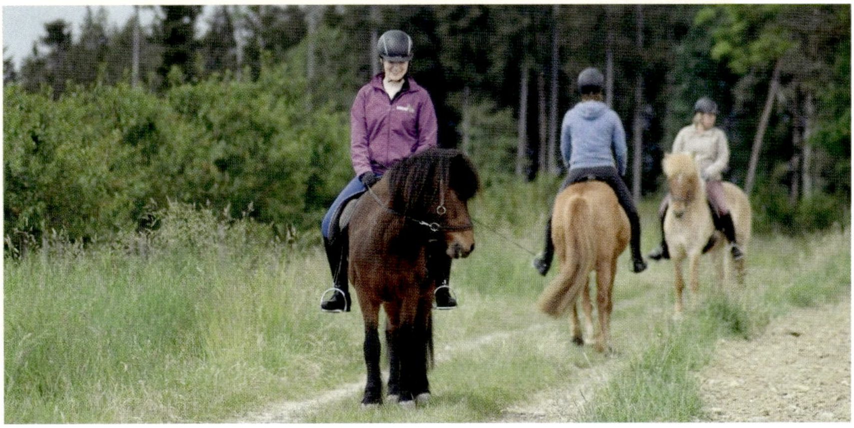

75 Dem Ausritt Struktur geben

Wo

im Gelände

Verbessert beim Pferd

die Losgelassenheit, die Aufmerksamkeit, die Reaktion auf die Hilfen, die Trittsicherheit, das Gleichgewicht

Hilft dem Reiter

dem Ritt Struktur zu geben, das Tempo zu kontrollieren, seine Hilfengebung zu verbessern, Übergänge zu reiten; nimmt ihm die Angst vor dem Tempo

Gangarten

Schritt, Trab, Tölt, Galopp

Indem du deinem Ausritt Struktur gibst, lernt dein Pferd aufmerksamer zu sein. Deine Hilfengebung wird verfeinert und dein Pferd lernt, losgelassen sämtliche Situationen zu meistern. Durch die Übergänge wird die Hinterhand aktiviert.

Versuche einmal so langsam es geht Schritt zu reiten. Dann kannst du so schnell es geht Schritt reiten. Aber du musst im Schritt bleiben!
Danach dasselbe in der nächsten Gangart. So langsam es geht reiten, dann wieder etwas das Tempo verstärken und wieder einfangen. Nachdem du diese Übergänge zwischen langsam und schnell ein paar Mal problemlos gemacht hast, kannst du einmal austesten, wie schnell es dir möglich ist, Trab oder Tölt zu reiten.
Dasselbe übst du im Galopp. Versuche, richtig gesetzt im Galopp durchs Gelände zu reiten.Dann lässt du das Pferd immer wieder etwas ›vor‹, lässt die Sprünge länger und wieder kürzer werden.
Und, was für Pferd und Reiter auch einmal wichtig ist: mal so richtig schnell galoppieren; es darf ruhig Renngalopp sein, der jedoch unter Kontrolle sein sollte. Wenn du dir bei deinem Pferd unsicher bist, ob du das Tempo wirklich kontrollieren kannst, suchst du dir einen schönen langen Weg aus, der eventuell gegen Ende ordentlich bergauf geht. So kannst du ganz unbesorgt deinem Pferd einmal die Zügel hingeben. Ich denke, dass manch einer erstaunt sein wird, dass sein Pferd, selbst wenn es darf, gar nicht so lange im hohen Tempo weitergaloppiert. Dies gibt viel Sicherheit. Denn wer Übung darin hat, auch einmal

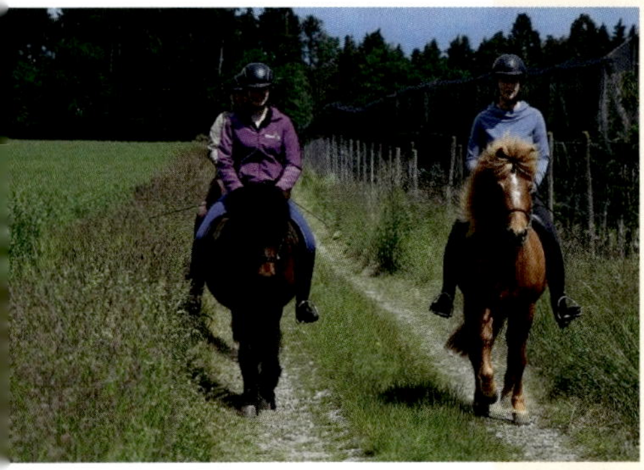

richtig vorwärts zu reiten, wird keine Angst davor haben, dass sein Pferd mal von selbst losschießt. Und für das Pferd gilt: Ein Pferd, das in allen Tempi trainiert wird, wird an Trittsicherheit und Gleichgewicht gewinnen.
Denke bei diesen Übungen immer an einen korrekten leichten Zügelkontakt zum Maul. Achte beim Zulegen im Galopp darauf, dass du immer, und zwar wirklich immer, in ruhigem Galopp anreitest, Dein Pferd darf erst zulegen, wenn du es antreibst. Solltest du merken, dass es auf die Vorhand kommt, bzw. selbst die Zügel in die Hand nimmt und schneller wird, musst du langsam bleiben, gegebenenfalls durchparieren und erst wieder den guten Kontakt herstellen.

76 Ganze Paraden aus allen Gangarten

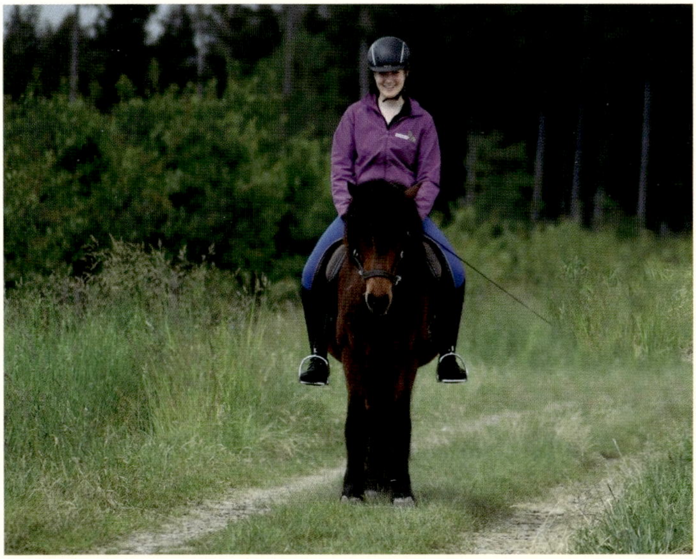

Mit diesen Übungen aktivierst du die Hinterhand deines Pferdes. Egal ob dein Pferd zu faul, zu angespannt oder zu heiß ist: oftmals liegt der Fehler darin, dass es nicht richtig vorwärts geritten wird bzw. nicht gut auf den treibenden Schenkel reagiert. Und bitte nicht verwechseln: Vorwärts reiten heißt nicht unbedingt schneller reiten!
Ganz besonders im Gelände brauchst du die Aufmerksamkeit deines Pferdes. Also ist es wichtig, dass du dein Pferd aktiv reitest!

Du übst heute immer wieder das Anhalten.
Ist dein Pferd angespannt und hört dir nicht zu, so lasse es nach der ganzen Parade etwas länger stehen. Warte bis es sich entspannt und dir zuhört. Denke dabei vor allem an dich: Kannst du selbst entspannen, atmest du richtig? Vielleicht kannst du es ein bisschen beschäftigen, indem du das Genick ganz leicht mal nach links oder rechts stellst?

Bei den ganzen Paraden achtest du darauf, dass du diese gut vorbereitest. Mach nicht einfach nur was am Zügel, um dein Pferd zum Stehen zu bringen, sondern bereite es durch viele halbe Paraden gut vor, um es dann mit deiner Körpermitte zum Halten zu bringen. Versuche dann zu spüren, ob dein Pferd gerade angehalten hat. Wenn es schief zum Stehen kommt, war oftmals zu viel Zügel im Einsatz. Achte darauf, dass

Wo
im Gelände

Verbessert beim Pferd
die Aktivität der Hinterhand, die Aufmerksamkeit, die Reaktion auf den treibenden Schenkel und die Paraden

Hilft dem Reiter
ganze Paraden zu reiten, das Tempo zu kontrollieren, seine Hilfengebung zu verbessern, den Kontakt zum Pferd zu verbessern

Gangarten
Schritt, Trab, Tölt, Galopp

du dein Pferd gegebenenfalls sanft korrigierst, und zwar immer vorwärts. Tritt dein Pferd zurück bei der Korrektur, mache beim nächsten Mal noch weniger und achte darauf, dass die Zügelhand das Pferd wirklich nur begleitet.
Wenn du Ganze Paraden aus einer höheren Gangart ausführst und feststellst, dass du sehr viel dafür tun musst, so denke unbedingt beim nächsten Halt daran, dein Pferd noch besser vorzubereiten. Eventuell planst du sogar ganz aktiv einen oder zwei Schritte Schritt in den Paraden als Übergang ein. Dadurch wird die Abstimmung besser und die ganze Übung harmonischer – und bald sogar viel korrekter, als wenn wir versuchen, immer alles auf einmal zu korrigieren.

Jeweils beim Losreiten denkst du daran, dass du wieder einen guten Kontakt mit deinem Pferd haben möchtest. Reite nicht los, wenn dein Pferd abgelenkt ist und dir nicht zuhört! Fordere dann zuerst seine volle Aufmerksamkeit, indem du an deine Sitzknochen denkst. Du kannst den Kontakt deiner Beine zum Pferdebauch überprüfen und dann versuchst du, mit den Zügeln einen netten Kontakt zum Pferdemaul aufzubauen. Bewege hierzu deine Finger; sollte dies nicht ausreichen, so bewege deinen ganzen Unterarm etwas zur Seite und nimm dabei den Pferdekopf mit. Sobald dein Pferd anfängt zu kauen und aufmerksam wird, lässt du es losgehen. Da ein Pferd immer gerne laufen möchte, wird ein kluges Pferd recht schnell lernen, auf deine Aufmerksamkeits-Anfragen zu reagieren!

77 Gleichmaß im Gelände

Generell verbessert das Reiten in der Natur oder im Außenbereich die Trittsicherheit deines Pferdes. Das heißt dann auch, dass das Reiten mit einem Pferd, das über Stock und Stein geritten wird, sicherer ist. Die unterschiedlichen Böden und Unebenheiten verbessern ganz nebenbei die Tiefensensibilität der Muskeln, was in der Folge den Takt verbessert. Diese Übung erhält die Aufmerksamkeit deines Pferdes und sorgt dafür, dass es nicht schief wird. Zudem hilft sie dir dabei, dass dein Pferd auch in kritischen Situationen im Gelände auf deine Hilfen hört und dem Schenkel gehorcht (wenn z.B. ein Auto oder ein Traktor entgegenkommt).

Viele Reiter reiten aus Gewohnheit auf einem Feldweg immer rechts. Denke daran, dass du genauso viel am linken Wegrand reitest. Dann reitest du wieder genau in der Mitte des Weges. Du kannst zwischendurch auch immer mal wieder anhalten und spüren, ob dein Pferd gerade anhält oder sich mit einem Hinterbein davor drückt, Last aufzunehmen.
Nutze nun die ganze Wegbreite aus, um gleichmäßige Bögen zu reiten. Du kannst dabei an deine Bauchaugen denken. Versuche die Biegung nach links ganz exakt so zu reiten, wie die Biegung nach rechts. Versuche dir vorzustellen, wie dein äußeres Bein dein Pferd umarmt, um die Hinterhand nicht ausfallen zu lassen. Denke immer wieder an dein inneres Bein und kontrolliere, ob es ›schwabbelig‹ sein kann. So kannst du dein Pferd zum besseren Untertreten mit dem inneren Hinterbein auffordern, damit es sich gut biegen kann.

Dann lässt du dein Pferd im Schulterherein gehen, ebenfalls wieder gleichmäßig auf beiden Seiten.

Beim Leichttraben achtest du darauf, dass du regelmäßig z.B. alle 20 Meter, den Fuß wechselst. Im Galopp denke daran, dass du einmal linke und einmal rechte Hand galoppierst.

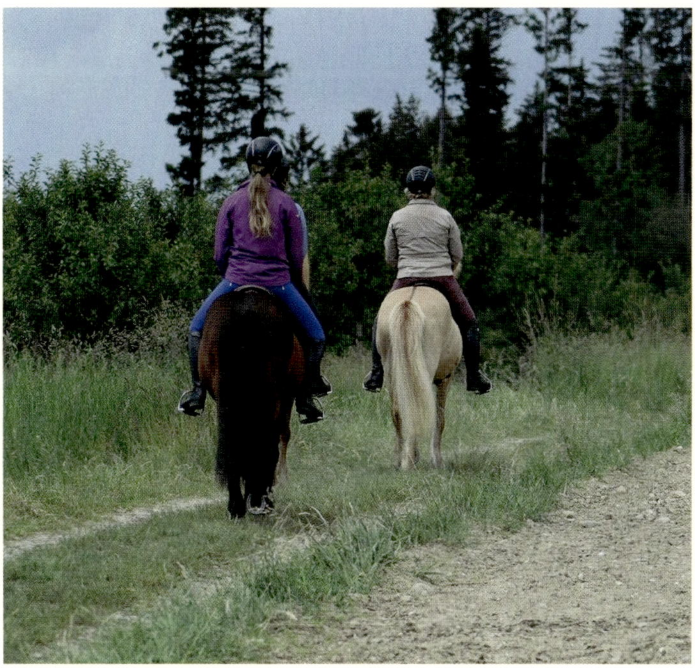

Wo
im Gelände

Verbessert beim Pferd
die Aufmerksamkeit, die Trittsicherheit, den Takt, die Tiefensensibilität der Muskeln,

Hilft dem Reiter
beim Geraderichten, erhöht die Sicherheit durch bessere Kontrolle

Gangarten
Schritt, Trab, Tölt, Galopp

78 Allgemeine Fitness für dein Pferd

Wo

im Gelände

Verbessert beim Pferd

die körperliche Fitness; verringert die Verletzungsgefahr durch Überlastung, gymnastiziert im Gelände

Hilft dem Reiter

Abwechslung in die Arbeit zu bringen

Gangarten

Schritt, Trab, Tölt, Galopp

Du kannst die körperliche Fitness deines Pferdes mit dieser Übung steigern und Abwechslung in die Arbeit bringen, die auch für Turnierpferde sehr wichtig ist. Hat dein Pferd eine bessere Fitness, so wird es insgesamt eine bessere Leistung bringen und die Gefahr von Verletzungen ist deutlich geringer. Auch möglichst viele Stunden Paddock- und Koppelgang erhöhen die Fitness. Je größer die Fläche ist, die deinem Pferd am Tag (Achtung: 24 Stunden gibt's!) zur Verfügung stehen, umso größer ist die Grundfitness.

Um die Fitness deines Pferdes zu steigern, ist es wichtig, viel ins Gelände zu gehen. Selbst wenn du kein tolles Ausreitgelände hast, so kannst du dir auch einen eher ruhigen Weg bzw. eine wenig befahrene Straße zum Reiten aussuchen. Notfalls auch, um hin- und herzureiten. Nutze dabei so viele Steigungen wie möglich. Wenn es nur einen kleinen Hügel in der Nähe gibt, reite diesen einfach viele Male hinauf und hinunter. Achte dabei darauf, dass dein Pferd zügigen Schritt geht. Wenn du dir einen Weg aussuchst und darauf hin- und herreitest, so achte stets darauf, dass du Abwechslung in die Wendungen hineinbringst:
Vorhandwendung, eine ordentliche Kehrtvolte, einmal links-, einmal rechtsherum, Hinterhandwendung, Kurzkehrt, alles, was dein Pferd bereits kennt. Dies ist gute Gymnastizierung, wohingegen ein Umdrehen, welches nur über den Zügel geritten wird, recht wertlos ist.

Hast du ein Pferd, das viel auf dem Platz oder in der Halle geritten wurde, so wirst du auf dem Ausritt deutlich merken, wie viel anstrengender das Reiten in der Natur für das Pferd ist.

Fitness-Arbeit beginnt im Schritt. Je nach bereits vorhandener Fitness deines Pferdes ist ein 45-minütiger Ausritt in gutem Vorwärts-Schritt schon eine ordentliche Arbeit!
Achte darauf, dass du die Leistungsfähigkeit deines Pferdes gut einschätzt! Es ist unglaublich wichtig, dass du es kontinuierlich trainierst und dabei das Fitness-Training langsam aufbaust. Ist dein Pferd fit genug, beginnst du Trabsequenzen einzubauen. Auch hier immer guten Vorwärts-Trab reiten – angepasst an die momentane Leis-tungs-

fähigkeit deines Pferdes. Erst wenn das Pferd sehr gut im Training ist, werden längere Galoppphasen eingebaut. Es ist wichtig, dass du dein Pferd entsprechend deiner Ziele gut vorbereitest und ihm die nötige Fitness mitgibst. Für Leute, die Vollzeit arbeiten, ist es sehr schwierig, ihrem Pferd die nötige Leistungsfähigkeit für einen Wanderritt oder ein Turnierwochenende anzutrainieren. Eine nachlässige Vorbereitung hierauf bedeutet aber, dass sowohl die Gefahr einer Verletzung, als auch die eines enttäuschenden Ergebnisses auf dem Turnier steigt. Hast du jedoch ein körperlich fittes Pferd, wird es dir in sämtlichen Disziplinen mehr Freude bereiten, egal ob auf dem Turnierplatz oder beim Ausritt mit Freunden!

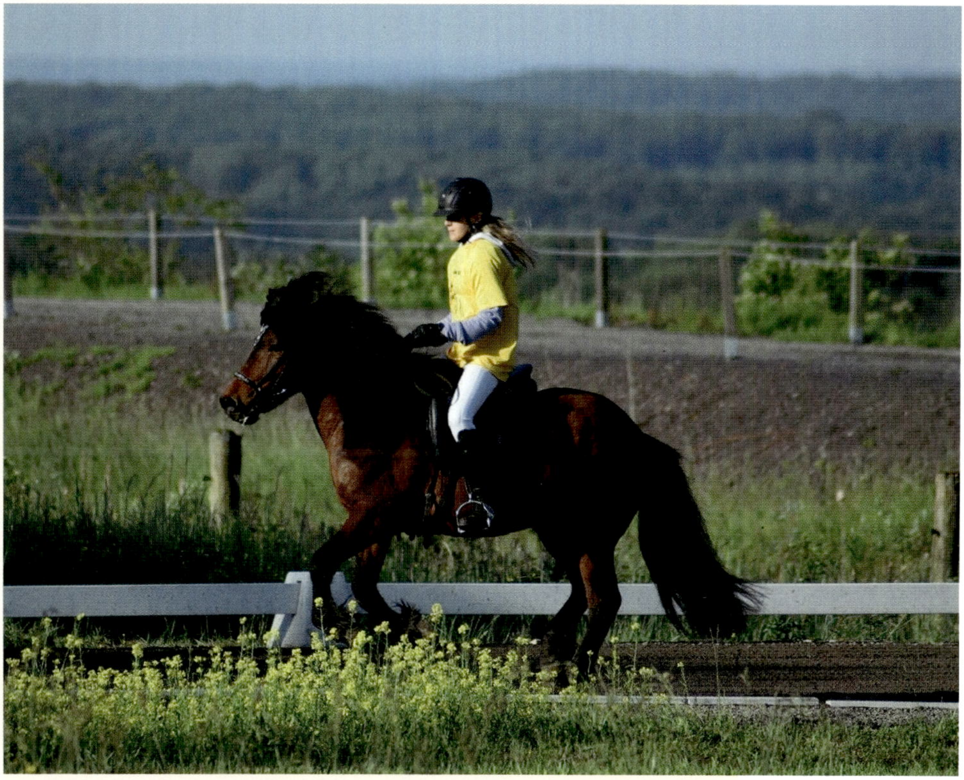

79 Fotoshooting

Wo

im Gelände

Verbessert beim Pferd

die Reaktion auf die Hilfen, den Gehorsam

Hilft dem Reiter

Abwechslung in die Arbeit zu bringen, auf den Punkt zu reiten, das Pferd zu kontrollieren; schärft den Blick für die Bewegung

Gangarten

Schritt, Trab, Tölt, Galopp

Eine prima Idee fürs Gelände ist ein Fotoshooting.
Wir machen immer wieder für langjährige Reitschüler statt eines normalen Ausrittes ein Fotoshooting. Auch beim Fotoshooting für dieses Buch hatten wir viel Spaß.

Aber so ein Fotoshooting, bringt viel mehr als ›nur‹ Spaß – schon in der Vorbereitung: das Pferd einmal perfekt herauszuputzen, Mähne und Schweif herzurichten, evtl. ein bisschen Glanzspray und Hufpflege ... all das macht das Fotoshooting zu einem besonderen Erlebnis.

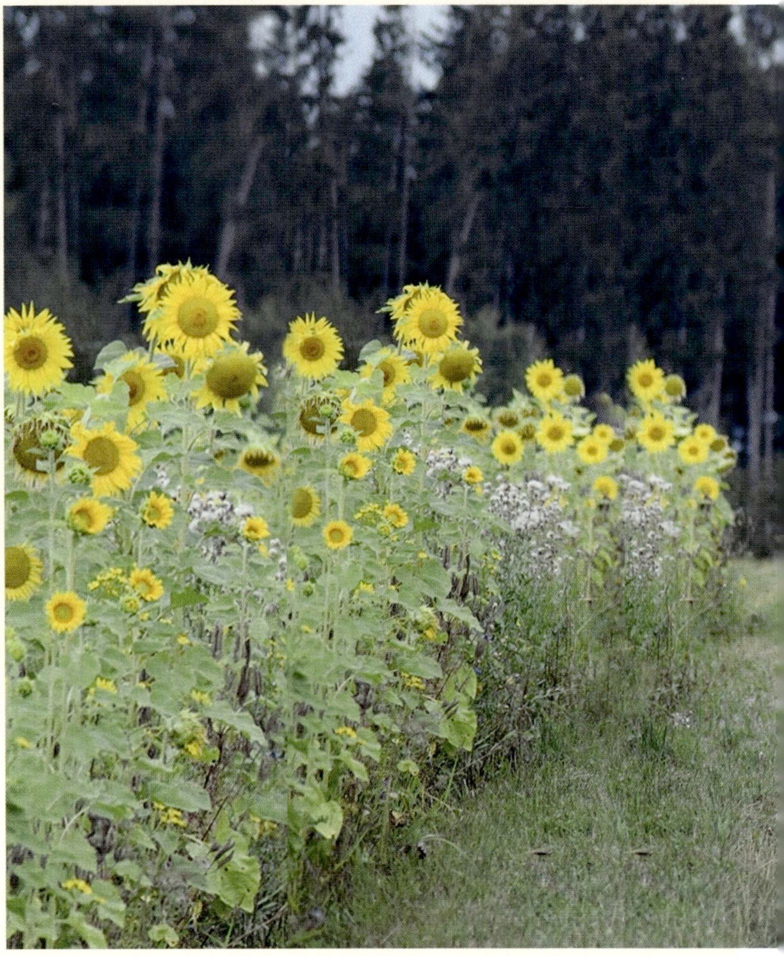

Im Gelände sucht ihr euch einen hübschen Hintergrund aus. Vor diesem reitet ihr dann hin und her. Dieses Auf-den-Punkt-Reiten will geübt sein! Genauso das Hin- und Her-Reiten in der Gruppe, oder von der Gruppe weg. Genau am vorgegebenen Punkt dann eine Weile stehenbleiben. Dies sind alles sehr wertvolle Fähigkeiten, sowohl für dich als auch für dein Pferd.

Der Zusammenhalt in eurem Team wird durch solche Termine auf alle Fälle gestärkt und der Blick für die Pferde und taktklare Gänge geschärft.

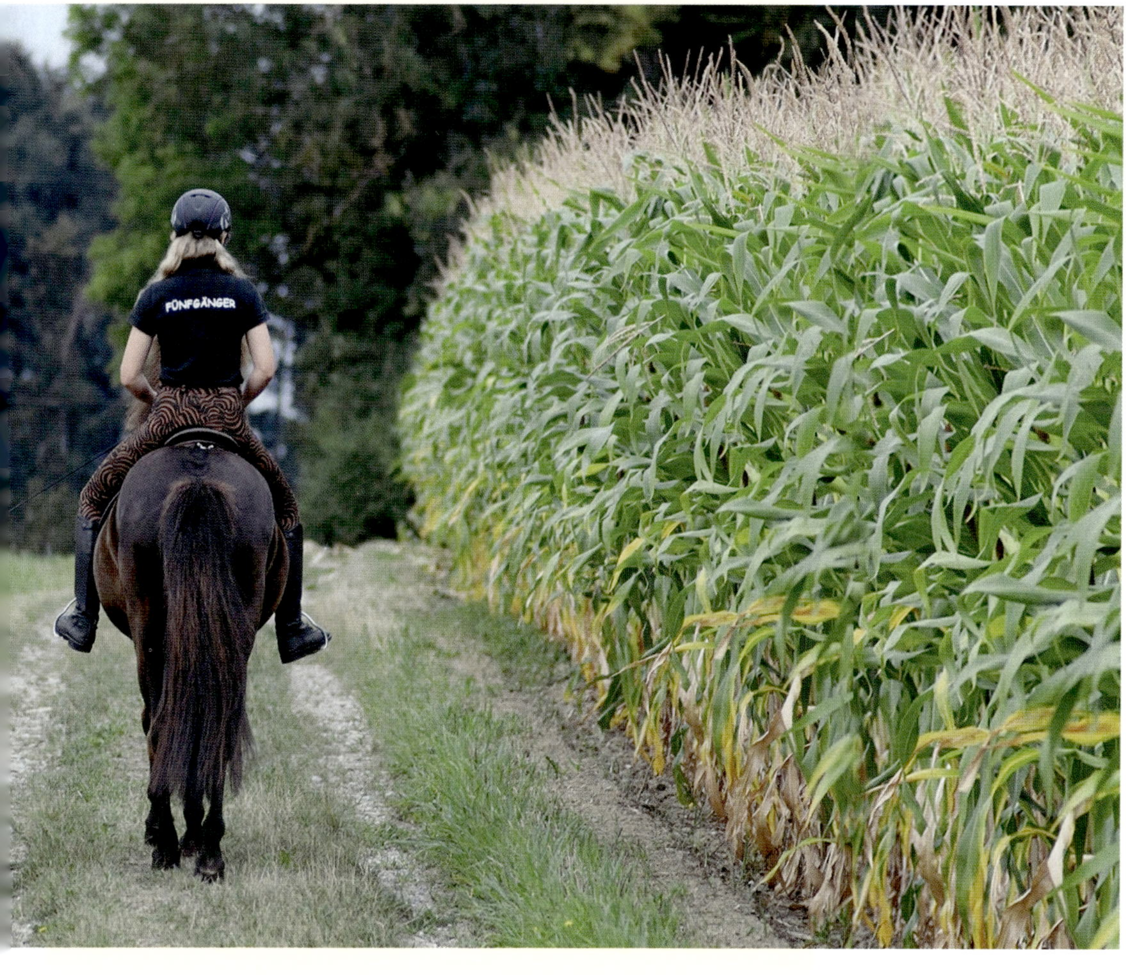

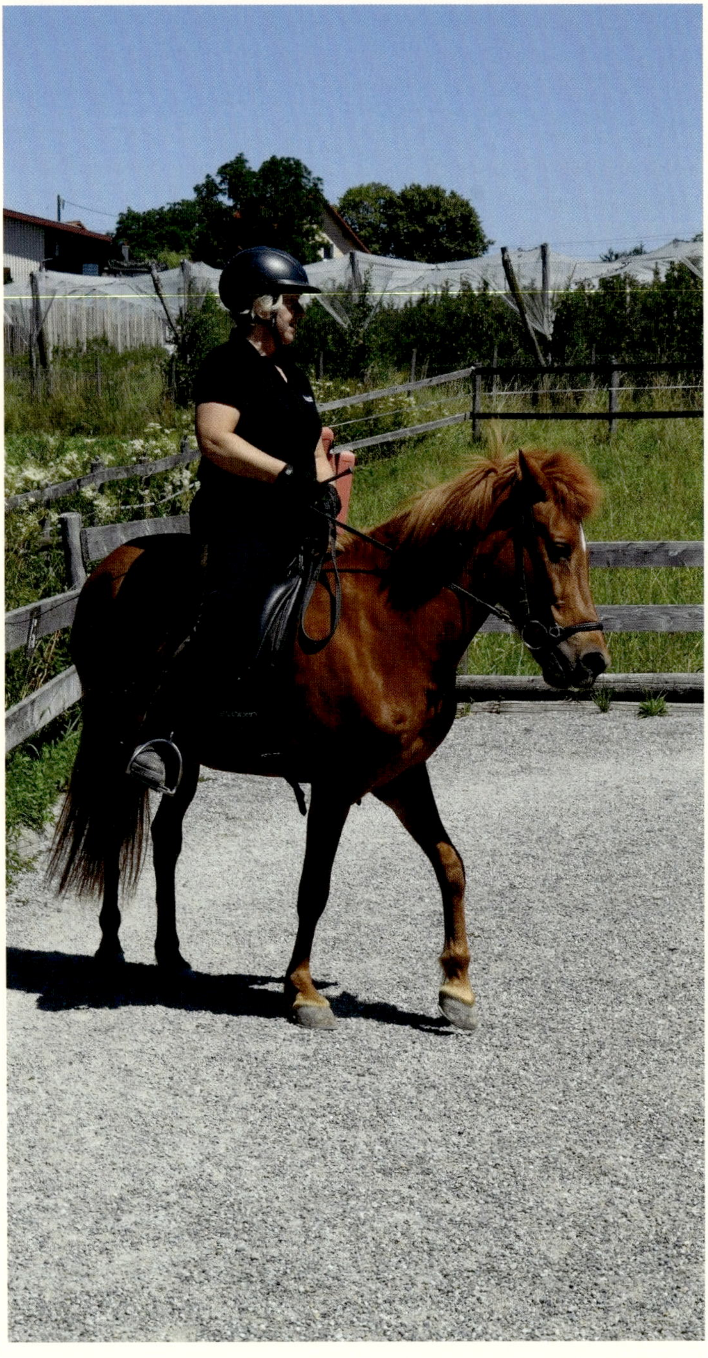

80 Vorwärts und raus

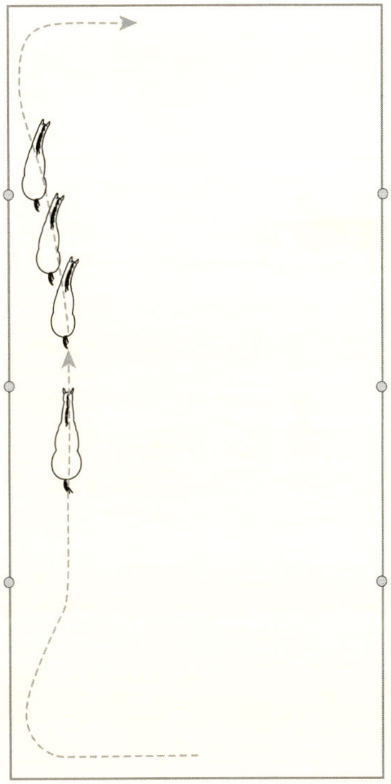

Wir haben hier eine prima Übung für die Verbesserung der Anlehnung. Der Reiter bekommt ein Gefühl dafür, auf was er bei der Anlehnung achten muss.

Hat das Pferd verstanden, dass es mit der Hinterhand fleißig treten soll, so wollen wir eine Streckung in der Oberlinie erreichen. Das Pferd lernt, sich an den Zügel vertrauensvoll heranzudehnen. Ich nutze die Übung auch als allererste Übung für einen jungen Reiter bzw. ein junges Pferd, um den seitwärtstreibenden Schenkel zu verstehen.

Auf dem Reitplatz reitest du im Schritt ganze Bahn. Dann reitest du (energisch) vorwärts auf den 2. Hufschlag. Dort reitest du ein wenig weiter und lässt dann das Pferd mit der Hinterhand zwei Schritte nach außen, zurück auf den ersten Hufschlag, weichen.
Im Gelände gehst du an den Wegrand und lässt dein Pferd dann jeweils seitwärts in die Wegmitte treten.
Manchmal werden die Pferde dabei im Genick erstmal steif. Dann schau, ob du die Übung auch so machen kannst, dass dein Pferd im Genick weich bleibt.
Diese Übung machst du solange, bis du das Gefühl hast, dass dein Pferd sich an den Zügel heranstreckt. Du solltest dabei das Gefühl haben, dass sich die Strecke vom Vorderzwiesel des Sattels bis zum Genick deines Pferdes verlängert!

Dann lässt du dein Pferd im Schritt ganz lange Schritte machen. Danach verkürzt du die Schritte wieder. Achte darauf, dass dein Pferd nicht einfach nur langsamer wird, sondern die Energie auch bei den kurzen

Wo
im Gelände oder auf dem Reitplatz

Verbessert beim Pferd
die Anlehnung, die Aktivität der Hinterhand, die Dehnung der Oberlinie, die Reaktion auf den seitwärtstreibenden Schenkel

Hilft dem Reiter
ein Gefühl für die richtige Anlehnung zu bekommen, beim Verständnis des seitwärtstreibenden Schenkels

Gangarten
Schritt, Trab, Tölt, Galopp

Schritten beibehält. Hast du das Gefühl, dass sich dein Pferd im Genick fest macht, so lässt du es wieder mit der Hinterhand zwei Schritte nach außen treten. Wenn das Schritte-Verlängern-und-Verkürzen gut klappt, machst du die Übung auf der anderen Hand.
Im Anschluss machst du die Übung im Trab, dabei leichttraben. Wenn das Pferd im Genick fest wird, lässt du die Hinterhand wieder heraustreten. (Das soll bedeuten, dass du immer wieder zwischendrin auf die Hinterhand deines Pferdes einwirkst und diese eins, zwei Tritte nach außen weichen lässt.)
Bleibe immer leise und höflich in der Kommunikation mit deinem Pferd; reagiert es mit Unwillen auf das Seitwärtstreten, oder musst du sehr deutlich werden, so versuche immer zuerst an dich selbst zu denken. Manchmal, wenn wir uns zu sehr bemühen, wird unser ganzer Körper extrem fest; so kann das Pferd nicht mehr ›richtig‹ reagieren. Da ist es besser, du forderst es einmal energisch mit der Gerte auf, an seine Hinterhand zu denken, als dass du irgendwelche ›komischen‹ Dinge mit Beinen oder Zügeln anstellst.

81 Gute Haltung im Oberkörper

Wo
im Gelände oder auf dem Reitplatz

Verbessert beim Pferd
die Losgelassenheit

Hilft dem Reiter
Schulter und Schlüsselbein zu öffnen und einen aufrechten Sitz zu erlangen, mit guter Körperausrichtung abzuwenden

Gangarten
Schritt, Trab, Tölt, Galopp

Diese Übung kannst du überall machen, zudem ist sie für jeden geeignet. Sie passt sehr gut zum Warmreiten.
Die Idee ist, Schulter und Schlüsselbein zu öffnen. Damit erreichst du einen guten aufrechten Sitz.

Ausführung

Zum Aufwärmen nimmst du die Zügel in eine Hand. Mit dem freien Arm zeigst du nach außen.
Den Zeigefinger dabei ausstrecken und nun den Arm so halten, dass der Daumen nach hinten zeigt. Ungefähr so, als ob du trampen möchtest. So kannst du eine Zeit lang reiten, dann wechselst du die Zügelhand und der andere Arm kommt dran.

Fällt es dir schwer, mit einer Hand am Zügel zu reiten? Dann ist das die ideale Übung für dich; du machst sie in diesem Fall am besten auf einem eingezäunten oder begrenzten Platz. Es ist ganz egal, wenn du einfach nur außen herum reitest.

Fühlst du dich wohl mit der einhändigen Reitweise, so kannst du mit weiten Bögen beginnen. Strecke dabei jeweils den inneren Arm nach innen aus. Dies fördert zusätzlich eine gute Ausrichtung deines Oberkörpers. Die Gerte wechselst du dabei von einer Seite zur anderen, da sie in der Zügelhand sein muss, damit du die innere (freie) Hand richtig drehen kannst. Spüre bei jeder Wendung, bei jeder Biegung, wie sich dein ganzer Oberkörper öffnet. Damit zeigst du deinem Pferd korrekt, was du von ihm erwartest.
Du kannst die Übung in allen Gangarten ausführen. Denke beim Abwenden am besten an deine Bauchaugen.

Achte mal beim Weiterreiten darauf, wie frei sich dein Oberkörper nun anfühlt. Vielleicht hast du automatisch nun eine bessere Haltung bekommen? Ein guter Trick ist, immer wieder das Gefühl abzurufen, das man mit dem zur Seite gestreckten Arm hatte. Kannst du dir vorstellen, du würdest deinen Arm immer noch nach innen öffnen? Nutze diese Vorstellung besonders in den Biegungen oder bei den Seitengängen. Wenn das Gefühl verblasst, dann strecke einfach den Arm nochmals aus!

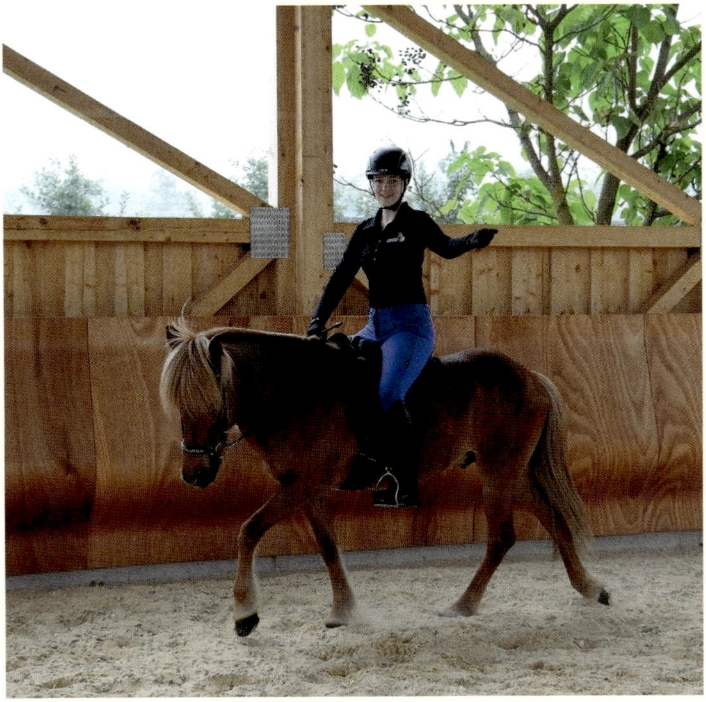

82 Schenkelweichen überall

Wo
im Gelände oder auf dem Reitplatz

Verbessert beim Pferd
die Geschmeidigkeit, die Aufmerksamkeit, den Schenkelgehorsam

Hilft dem Reiter
die Hilfen korrekt zu geben

Gangarten
Schritt, Trab, Tölt

Wofür ist die Übung Schenkelweichen gut?
Das Schenkelweichen macht das Pferd geschmeidig und aufmerksam. Außerdem lernt es, sich zu setzen und kann dadurch seine Schulter besser ›öffnen‹ bzw. heben. Das Pferd wird leichter an den Zügel herantreten. Es wird nicht mehr dagegendrücken oder ziehen und insgesamt leichter in der Hand.
Der Reiter lernt, seine Hilfen korrekt und fein zu geben.

Ab welchem Ausbildungsstand kann man die Übung ausführen?
Das Schenkelweichen ist kein wirklicher Seitengang, daher ist es sehr gut geeignet für (Jung-)pferde, die langsam an die Seitengänge herangeführt werden sollen.

So funktioniert es:
Nachdem du ausreichend Schritt geritten bist, kannst du das Pferd im Trab aufwärmen. Du bleibst im Entlastungssitz und lässt deine Knie tanzen, also locker mitschwingen.
Wenn das gut klappt, trabst du leicht.

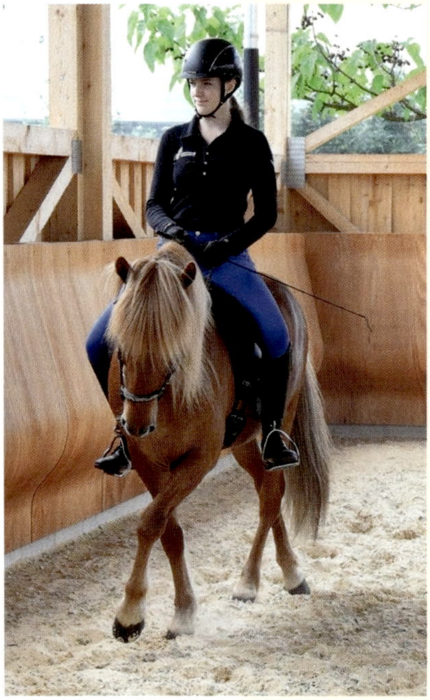

Dann beginnst du im Schritt mit dem Schenkelweichen. Angenommen du reitest auf der linken Hand, so wendest du auf der kurzen Seite ab auf die Viertellinie. Nun reitest du ein Stück geradeaus und beginnst dann zurück zur Bande das Pferd dem linken Schenkel weichen zu lassen. Danach reitest du wieder ein paar Schritte geradeaus und lässt das Pferd dann erneut zurück auf die Viertellinie dem rechten Schenkel weichen; nun reitest du wieder geradeaus, bis du die Bande erreichst. Du bleibst auf der linken Hand und machst die Übung ein paar Mal.

Als Nächstes machst du die Übung von außen nach innen als eine Art Viereck-Verkleinern. Du beginnst diesmal auf dem 1. Hufschlag. Nach Durchreiten der 2. Ecke der kurzen Seite reitest du etwas geradeaus, dann lässt du das Pferd dem rechten Schenkel weichen, bis du ungefähr die Viertellinie erreichst. Dort geht es ein paar Schritte geradeaus, um schließlich das Viereck zurück zur Bande wieder zu vergrößern. Klappt dies gut, kannst du mit einer weiteren Gangart beginnen, und reitest die ganze Übung im Trab oder Tölt. Je mehr Übergänge du einbaust, desto anspruchsvoller wird die Übung. So kannst du beispielsweise beim letzten Schenkelweichen, in dem Moment, in dem du wieder an der Bande ankommst, angaloppieren.

Im Gelände reitest du am rechten Rand des Weges und lässt dein Pferd dem rechten Schenkel weichen. Du entscheidest, ob du bis zur Wegmitte Schenkelweichen machst, um dann ein Stück geradeaus zu gehen, und schließlich das Pferd weiter bis zum linken Wegrand weichen zu lassen. Oder ob du ab der Wegmitte wieder zurück zum rechten Rand reitest. So kannst du dich im Zickzack auf dem Weg hin- und herarbeiten! Später kannst du die Übergänge einbauen und auch Schenkelweichen über die gesamte Wegbreite reiten.

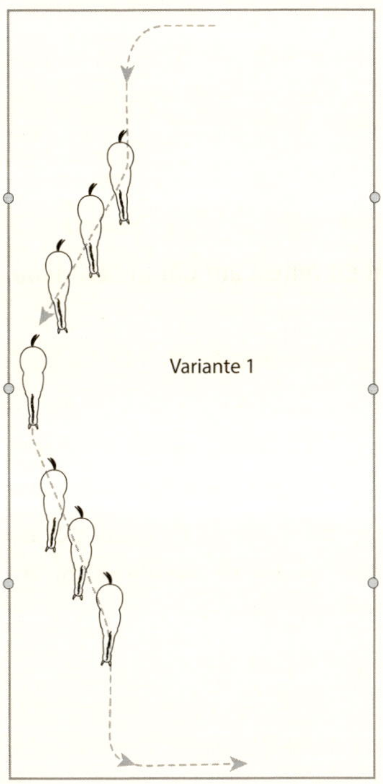

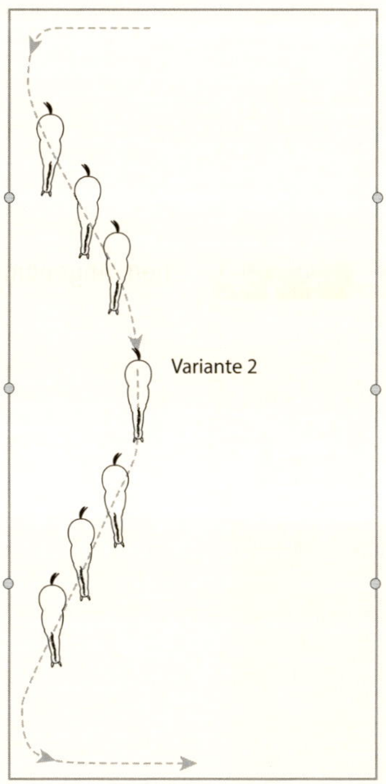

83 Entlastungssitz oder Leichter Sitz

Wo

im Gelände oder auf dem Reitplatz

Hilfsmittel

Verbessert beim Pferd

die Balance, Losgelassenheit und die Rückentätigkeit

Hilft dem Reiter

die Bewegungsenergie aufzunehmen, sich korrekt auszubalancieren; lockert die Gelenke im Bein und die Hüftgelenke

Gangarten

Schritt, Trab, Tölt, Galopp

Das Pferd lernt mit dieser Übung, sich auszubalancieren und der Reiter stört sein Pferd weder am Zügel noch im Rücken.

Junge Pferde bzw. solche, die wenig geritten sind, sollten wir immer im Leichten Sitz oder im Entlastungssitz reiten. Die Rückenmuskeln des Pferdes werden hierdurch gelockert und der Rücken gekräftigt. Beim Reiter werden im Leichten Sitz und im Entlastungssitz andere Muskeln beansprucht als im Dressursitz. Zudem werden Hüfte und Beingelenke gelockert. Der Reiter wird hierdurch lässiger im Sattel, da er mit einem ausbalancierten Leichten Sitz auch Hüpfer oder unerwartete Bewegungen seines Pferdes besser ausgleichen kann, ohne dem Pferd dabei in den Rücken zu fallen oder sich selbst zu gefährden.

Natürlich kannst du überall trainieren. Ungeübte Reiter sollten jedoch den Leichten Sitz zuerst auf dem Platz üben. Der Unterschied zwischen Entlastungssitz und Leichtem Sitz besteht darin, dass beim Leichten Sitz die Steigbügel 2–4 Löcher gekürzt werden. Beim Entlastungssitz wird die gewohnte Steigbügellänge beibehalten; wir gehen mit dem Gesäß etwas nach hinten und mit dem Oberkörper nach vorne, um die Balance auszugleichen. Das Gesäß ist weg vom Sattel, die Reithose berührt den Sattel aber noch.

Mit den kürzeren Steigbügeln im Leichten Sitz berühren weder Hose noch Gesäß den Sattel.
(Um im Sattel flexibel zu bleiben, solltest du übrigens immer mal wieder die Steigbügellänge variieren.) Ob du die Übung nun im Entlastungssitz oder im Leichten Sitz machst, hängt auch ein bisschen von deiner Fitness ab. Natürlich ist der Leichte Sitz sportlicher.

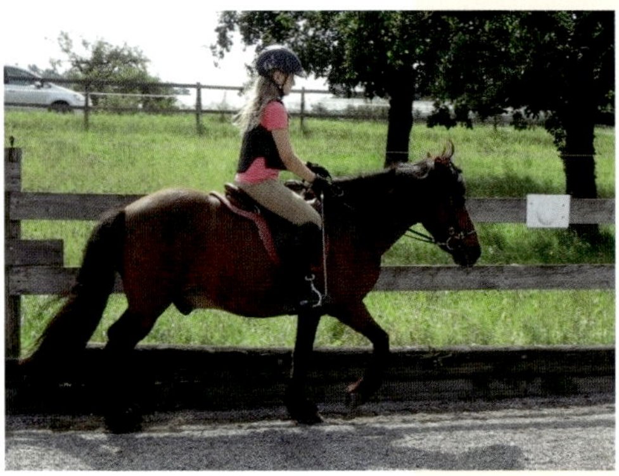

Zum Aufwärmen im Schritt kannst du es dir einfacher machen, indem du entweder die langen Steigbügel beibehältst, oder aber, falls du die Steigbügel bereits gekürzt hast, die Füße ohne Steigbügel baumeln lässt. Für den Trab nimmst du dann den Entlastungssitz oder Leichten Sitz ein. Im Trab kannst du deine beiden Zügelfäuste auf die Schulter deines Pferdes stützen und spüren, wie sich dein Pferd mit der Schulter bewegt. Dann kannst du an deine Knie denken und die Knie tanzen lassen. Einfacher ist es, wenn du dich zuerst auf ein Knie konzentrierst (auf dem Platz wäre das das innere). Spürst du, wie das Knie bei jedem zweiten Schritt nach unten federt? Wenn du diese Bewegung spürst, kannst du beide Knie abwechselnd tanzen lassen. Kannst du fühlen, wie dein Pferd mitmacht? Wie es die Knie ebenfalls schwingen lässt? Kannst du auch deine Fußgelenke weich mitfedern lassen? Kannst du spüren, wie sich die Hinterbeine vom Pferd anfühlen? Spürst du das Links-Rechts-Links-Rechts …? Du hast das Gefühl, dass dein rechtes Bein etwas mehr auf die rechte Seite kommt, wenn das rechte Hinterbein des Pferdes nach vorne schwingt?

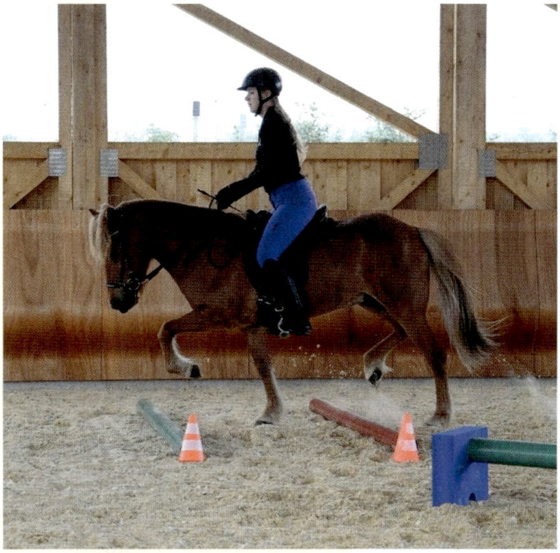

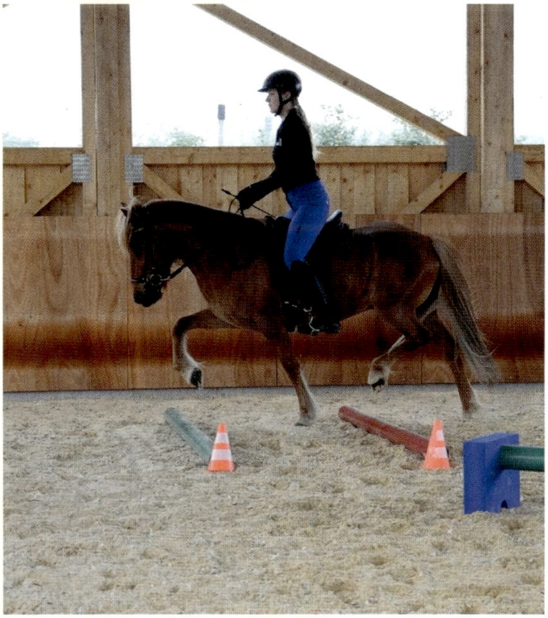

Vorstellungsbild

Stell dir vor, wie du einen Ball auf den Boden prellst.
Hierbei müssen wir die Aufwärts-Energie empfangen. Tun wir dies nicht, sondern drücken den Ball einfach nur nach unten, so ist der Ball ›tot!‹ Er kommt nicht zurück.
Genauso sollte unser Gefühl im Steigbügel sein; wir aktivieren hiermit die Hinterbeine unseres Pferdes.

84 Pferdewechsel

Wo

auf dem Reitplatz

Hilfsmittel

Verbessert beim Pferd

die Aufmerksamkeit

Hilft dem Reiter

sein Können und seine klare Hilfengebung zu überprüfen; macht ihn flexibler und sicherer

Gangarten

Schritt, Trab, Tölt, Galopp

Dies ist nicht wirklich eine Übung, aber trotzdem sehr empfehlenswert. Viele Pferdebesitzer reiten täglich ihr eigenes Pferd. Dabei ist es ein alter Hut, dass man nur dann ein guter Reiter wird, wenn man viele verschiedene Pferde reitet.

Damit man selbst ein wenig flexibel bleibt und Kontrolle über seinen derzeitigen Ausbildungs- und Wissensstand erhält, empfiehlt es sich, regelmäßig mal mit einem Bekannten das Pferd zu tauschen! Dies ist ebenso wichtig, wie genügend Ausgleichssport zu machen. Die regelmäßige Übung, ein fremdes Pferd zu reiten, wird dir im Alltag mehr Flexibilität geben und bedeutet ein sichereres Reiten.

Um das Risiko zu begrenzen, empfehle ich dir, den ersten Pferdewechsel auf einem umzäunten Platz zu machen. Seid ihr die jeweiligen Pferde nicht gewohnt, so reitet jeder erst einmal sein eigenes Pferd. Ihr könnt dann am Schluss der Reiteinheit für 10 Minuten eure Pferde wechseln.

So ein Pferdewechsel bringt oft einen interessanten Einblick in das eigene Reiten. Zudem kann dir diese Vorgehensweise auch bei bestehenden Trainingsproblemen mit deinem Pferd weiterhelfen.

TIPP

Klärt vorher ab, ob die Haftpflichtversicherung deines Pferdes ›Fremdreiter‹ zulässt.

85 Handpferdereiten

Die Übung bietet eine tolle Abwechslung, die den Pferden viel Spaß macht, da Pferde einfach gerne zu zweit gehen. Auch faule Pferde bekommen so ihren natürlichen Vorwärtsdrang zurück.
In meinen Augen gehört es zur Grundausbildung für junge Pferde einfach dazu, als Handpferd zu gehen. Das junge Pferd orientiert sich am älteren Führpferd und lernt ganz nebenbei die Welt kennen. Hat ein Pferd das Handpferdereiten einmal gelernt, so kann man dies auch bei Pferden einsetzen, die nicht oder nicht mehr geritten werden können (z.B. weil der Reiter zu groß geworden ist). Die Pferde werden durch das vielseitige Training umgänglicher, die Muskeln und Gelenke werden schonend trainiert.
Vorteil für den Reiter: Er kann auch mal zwei Pferde trainieren, obwohl die Zeit begrenzt ist. Er wird geschickter im Umgang mit seinen Pferden.

Bedingung für das Reiten mit Handpferd ist ein gut ausgebildetes Führpferd, das sich gut mit einer Hand reiten lässt. Und natürlich ein Reiter, der dies entsprechend geübt hat und sicher genug im Sattel ist (siehe Übung Nr. 30)!

Das Handpferdereiten solltest du immer zuerst auf einem umzäunten Platz üben, bis es richtig gut klappt! Zunächst solltest du die Pferde daran gewöhnen, dass du sie zu zweit führst: einer links, einer rechts vom Führenden. Erst wenn dies anstandslos funktioniert, geht es weiter.
Dein Reitpferd rüstest du ganz normal aus, dein Handpferd bekommt ein gut sitzendes Halfter mit Führkette oder Ähnlichem.

Dann müssen beide Pferde brav nebeneinander stehen. Zu Anfang nimmst du das Handpferd auf die rechte Seite. So ist es später auf der Straße auch erstmal vor dem Gegenverkehr geschützt.
Stehen beide Pferde brav, steigst du auf. Beide Pferde werden überschwänglich gelobt, so dass sie auch erstmal noch ruhig stehen bleiben. Wichtig ist, dass das Handpferd die Stimmkommandos kennenlernt. Auf dem Platz gehst du nun erstmal rechte Hand, so dass das Handpferd innen geht. Dies ist einfacher. Bei mir geht das Handpferd

Wo
auf dem Reitplatz und im Gelände

Hilfsmittel
Führkette, Halfter, Führstrick, Pylonen, Stangen und andere Markierungen

Verbessert beim Pferd
die Gehlust, das Vorwärts, den Gehorsam

Hilft dem Reiter
beim Training von mehreren Pferden gleichzeitig; macht ihn geschickter im Umgang

Gangarten
Schritt, Trab, Tölt, Galopp

immer mit dem Kopf auf der Schulterhöhe des Reitpferdes. So lassen sich meiner Meinung nach auch dominantere und unerfahrenere Pferde besser händeln. Sind beide Pferdeköpfe auf gleicher Höhe, gibt es unter Umständen schnell mal eine Meinungsverschiedenheit, sollte das Handpferd ranghöher sein.
Beim ersten Versuch gibst du dich damit zufrieden, wenn du erfolgreich ein paar Runden rechte Hand geritten bist.

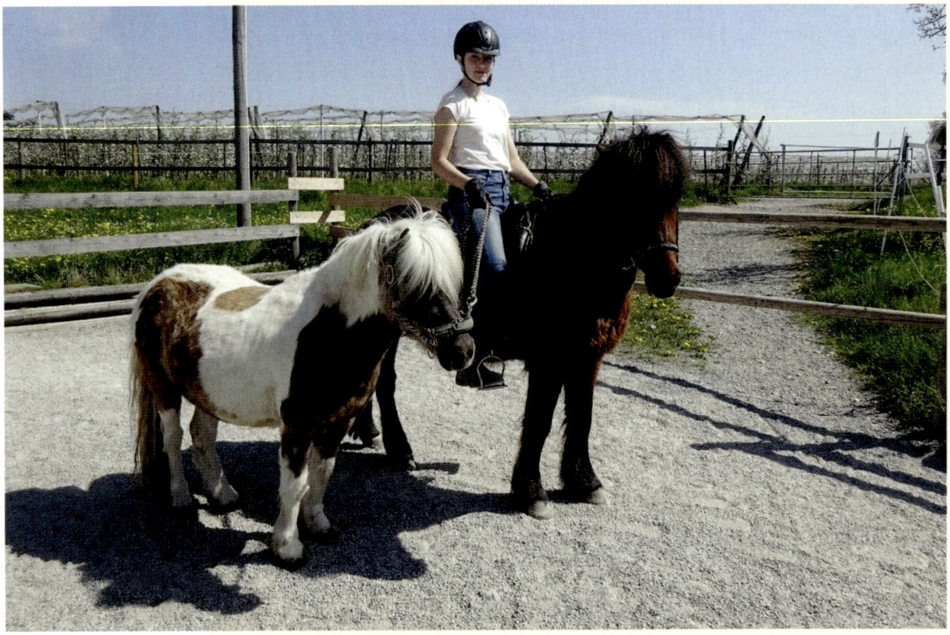

Das Anreiten erfolgt mit einem deutlichen Stimmkommando. Wichtig ist, dass du immer gut auf das Handpferd achtest. Das Reitpferd wird gegebenenfalls korrigiert, nicht das Handpferd. So bekommt das Handpferd Lust auf die Übung und wird zum Gehen animiert. Fällt das Handpferd zurück, so machst du dein Reitpferd zunächst langsamer. Meist reicht das, um das Handpferd quasi wieder abzuholen. Reicht es jedoch nicht, so forderst du es energisch mit Stimmkommando auf, sich etwas anzustrengen. Wenn das nichts hilft, tippst du das Handpferd mit der Gerte an. Der Einsatz der Gerte erfolgt in diesem Fall mit der linken (äußeren) Hand, die du hinter deinem Rücken auf das Handpferd schwingst.

Wird das Handpferd zu schnell, treibst du dein Reitpferd wieder mehr vorwärts, so dass das Handpferd quasi eingeholt wird. Natürlich bleibst du dabei in der ursprünglich gewählten Gangart. Das Handpferd wird eigentlich anfangs nur korrigiert, wenn es die Gangart wechselt. Klappt das Außenrum-Reiten gut, so fügst du ein paar ganze Paraden ein. Denke dabei immer an das Stimmkommando, so dass beide Pferde zeitgleich anhalten können.

Beim nächsten Training, kommt der Handwechsel hinzu. Dies ist am einfachsten, wenn du durch die ganze Bahn wechselst.
Bei den ersten Übungen mit Handpferd bleibst du hauptsächlich im Schritt, das muss einfach gut sitzen. Stelle dir Hütchen auf, damit du Slalom reiten kannst. Leg alternativ Stangen auf den Boden, um Hindernisse darzustellen.

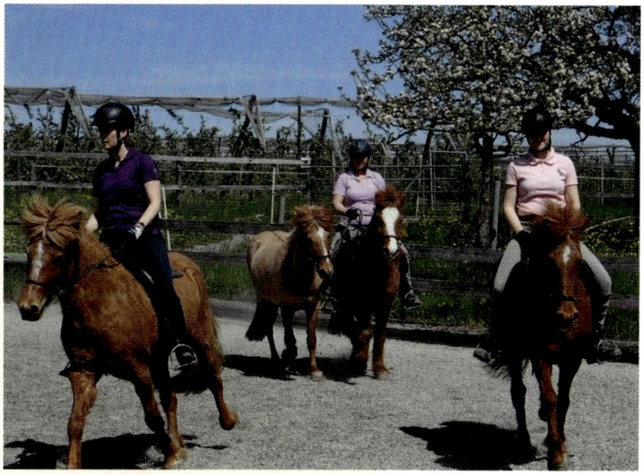

Du kannst die Pferde mit Stimmkommando rückwärtsrichten. Dies übst du mit häufigen Wiederholungen. Zunächst kannst du einfach geradeaus an die Bande reiten und die Pferde einen Schritt rückwärtstreten lassen, um dann durch die Ecke weiterzureiten.
Als Nächstes muss das Handpferd lernen, auf Kommando seine Position neben dir zu verlassen, um hinter dem Reitpferd zu gehen. Dies ist besonders wichtig, wenn du einem Fußgänger oder auf engen Straßen Autos begegnest. Nach dem Hindernis gibst du erneut ein Stimmkommando, um das Handpferd wieder neben dein Reitpferd zu holen.
Erst wenn dies alles auf dem Platz gut funktioniert, begibst du dich ins Gelände. Wenn du dich sicher fühlst, beginnst du auch zu traben. Dabei ist es immer wieder eine besondere Freude, wenn man sieht, wie das Handpferd fröhlich vorwärts geht und sich ohne Reiter im Gelände bewegen kann.

TIPP
Passe das Handpferdereiten deinem Können bzw. dem deiner Pferde an. Du hast dabei keinen Zwang, dies oder jenes perfekt zu beherrschen und du kannst auch nur zu Hause auf dem Reitplatz üben; es ist auf jeden Fall eine tolle Bereicherung für dein alltägliches Training.

86 Schulterherein

Bau dir deinen eigenen Zirkel

Wo
auf dem Reitplatz und im Gelände, auf einem Stoppelfeld

Hilfsmittel
Vorstellungskraft

Verbessert beim Pferd
das Vorwärts, den Gehorsam, die Lastaufnahme des inneren Hinterbeines, die Dehnung der äußeren Seite

Hilft dem Reiter
seine Hilfen präzise zu geben, sich eine Bewegungslinie vorzustellen

Gangarten
Schritt, Trab, Tölt, Galopp

Das ist meine **Lieblingsübung**, um Reiter und Pferd das Schulterherein beizubringen.
Aber auch für Reiter, die zu viel mit ihren Extremitäten machen, ist sie gut geeignet. Bei dieser Übung wird deutlich, wie wenig nötig ist, um dem Pferd zu zeigen, was man eigentlich will. Auch bei Pferden, die total eifrig überreagieren und das Schulterherein vorwegnehmen, damit jedoch nur einen ›Schludder‹ erzeugen, ist sie hilfreich.
Sie ist zudem gut geeignet zum Aufwärmen, wenn man das Pferd zwar konzentriert, aber ruhig arbeiten möchte, wie z. B. bei Minusgraden, oder wenn man wenig Zeit hat.

Das Schulterherein zählt zu den Seitengängen: Das Pferd bewegt sich hierbei vorwärts-seitwärts UND ist dabei gebogen. Das Schenkelweichen dagegen zählt im deutschen Sprachgebrauch nicht zu den Seitengängen. Das Pferd wird hierfür nur gestellt und bleibt im Körper gerade. Deswegen ist es wesentlich einfacher zu reiten.
Beim Schulterherein geht die Hinterhand weiter geradeaus; durch die Biegung im Körper deines Pferdes dreht die Schulter nach innen, so dass die Vorderhufe nach innen zeigen, als ob du eine Volte reiten würdest.
Richtig ausgeführt, wird die ganze äußere Seite deines Pferdes dabei gedehnt. Das innere Hinterbein nimmt vermehrt Gewicht auf.

Du reitest dein Pferd ein paar Runden im Schritt, dann baust du dir einen imaginären Zirkel. Dies muss nicht der vorgegebene Zirkel auf dem Reitplatz sein, sondern es ist dein eigener Zirkel.
Stelle dir den Weg vor, auf dem du reitest. Wie ist z.B. der Boden beschaffen? Lass in der Fantasie das Bild eines Trampelpfades auf einer Wiese entstehen. Wenn du dir deinen Weg vorstellen kannst, dann baust du dir sozusagen links und rechts von deinem Weg eine Bande. Stell dir vor, wie hoch die Bande gehen soll. Bis zu den Fesselgelenken deines Pferdes, bis zum Sprunggelenk oder vielleicht bis zu deinen Steigbügeln? Gerne auch bis zur Schulter deines Pferdes – es ist deine Begrenzung, du machst sie so, wie du sie brauchst. Nun stellst du dir vor, aus welchem Material die Begrenzung ist. Gibt es da vielleicht eine

schöne grüne Buchshecke? Oder hast du einen Bretterzaun oder eine Mauer aus roten Ziegelsteinen gebaut?
Spüre, wie einfach es ist, durch deinen Zirkel, deinen Tunnel zu reiten. Vielleicht möchtest du dir auch noch Scheinwerfer an deinen Helm oder auch vorne ans Buggelenk deines Pferdes denken, die dir den Weg zeigen?

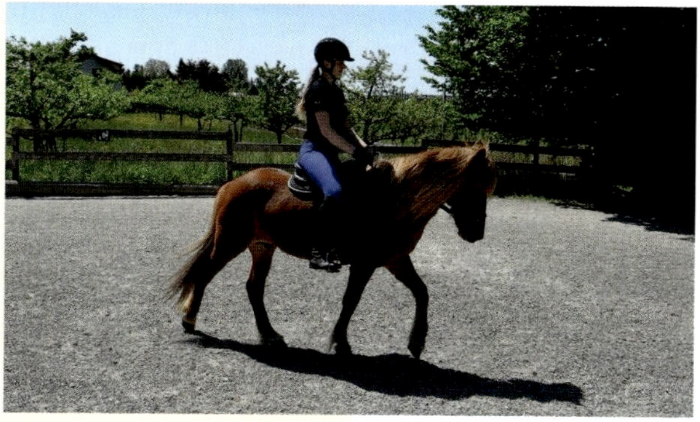

Ebenso kannst du an deine Bauchaugen denken. Wenn du dir das alles gut vorstellen kannst, dann kannst du die Vorhand deines Pferdes in Richtung der inneren Umzäunung lenken, du bleibst aber weiterhin auf der vorgestellten Zirkellinie. Nach einer Weile gehst du wieder ›geradeaus‹ auf dem Zirkel. Wiederhole dies ein paarmal, und achte darauf, was das innere Hinterbein deines Pferdes dabei macht. Kannst du spüren, wie sich das innere Hinterbein mehr bewegt? Wie sich der Rücken deines Pferds wölbt?

Dann machst du einen großen Handwechsel über den ganzen (Reit-) Platz. Du beginnst wieder mit dem Zirkel, stellst dir genau vor, wie der Weg und deine Begrenzung aussehen. Dann drehst du die Vorhand deines Pferdes wieder zur inneren Begrenzung. Ist dein Pferd weiterhin leicht in der Hand? Prima, dann hast du alles richtig gemacht! Wenn es sich noch schwierig anfühlt, dann ist es auch nicht weiter schlimm. Denn: Übung macht den Meister!
Kannst du spüren, auf welcher Hand es einfacher ging, linke oder rechte Hand?
Du kannst dir die leichtere Hand merken und beim nächsten Mal die Übung auf der leichteren Hand beginnen.

TIPP
Die schwierigere Seite lernt von der leichteren. Deswegen fällt es dir und deinem Pferd leichter, mit der guten Seite zu beginnen. Das gute Gefühl wird übernommen und dann klappt es auf der schwierigeren Hand bald genauso fein, wie auf der besseren Hand!

Wenn du magst, kannst du diese Übung auch in den anderen Gangarten machen.

87 Fühlen, Fühlen, Fühlen

Beweglichkeit

Wo
auf dem Reitplatz und im Gelände

Hilfsmittel
evtl. Helfer, der dein Pferd führt

Verbessert beim Pferd
die Aufmerksamkeit, die Losgelassenheit, die Rückentätigkeit

Hilft dem Reiter
beweglicher zu werden, ›das Pferd zu fühlen‹, korrekt zu treiben, über den Sitz zu reiten

Gangarten
Schritt

Ich bin immer wieder überrascht, wie Reiter, die jahrelang Unterricht genommen haben, noch nie, und wahrhaft NIE, auch nur ansatzweise gesagt bekommen haben, dass sie ›das Pferd fühlen‹ sollen. Dabei geht es beim Reiten doch nur ums Fühlen!

Durch diese Übung wird dein Sitz beweglicher, du beginnst das Pferd besser zu spüren und lernst korrektes Treiben.
Auch dein Pferd wird aufmerksamer und geschmeidiger. Spüre, wie du dein Pferd mit dem Sitz führen kannst. Vor allem prima für Reiter, die ständig zu viel machen: Lass dich von einem Freund oder einer Freundin führen. Dabei musst du in dieser Übung Kontrolle abgeben – an den Führer und an das Pferd. Lerne so, den Rücken des Pferdes zu spüren!

Ausführung

Wenn du jemanden hast, der dich führen kann, wäre das ideal. Ansonsten geht es auch, wenn du irgendwo in Ruhe entlang reiten kannst. Dann hältst du an und spürst deine Sitzknochen. Lege eine Hand mit dem Handrücken nach oben zwischen den gleichseitigen Sitzknochen und den Sattel. Wie fühlt es sich an?
Im nächsten Schritt legst du die andere Hand unter den anderen Sitzknochen. Fühlt es sich gleich an oder eher irgendwie anders? Kannst du dir vorstellen, warum man vor über 2000 Jahren den Sattel erfunden hat?

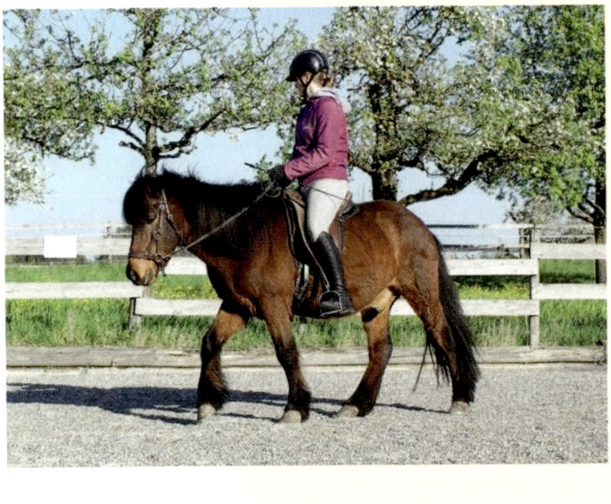

Nun reitest du im Schritt los. Fühlst du die Sitzknochen immer noch? Wie sie vom Pferd bewegt werden? Bewegen sich die Sitzknochen in Form einer Acht?

Stelle dir nun vor, die Acht wäre so groß wie ein Tennisball. Was passiert dadurch mit deinem Sitz? Was passiert beim Pferd? Nimm dir Zeit zu fühlen.
Jetzt stellst du dir vor, die Acht wäre so groß wie eine Melone. Wie fühlt es sich

in deinem Körper an? Was macht dein Pferd, hat es etwas geändert? Kannst du spüren, wie die Schritte des Pferdes größer und raumgreifender werden? Danach kannst du die Acht so groß wie einen Tischtennisball werden lassen. Werden die Schritte deines Pferdes kleiner, aber auch energischer? Spürst du, wie du die Schritte verkürzen kannst, ohne dass du in deinem Körper ins Stocken und Bremsen kommst? Spiele mit dieser Vorstellung.
Spüre nun deinen Beinen links und rechts am Pferdeleib nach. Einfacher wird es, wenn du die Beine aus den Steigbügeln nimmst und schlackern lässt. Konzentriere dich jetzt auf das innere Hinterbein. Spürst du, wie es sich bewegt?

88 Einfach nur gut sitzen

Dein Pferd wird mit dieser Übung aufmerksamer und, falls nötig, auch ruhiger.
Für den Reiter ist sie ein sehr guter Anfang für eine Reiteinheit. Durch den Fokus auf den eigenen guten Sitz beginnst du nicht sofort ›mit dem Reiten‹. Du musst nichts tun, sondern konzentrierst dich auf deinen eigenen Sitz. Ganz egal, was du im Anschluss daran reitest, es wird sicherlich eine bessere Qualität haben!

Diese Übung kann auch auf einem geführten bzw. longierten Pferd ausgeführt werden.

Nimm dir Zeit, die Bewegungen deines Pferdes zu spüren.

Unser Kopf ist ziemlich schwer, er wiegt um die sechs bis sieben Kilogramm. Ist er nicht im Gleichgewicht, so drückt sein Gewicht mit ordentlich Hebelwirkung auf unser Pferd herab. Es gibt jedoch eine einfache Möglichkeit, zu überprüfen, ob sich der Kopf in Balance befindet:
Bewege deine Nase langsam von oben nach unten und zurück, als ob du ›Ja‹ sagen möchtest. Nun sagst du ein sehr langgezogenes »Aaaaaahhhhh«, während du diese Bewegung ausführst. Merkst du, dass der Ton nur an einer einzigen Stelle ordentlich zu hören ist? Weiter oben und weiter unten hört es sich irgendwie schräg an? Das ist also genau

Wo
auf dem Reitplatz und im Gelände

Hilfsmittel
Helfer, der dein Pferd führt oder dich longiert

Verbessert beim Pferd
die Aufmerksamkeit, die Losgelassenheit, die Rückentätigkeit; bringt Ruhe ins Pferd

Hilft dem Reiter
sich auf seinen Sitz zu fokussieren, loszulassen

Gangarten
Schritt

die richtige Stelle, an der dein Kopf ohne weitere Mühe auf dem Atlas aufliegt.
Denke im nächsten Schritt an deine Schultern: Lass deine Schultern nach hinten kreisen. Fühlen sich beide Schultern gleich an? Führe diese Bewegung solange aus, wie du möchtest.
Überprüfe nach dem Schulterkreisen deine Verbindung zum Pferdemaul. Hat sich etwas verändert?
Denke nun an deine Ellenbogen. Ob diese an der richtigen Stelle anliegen, kannst du mit dem ›Ententanz‹ kontrollieren. Wer das Lied nicht kennt: Beim Ententanz werden die Ellenbogen links und rechts vom Oberkörper weg nach außen gespreizt – wie beim Flügelschlagen.

Hierbei kannst du überprüfen ob:
a) die Ellenbogen überhaupt neben dem Oberkörper liegen.
b) die Ellenbogen am Körper angepresst waren oder abgestanden sind – beides wäre nicht richtig.
c) deine Oberarme locker aus der Schulter herabhängen.

Denke jetzt an deine Sitzknochen. Wie werden diese von deinem Pferd bewegt? Kannst du spüren, wie sie sich vor- und zurückbewegen? Fühlen sich die Sitzknochen links und rechts gleich an?
Wenn sie sich nicht gleich anfühlen, sitzt du wahrscheinlich nicht exakt in der Mitte des Pferdes. Manchmal ist der Sattel auch nur ein ganz klein wenig zur Seite verrutscht. Man kann dies korrigieren. Daraus kann aber wiederum manchmal eine unendliche Geschichte werden: Sattel ein wenig nach links, dann Sattel wieder ein wenig zu weit rechts, Steigbügel ein bisschen ungleichmäßig und so weiter. Damit kann man auch die ganze Reitstunde verbringen. Ab einer gewissen reiterlichen Fertigkeit empfehle ich darum, sich selbst ein wenig anzupassen.

Hierzu eine schöne Übung:
Stelle dir vor, du wärst eine Puppe. Es gibt Kinderpuppen, die mit Styropor-Kügelchen oder Erbsen gefüllt sind. Genau so eine Puppe bist du.

Auf welcher Seite fühlst du deinen Sitzknochen deutlicher? Nehmen wir einmal an, es wäre links. Stell dir vor, wie du aus deinem linken Fuß eines dieser Kügelchen nimmst, du ziehst es in Gedanken nach oben durch deinen Unterschenkel, übers Knie, durch den Oberschenkel, den Oberkörper hinauf bis in den Kopf. Dort nimmst du es hinüber und lässt es auf die andere Seite herunterplumpsen. Diesen Vorgang wiederholst du so lange, bis dein Sitz sich gleichmäßig anfühlt. Spürst du eine Veränderung?

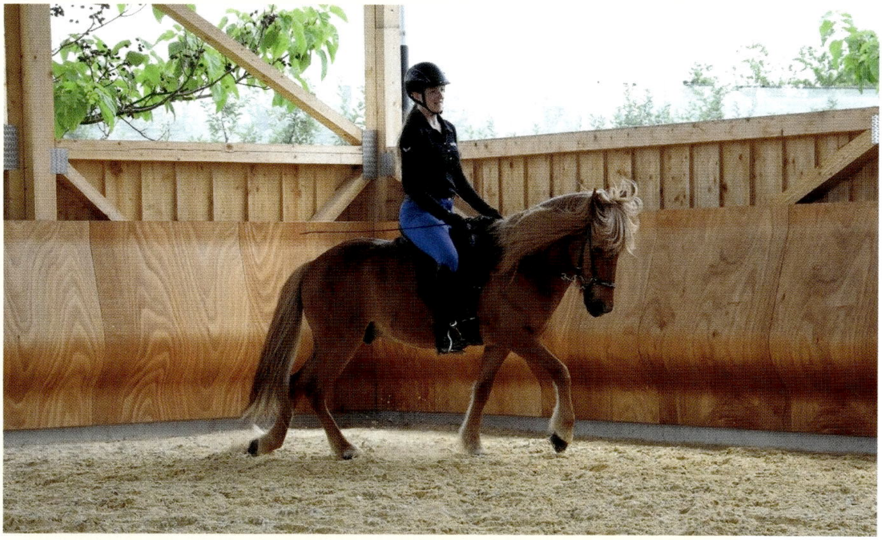

Dann bewegst du deine Füße in den Steigbügeln. Spürst du sie links und rechts gleichmäßig? Hast du den gleichen Kontakt zum Steigbügel? Kannst du die Zehen jederzeit anheben? Fühlst du, wie dein Pferd deine Füße nach oben und nach unten bewegt? Kommt es dir so vor, als würdest du neben dem Pferd gehen? Das Pferd bewegt auch unsere Knie. Spürst du die Bewegung von deinem linken Knie zu deiner linken Ferse? Und die Bewegung vom rechten Knie zur rechten Ferse? Stell dir vor, deine Beine wären so lang, dass du mit ihnen bis auf den Boden kommst. Hast du nun vielleicht das Gefühl, neben dem Pferd zu gehen?

Denke zum Abschluss an deinen Atem. Stell dir vor, wie du die Luft in deinen Körper hinein- und wieder hinausfließen lässt. Vielleicht kannst du dies nachspüren, oder auch etwas riechen, z.B. eine frische Winterluft; vielleicht duften auch die Pflanzen im Umfeld; du riechst beispielsweise frisch geschnittenes Gras. Oder du stellst dir eine Farbe vor, die dein Atem heute hat.

89 Das ›Schulterschwammen‹

... für lockere Schultern

Wo
auf dem Reitplatz und im Gelände

Verbessert beim Pferd
die Losgelassenheit

Hilft dem Reiter
die Schulter zu entspannen, eine gute Zügelverbindung herzustellen

Gangarten
Schritt

Lockere Schultern sind für Reiter sehr wichtig. Da aber viele Reiter direkt vom Büro zum Pferd kommen, haben sie gerade dort ihren Schwachpunkt. Aus diesem Grund ist es besonders wichtig, immer wieder daran zu denken, dass man seinen Körper etwas lockert, bevor man losreitet. Lockere, entspannte Schultern sind eine Voraussetzung für eine gute Zügelverbindung.

Das ›Schulterschwammen‹ ist eine Übung sowohl aus dem Centered Riding® als auch aus der Franklin®-Methode. Diese Übung möchte ich dir unbedingt zeigen. Sie geht so:

Nimm im Schritt, beispielsweise beim Warmreiten, die Zügel und die Gerte in die linke Hand.
Deine linke Hand legst du auf deine rechte Schulter, sodass dein Daumen direkt am Hals anliegt. Umfass den Muskel oben (Supraspinatus) und stell dir dabei vor, du würdest einen mit schmutzigem Wasser gefüllten Schwamm in der Hand halten. Das Wasser möchtest du nun herauswringen. Drücke den Muskel und führe dir vor Augen, wie das schmutzige Wasser herausläuft. Drücke und knete, bis kein Wasser mehr im Schwamm ist.

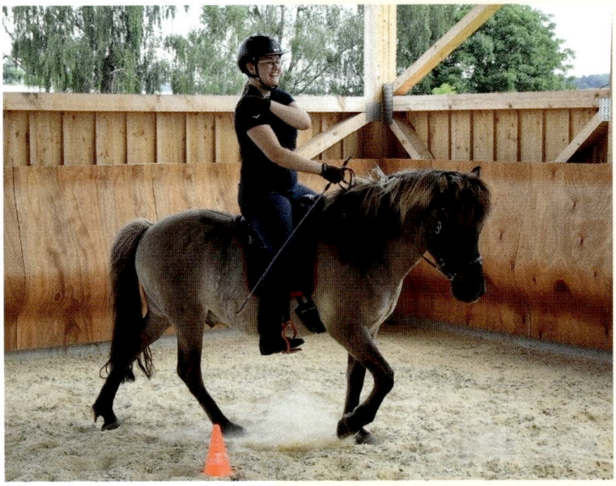

Dann hältst du inne und lässt in Gedanken frisches, kühles Quellwasser hineinfließen, bis der Schwamm wieder komplett vollgesogen ist. Dann beginnst du erneut, das schmutzige Wasser herauszudrücken. Bis wieder kein bisschen Wasser mehr im Schwamm übrig ist. Zuletzt lässt du die Hand entspannt auf der Schulter liegen und streichst sie langsam über den Arm herunter.
Nun vergleichst du deine rechte mit der linken Schulter. Merkst du einen Unterschied? Vielleicht fühlst du dich sogar ein wenig schief?
Dann lockerst du deine andere Schulter auf dieselbe Weise.

90 Geschmeidige Übergänge

Heute kannst du feine Übergänge üben. Sie sind das A und O für gutes Reiten. Beim Reiten von guten Übergängen wird das Pferd automatische gymnastiziert. Und die kannst du auf diese Weise üben:
Achte bereits beim Warmreiten auf einen gleichmäßigen Takt. Das Pferd soll sich lösen.
Beginne nun im Schritt, die Tritte deines Pferdes zu vergrößern und nach ein paar Metern wieder zu verkürzen. Achte darauf, dass das Pferd in der Verkürzung nicht einfach nur langsamer wird, sondern dass die Energie beibehalten oder sogar erhöht wird.

Im Anschluss startest du mit den Übergängen:
Wenn dein Pferd eher gelassen und ruhig geht, reitest du Übergänge zum Halten (ganze Paraden).
Wenn dein Pferd eher unruhig oder unausgeglichen ist, reitest du zuerst Schritt-Trab-Übergänge.

Bei den Übergängen in eine langsamere Gangart bzw. für kürzere Tritte stellst du dir vor, wie du deinen Atem vom Bauchnabel nach hinten in Richtung Gesäß oder Lendenbereich schickst.
Führe dir zudem vor Augen, wie deine Ellenbogen an deinem Körper schwer herabhängen.

Ein Tipp für schwere Ellenbogen:
Kennst du die Tischdeckenhalter, meist lustige ›Früchtchen‹, mit denen man im Sommer die Garten-Tischdecke beschwert? Die Vorstellung von diesen Zitronen oder Erdbeeren hilft dir, deine Ellenbogen schwer nach unten sinken zu lassen.

Und wenn das alles schon gut klappt, kannst du als i-Tüpfelchen noch an Folgendes denken:
Schmiere in Gedanken etwas Sattelseife unter deine Daumen. Diese reibst du beim Durchparieren bzw. für Paraden auf dem Zügel nach vorne und hinten.
Jeweils beim Losreiten bzw. beim Verstärken denkst du an den ›sanften Blick‹ und ans Einatmen.

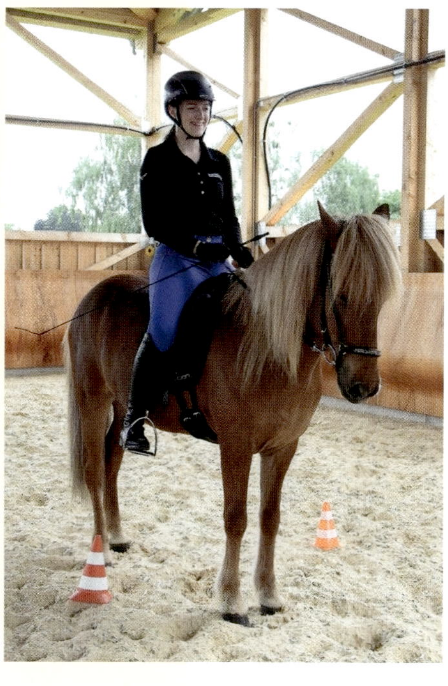

Wo
auf dem Reitplatz und im Gelände

Verbessert beim Pferd
die Gymnastizierung, die Geschmeidigkeit, die Losgelassenheit, den Takt

Hilft dem Reiter
feine Übergänge zu reiten

Gangarten
Schritt, Trab, Tölt, Galopp

Sei kreativ bei den Übergängen: Wechsle zwischen den ganzen Paraden und den einzelnen Gangarten ab. Versuche herauszufinden, was dich und dein Pferd voranbringt. Viele unterschiedliche Wechsel von Gangart und Tempo oder eher immer wieder die gleichen Übergänge, bis du es in deinem Körper prima umsetzen kannst, oder bis es dein Pferd gut verstanden hat. Versuche ganz genau hinzuspüren, was deinem Pferd (und dir!) Freude bereitet, denn das bringt euch auch weiter.

Sei beharrlich, aber nicht verbissen beim Üben. Selbst wenn etwas nicht klappen will, geh lieber wieder einen Schritt zurück, und übe etwas, das ihr schon gut könnt. Nimm erst danach wieder eine größere Herausforderung in Angriff.

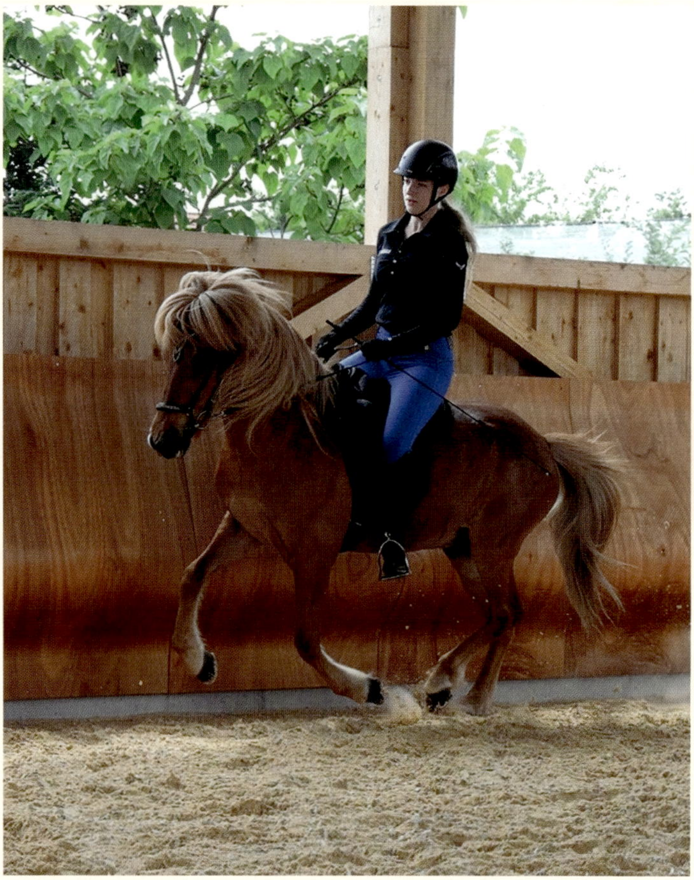

91 Schulterherein – Volte – Travers

Diese Übung kannst du überall machen, wo du eine äußere Begrenzung findest. Das kann im Gelände auch ein liegender Baumstamm sein.
Sie ist gut geeignet, um das Pferd an traversartige Bewegungen heranzuführen: d.h. dein Pferd lernt, sich zu seiner gebogenen Seite hin zu bewegen. Das Gleichgewicht wird geschult.

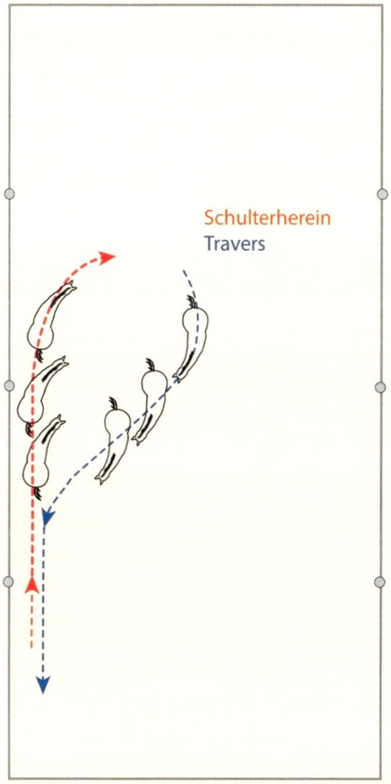

Nachdem du dein Pferd schon etwas aufgewärmt hast, beginnst du, Volten und später Schulterherein zu reiten.
Mit der eigentlichen Übung startest du dann, wenn dein Pferd bereits locker und willig diese Vorübungen ausführt.
Du reitest auf der rechten Hand Schulterherein (nach rechts gebogen). Wenn sich dies gut anfühlt, reitest du mit der vorhandenen Biegung in eine Volte.
Etwa auf der Hälfte der Volte denkst du vermehrt an deine äußere Seite, vor allem an deinen linken Schenkel, und reitest dein Pferd vorwärts-seitwärts zurück zum Hufschlag bzw. zum Baumstamm.
Dein Pferd bleib dabei nach rechts gebogen. Es sollte sich nun in die Richtung der Biegung bewegen. Achte dabei darauf, dass du immer in deiner Balance bleibst und nicht versuchst, durch Drücken oder Ziehen dein Pferd zurück zur Bande zu bekommen. Dein Pferd soll weiterhin weich und willig bleiben.
Wenn es nicht sofort klappt, übst du weiter, bis es versteht, um was es dir geht. Bist du mit der Übung zufrieden, reitest du dein Pferd in der nächst höheren Gangart erst einmal vorwärts.

Wo
auf dem Reitplatz und im Gelände

Hilfsmittel
evtl. seitliche Begrenzung

Verbessert beim Pferd
das Gleichgewicht, die Dehnung der äußeren Seite

Hilft dem Reiter
die Schulter zu entspannen, eine gute Zügelverbindung herzustellen, gerade zu bleiben

Gangarten
Schritt, Trab, Tölt, Galopp

Du beginnst dann wieder mit Volten und Schulterherein, um dann die Schulterherein-Volte-Travers-Übung auf beiden Händen zu machen. Bei dieser Übung kannst du an die Bausteine von Centered Riding denken. Deine Balance ermöglicht es deinem Pferd, seinen Körper weich einzusetzen. Ist irgendwo ein Ungleichgewicht vorhanden, so führt dies zu Verspannungen. Das bedeutet wiederum, dass die Übung dann keinen gymnastischen Wert hat. Dann müssen die Grundlagen weiter geübt werden. Gerade bei solchen Aufgaben solltest du nicht verzagen, sondern dranbleiben und sie immer wieder angehen.

Achte darauf, dass dein Körper ein X darstellt; damit ist gemeint, dass du auf deiner linken Seite genauso lang bleibst wie auf deiner rechten. Hast du das Gefühl, du knickst auf einer Seite nach innen hin ab (dein Körper also eher wie ein K aussieht), so atmest du vermehrt auf diese Seite in deine Rippen hinein.

Die Körperachse des Reiters sollte nie stärker zur Seite geneigt sein, als die Körperachse des Pferdes.

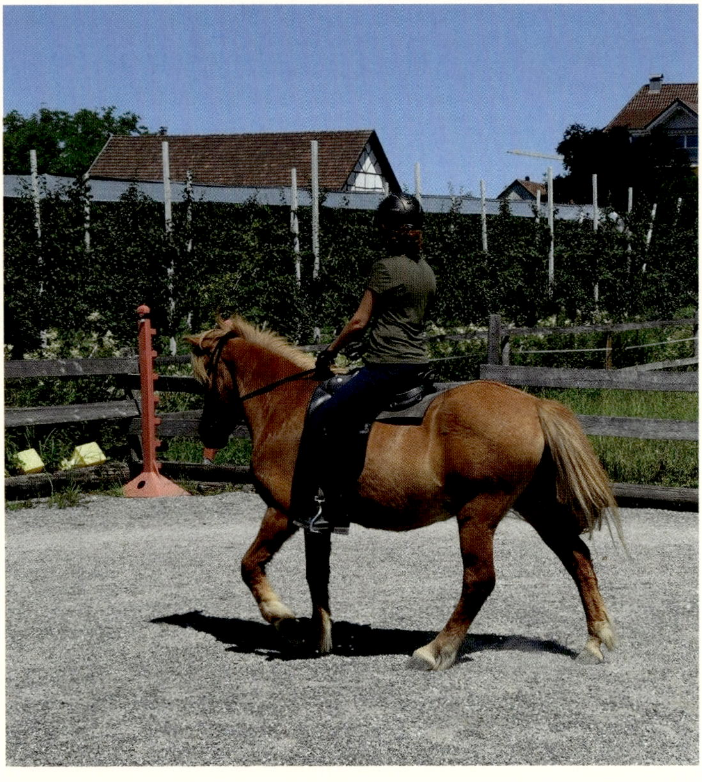

92 Im Leichttraben treiben

Durch diese Übungen kann sich dein Pferd im Rücken lockern und sozusagen fallen lassen, ohne dass es auf die Vorhand kommt. Es wird deinen treibenden Hilfen willig folgen, da du es besser spüren kannst.

Du reitest dein Pferd im Trab im Entlastungssitz. Kannst du deine Knie tanzen lassen?
Wenn du auf dem Platz reitest, solltest du vor allem an dein inneres Knie denken, das wirst du wahrscheinlich am deutlichsten spüren.

Wenn du beide Knie richtig tanzen lassen kannst, beginnst du mit dem Leichttraben. Um dein Pferd gut vorwärts zu treiben, kannst du Folgendes tun:
Jeweils beim Aufstehen kannst du das äußere Bein verlängern. Hierfür gibt es zwei Vorstellungsbilder:
Stelle dir vor, dass dein äußeres Bein bis auf den Boden reicht, in Richtung Sprunggelenk deines Pferdes.
Arbeite mit dem Bild, dass du beim Aufstehen jeweils mit der Ferse eine Zigarette auf dem Boden ausdrückst (für diese Vorstellung sind Zigaretten brauchbar, ansonsten haben sie im Stall und im Sport natürlich nichts verloren).

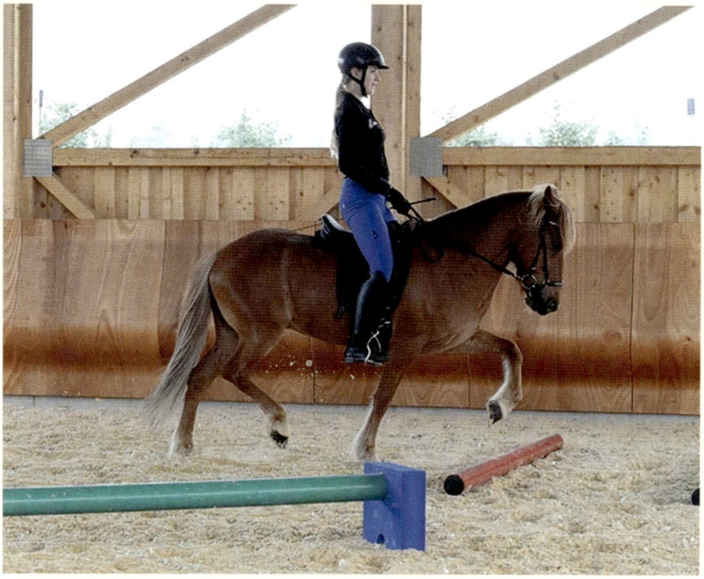

Wo
auf dem Reitplatz und im Gelände

Verbessert beim Pferd
die Losgelassenheit, die Haltung

Hilft dem Reiter
das Pferd besser zu spüren, effektiver zu treiben

Gangarten
Trab

93 Balance üben

Auf dem richtigen Fuß leichttraben

Wo
auf dem Reitplatz und im Gelände

Verbessert beim Pferd
die Balance, den Takt

Hilft dem Reiter
sich besser auszubalancieren

Gangarten
Schritt, Trab

Unsere Balance, das ist die Idee der Bausteine des Centered Ridings!

Diese Übung ist hilfreich für jemanden, der nicht gleichmäßig sitzt. Kannst du die Übung einwandfrei ausführen, zeigt dies, dass du deine ›Bausteine‹ gut aufeinander ausgerichtet hast. Dein Pferd wird folglich gleichmäßig von dir belastet und kann dadurch deinen Anweisungen mühelos folgen.

Nachdem du dein Pferd gut im Schritt warmgeritten hast, beginnst du mit dem Trab und trabst dabei leicht. Nun sitzt du alle drei Tritte um. Mache dies eine Weile; wenn es zu chaotisch wird, wechselst du anfangs nur alle fünf Tritte, oder nur dann, wenn es für dich passt.
Achte einmal darauf, wann du umsitzt? Vermutlich dressurmäßig immer beim Aussitzen (indem du zwei Takte sitzenbleibst)?
Kannst du auch beim Aufstehen umsitzen (indem du zweimal oben mitfederst)? Mache dies alle drei Tritte. Wie hat sich das angefühlt? Das Umsitzen beim Aufstehen ist für das Pferd meist angenehmer und fördert eine bessere Balance beim Reiter.

Stolperfallen beim Leichttraben

Eine nicht zielführende Angewohnheit vieler Reiter ist das ›Nach-unten-Schauen‹ beim Leichttraben, um zu überprüfen, ob man auf dem richtigen Fuß ist.
Ich muss zugeben, auch ich habe dies irgendwann mal so gelernt. In Stresssituationen schaue ich heute noch beim Antraben nach unten – merke es dann im selben Moment und könnte mich jedes Mal dafür ohrfeigen, weil ich es ja eigentlich besser wissen müsste ... Aber da sieht man, wie lange es dauert, schlechte Angewohnheiten wirklich abzulegen!

Durch dieses Nach-unten-Schauen werfen wir unser Pferd regelrecht aus der Balance. Ein guter Start in den Trab wird verhindert, da sich das Pferd damit beschäftigen muss, uns im Gleichgewicht zu halte, statt sich optimal zu bewegen

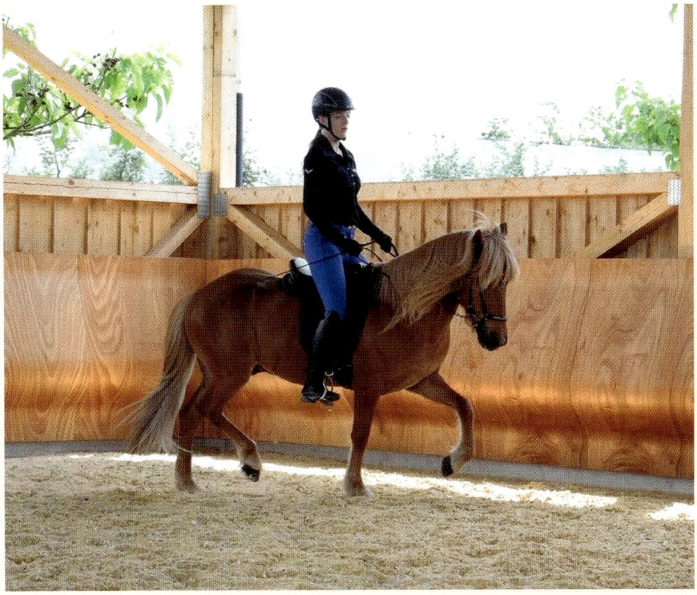

Mach's besser:

Diese Übung hilft dir dabei, dein Pferd beim Leichttraben gut zu spüren. Wenn du also in Zukunft antrabst, achte darauf, wie sich dein Pferd anfühlt.

Fühlt es sich falsch an,

sei es, weil dein Pferd kaum durch die Kurven kommt,
sei es, weil es dir davonrennt,
sei es, weil es wie mit angezogener Handbremse läuft,
... so wechsle einfach mal den Fuß.
Hast du danach das Gefühl, dein Pferd findet mehr Takt, läuft ›aufrechter‹? Dann ist es zuerst wohl der ›falsche Fuß‹ gewesen. Bist du wiederum nicht zufrieden mit deinem Ergebnis, so wechselst du wieder zurück und vergleichst erneut.
So wirst du deinem Pferd im Trab eine große Hilfe sein.

94 Die Schneckennudel

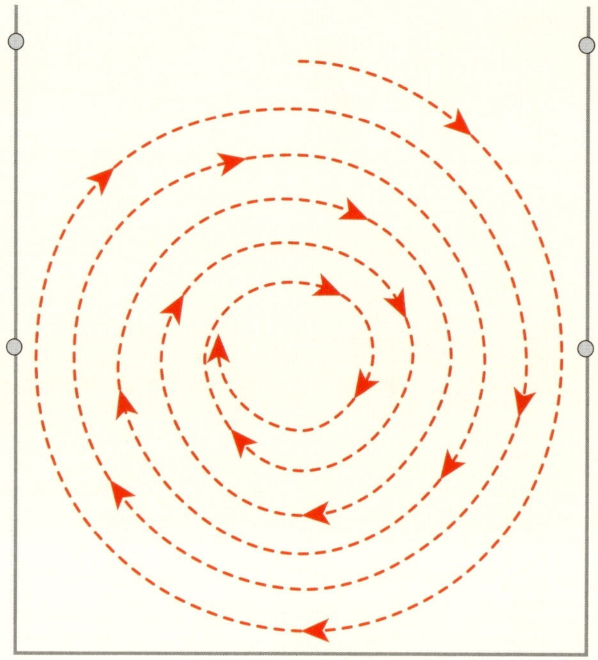

Wo

auf dem Reitplatz und im Gelände

Hilfsmittel

Pylonen

Verbessert beim Pferd

die Geschmeidigkeit, die Geraderichtung; Vorbereitung auf die Seitengänge, traversartige Bewegunen

Hilft dem Reiter

die Traversbewegung zu verstehen

Gangarten

Schritt, Trab

Diese Übung verbessert die Geschmeidigkeit, hilft beim Geraderichten und bereitet auf die Seitengänge vor. Pferd und Reiter lernen die Traversbewegung kennen und können diese auf eine einfache Art und Weise üben.

Unschlagbar, wenn es frisch geschneit hat! Der frische Schnee zeigt dir, wie rund du geritten bist. Die Schneckennudel ist eine gute Übung zum Aufwärmen und zugleich eine super Gymnastik, die auch dem Pferd Freude macht, ohne es ins Schwitzen zu bringen. Was besonders bei Minustemperaturen ja ein Problem sein kann. Man kann, wenn man ordentlich auf beiden Seiten arbeitet, nahezu eine Stunde reiten. Nutzt man die Übung lediglich zum Aufwärmen, kann man sie entsprechend abkürzen.

Du reitest einen Zirkel. Dann gehst du nach innen auf den 2. Hufschlag und reitest dort eine Runde. Danach gehst du weiter nach innen auf den 3. Hufschlag. Und so weiter. Du reitest jeweils eine Runde, dann eine Spurbreit hinein, bis du dich irgendwann auf einem sehr engen Kreis befindest. Spüre immer, wie sich dein Pferd biegt. Vor allem in den engen Kreisen, kurz bevor du ganz nach innen kommst, bewegt sich dein Pferd traversartig. Du kannst dein Pferd beim Biegen unterstützen. Probiere aus, ob es dich besser versteht, wenn du den inneren Zügel nach innen zeigen lässt, oder wenn du die innere Hand etwas anhebst. Dehnt sich dein Pferd an den Zügel heran, so hast du eine Idee von Gewicht in der Hand, welches sich aber keinesfalls schwer anfühlen sollte.

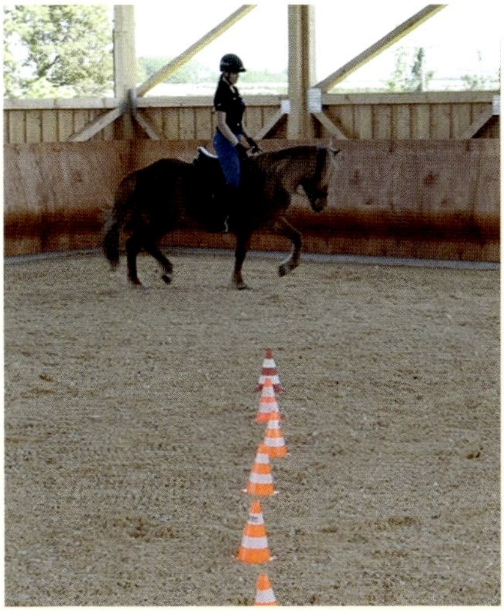

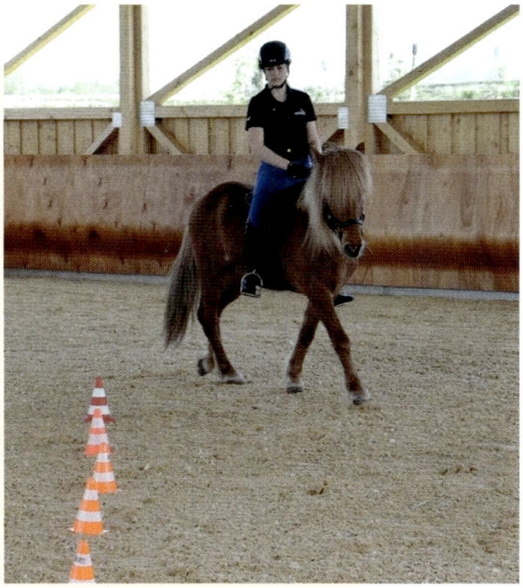

Achte darauf, dass du immer sofort nachgibst (Danke sagst), wenn dein Pferd dich verstanden hat und sich zum inneren Zügel hin dehnt. Zum Nachgeben lässt du deine Finger einfach weich werden.

TIPP

Das Nachgeben sollte nur beim Reitanfänger aus einer Bewegung der Hände in Richtung Pferdemaul bestehen. Kannst du dein Pferd bereits gut spüren, so kommt die eigentliche Zügelbewegung aus der Schulter. Ein Nachgeben geschieht, indem du den Ringfinger etwas bewegst.

Denke daran, dass du immer gut in deinem Gleichgewicht sitzt und beide Beine locker am Pferd herabhängen.
Bist du ganz innen angekommen, denkst du vermehrt an deinen äußeren Zügel und inneren Schenkel. Damit lässt du dein Pferd wieder Runde um Runde nach außen kringeln!
Lass dir bei der Übung viel Zeit. Wiederhole eine Runde, wenn du mit der Ausführung nicht zufrieden bist. Du gehst erst wieder enger, wenn dein Pferd den Takt und die Geschmeidigkeit wieder gefunden hat.

95 Das Rückwärtsrichten erlernen

Wo
auf dem Reitplatz und im Gelände

Verbessert beim Pferd
die Losgelassenheit, die Hankenbeugung, die Aktivität der Hinterhand; bringt den Rücken nach oben

Hilft dem Reiter
rückwärts zu richten, ohne am Zügel zu ziehen

Gangarten
Halten, Schritt, Rückwärts

Oftmals vergessen wir vor lauter Vorwärtsreiten das Rückwärtsrichten. Dabei ist es eine sehr wertvolle Übung, bei der die Hinterhand unter den Schwerpunkt tritt und der Rücken des Pferdes sich wölbt. Wenn man es denn richtig macht …

Viele Pferde sträuben sich gegen das Rückwärtsrichten unter dem Sattel. Da stellt sich die Frage, warum? Oftmals sind es einfach eher selbstbewusste Pferde und das Thema Rangordnung ist vielleicht noch nicht ganz besprochen. Manchmal hat das Pferd aber auch ein körperliches Problem, und dann muss man da aufmerksam bleiben. Unter Umständen zwängt auch der Sattel das Pferd zu sehr ein, wenn es den Rücken wölben möchte!

Egal wie, du beginnst immer zuerst am Boden. Ein Pferd vom Sattel aus zum Rückwärtsrichten zu zwingen, bringt nichts außer Diskussionen, die dann in einem weggedrückten Rücken enden würden.
Dabei kann es einfach auch nur sein, dass das Pferd unser Signal nicht verstanden hat.
Du hältst dein Pferd an, drehst dich zu ihm hin um, wechselst die Gerte in die andere Hand und gibst ein Stimmkommando. Ein aufmerksames Pferd geht sofort rückwärts, da du ihm ja ›im Weg stehst‹. Zur Unterstützung kannst du es mit dem Gertenknauf an die Brust tippen und das Kommando wiederholen. Das Rückwärtsrichten muss auf alle Fälle am Boden flüssig klappen, bevor du dich aufs Pferd setzt und es ›von oben‹ versuchst. Dein Pferd muss wirkliches Vertrauen zu dir haben.

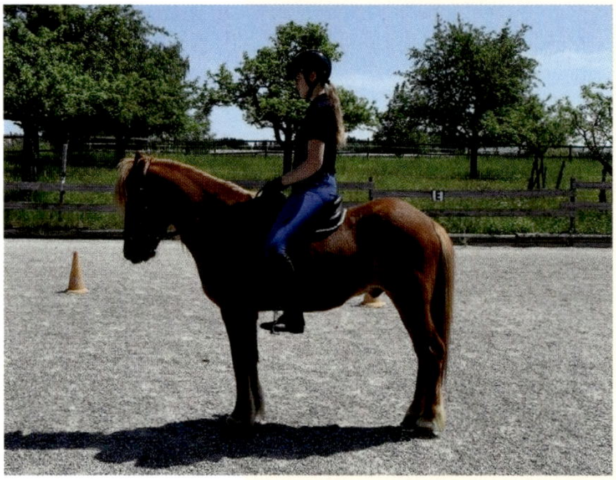

Wenn du dann das Rückwärtsrichten im Sattel probierst, ist es sinnvoll, das Pferd z. B. auf einen Zaun, einen Baumstamm oder ein anderes Hindernis zuzureiten. Dann hältst du an und nimmst beide Zügel leicht an. Wichtig ist, dass deine Zügel nicht zu lang sind, damit du nicht ins Ziehen kommst. Dadurch würdest du dich selbst ins Hohlkreuz setzen und deinem Pferd wird es unmöglich, den Rücken nach oben aufzuwölben. Du selbst musst immer lässig bleiben. Denke daran, dass auch beim Rückwärtsrichten ein Vorwärtsdenken dabei sein muss. Wenn also dein Pferd zunächst nur eine kleine Rückwärtstendenz zeigt und gleich wieder vorwärts geht, so lobe es und es ist gut. Arbeite dich Stück für Stück vor. Verlange immer ein bisschen mehr und lobe das Pferd sofort, wenn es eine Rückwärtstendenz zeigt, sodass es versteht, was du von ihm möchtest. So wird es nach und nach immer eifriger rückwärtstreten.

Bringe das Rückwärtsrichten immer wieder in dein Reiten oder deine Bodenarbeit mit ein. Die gute Ausführung ist nur eine Übungssache.

96 Schwung durch schnelle Übergänge

Diese Übung verbessert die Schwungentwicklung und mit der Zeit auch die Lastaufnahme mit der Hinterhand. Eher triebige Pferde werden aufmerksam und wach.
Besonders gut lässt sich dies auf einem Zirkel üben, da du dich dabei ganz auf deine Übung konzentrieren kannst. Ansonsten kann man die Übung überall einbauen, auch auf einem Ausritt.

Nachdem du dein Pferd gut aufgewärmt hast, reitest du im Trab oder Tölt. Dann machst du Übergänge zum Schritt und wechselst nach wenigen Schritten direkt wieder in die höhere Gangart. Achte darauf, dass du den Übergang zum Schritt durch halbe Paraden gut vorbereitest. Bereits beim Durchparieren denkst du an die Hinterhand deines Pferdes. Dann reitest du drei Schritte Schritt und trabst direkt wieder an. Atme dabei. Zum Durchparieren denkst du ans Ausatmen. Beim Antraben denkst du ans Einatmen.

Sollte dein Pferd hierbei zu eifrig werden, so versuche die Übergänge weicher zu machen. Du kannst die Trabreprisen etwas länger ausdehnen, bis dein Pferd zur Ruhe kommt und dann erst wieder durchparieren zum Schritt. Zum Antraben machst du so wenig wie möglich. Du kannst zunächst mal ans Antraben denken. Wenn das nicht ausreicht, kannst du danach immer noch deutlichere Hilfen geben!

Wo
auf dem Reitplatz und im Gelände

Verbessert beim Pferd
den Schwung, die Lastaufnahme mit der Hinterhand, das Vorwärts, die Aufmerksamkeit

Hilft dem Reiter
feine Hilfen zu geben

Gangarten
Schritt, Trab, Tölt, Galopp

Macht sich dein Pferd etwas fest, dann denkst du mehr an dich selbst; erinnere dich daran selber locker und lässig zu bleiben. Bewege deine Gelenke ein wenig, vor allem deine Fußgelenke.
Bei Pferden, die sich gerne etwas bitten lassen, achte darauf, die Übergänge richtig zackig zu reiten. Vielleicht nimmst du ein Stimmkommando dazu.

Zwischendrin parierst du immer mal wieder zum Halten durch oder legst eine längere Schrittpause ein, damit dein Pferd nicht automatisch die Übung abspult, sondern immer gut auf dich hört.

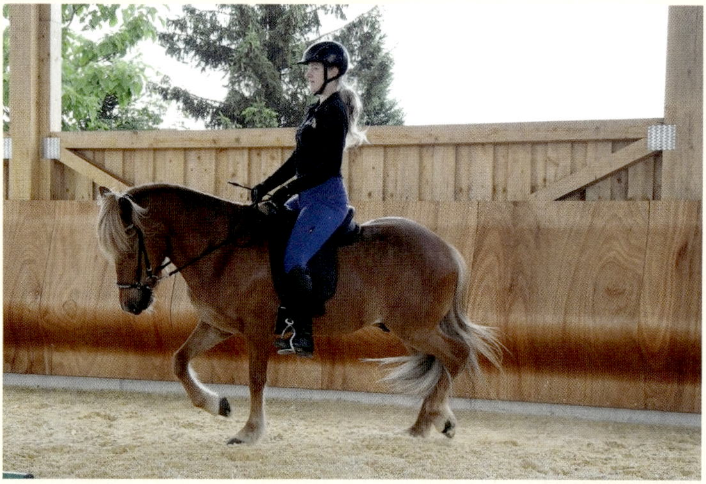

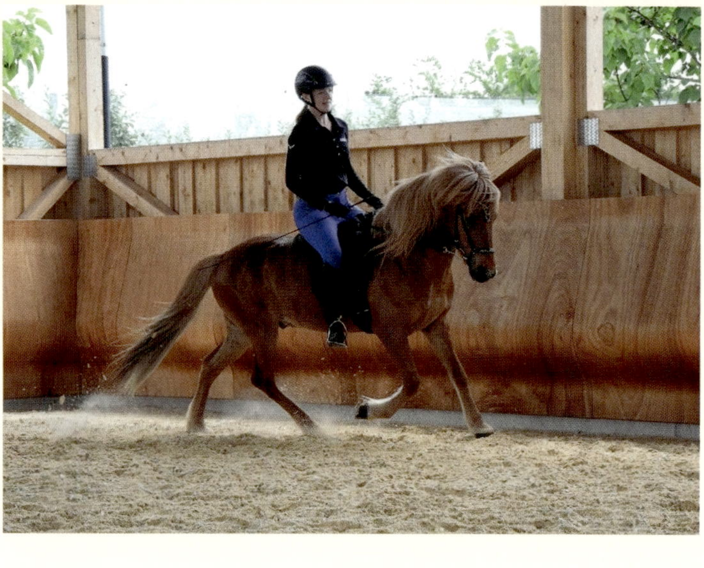

97 Durch richtiges Atmen …

… den Trab und Galopp verbessern

Zur Vorbereitung kannst du dein Pferd anhalten und deine Sitzknochen spüren. Du kannst dazu eine Hand mit dem Handrücken nach oben unter eine Gesäßhälfte legen. Spürst du den Sitzknochen? Dann vergleichst du, wie sich der Sitzknochen auf der anderen Seite anfühlt.
Nun reitest du im Schritt und lässt die Bewegung, die dein Pferd mit deinen Sitzknochen macht, auf dich wirken. Kannst du fühlen, wie sich die Sitzknochen abwechselnd vor- und zurückbewegen?
Nimm dir Zeit, die Bewegung deines Pferdes zu spüren.
Stoppe deinen Atem und schaue wie sich dein Körper nun anfühlt. Dann atmest du bewusst weiter und beobachtest, wie deine Sitzknochen von deinem Pferd bewegt werden.

Stell dir bei jedem Ausatmen vor, wie dein Atem vom Atlas aus innen an deiner Wirbelsäule nach unten fließt. Das hilft dir auch, zentriert zu bleiben.
Um einen Unterschied zu spüren, kannst du einmal deinen Atem außen an der Wirbelsäule entlang fließen lassen. So wird der Oberkörper steif; das ist es nicht, was wir wollen.
Halte wieder an und konzentriere dich nun im Halten, während du bewusst ein- und ausatmest, auf deine Sitzknochen. Kannst du spüren, wie sich diese bewegen, sobald du richtig atmest?

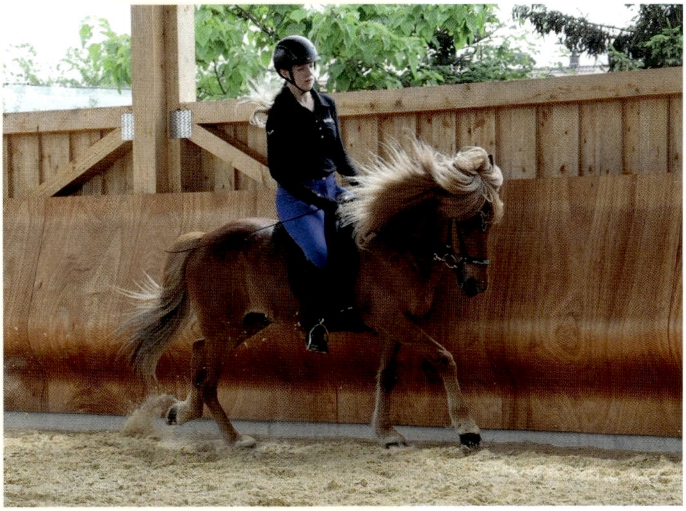

Später im Trab zählst du beim Leichttraben mit: UND EINS, UND EINS, UND EINS, so bekommst du einen gleichmäßigen Takt durch die Art deines Leichttrabens. Du gibst deinem Körper vor, dass er genauso schnell aufstehen wie er einsitzen soll.

Wo
auf dem Reitplatz
und im Gelände

Verbessert beim Pferd
die Losgelassenheit, den Takt

Hilft dem Reiter
gleichmäßig zu atmen,
losgelassen zu bleiben,
den Takt zu halten

Gangarten
Schritt, Trab, Tölt, Galopp

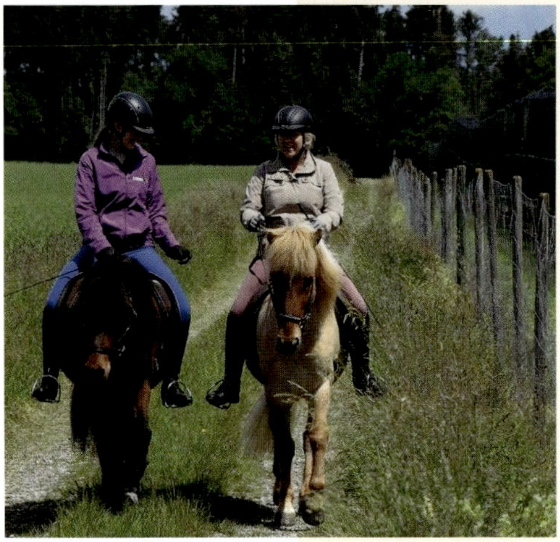

Schließlich kannst du dann im Takt atmen, z.B. so: 1, 2, 3 (hier einatmen) - 1, 2, 3 (hier ausatmen). Und so weiter. Wer mag, kann auch ein Lied im Takt singen, auch das hilft dir beim gleichmäßigen Weiteratmen.

Im Galopp kannst du die Sprünge zählen. Und z.B. laut vor dich hinsagen: Ta tam - Ta tam - Ta tam usw. Gerade im Galopp ist es fürs bessere Sitzen hilfreich, wenn man redet oder singt! Zu schnell werden wir hier fest im Körper und atmen nicht mehr richtig.

98 Mit der Kugel reiten ...

... Dein Körper als Geduldsspiel

Wo
auf dem Reitplatz und im Gelände

Verbessert beim Pferd
die Losgelassenheit, den Takt, die Reaktion auf die Hilfen

Hilft dem Reiter
aus der Körpermitte zu reiten, feine Hilfen zu geben, sich zu zentrieren; entwickelt das Gefühl, mit dem Pferd eine Einheit zu bilden

Gangarten
Schritt, Trab, Tölt, Galopp

Du kannst überall mit der Kugel in deiner Körpermitte reiten.
Dieses Vorstellungsbild fördert den Takt, das Reiten aus der Körpermitte und das Gefühl, dass du mit deinem Pferd eine Einheit bildest (siehe auch Zentrieren).
Auf dem stehenden Pferd stellst du dir vor, in deiner Körpermitte wäre eine Kugel: Du kannst eine Hand auf den Bauch legen, mit dem Daumen etwa auf Höhe des Bauchnabels. Die andere Hand liegt auf dem Rücken auf gleicher Höhe. Stell dir vor, du würdest die Kugel zwischen deinen Händen halten. Gib der Kugel in Gedanken Eigenschaften: Wie groß ist sie, welche Farbe und Beschaffenheit hat sie?

Lass die Kugel sich bewegen: ein wenig nach vorne, ein wenig nach hinten, etwas nach rechts, etwas nach links. Du kannst die Bewegung kleiner werden lassen, bis du die Mitte gefunden hast. Hierbei kannst du an die kleinen Geduldsspiele denken, die in der Mitte einer Platte eine Vertiefung haben, in die durch leichtes Kippen der Platte eine Kugel hineingerollt werden soll.
Reite nun im Schritt und wiederhole die Übung, mit der Kugel deine Mitte zu finden. Du kannst auch mit Hilfe deiner Kugel anhalten und wieder anreiten.

Diese Kugel hat etwas mit Energie zu tun. Stelle dir vor, wie die Kugel sich dreht. Beim Reiten dreht die Kugel sich rückwärts.
Nun kannst du dir vorstellen, wie du viele Bögen und Schlangenlinien mit der Kugel reitest. Die Kugel dreht sich dabei mit. So wie du es auf dem Bild sehen kannst. Probiere es aus.
Wenn du denkst, die Drehrichtung ist einerlei, dann probiere es aus: Drehe deine Kugel in die falsche Richtung, nämlich nach vorne. Merkst du was passiert? Vermutlich wird dein Pferd vorne schwerer und es bewegt sich schneller oder langsamer. Es kommt auf die Vorhand.
Drehe deine Energie (die Kugel) nun wieder in die richtige Richtung!

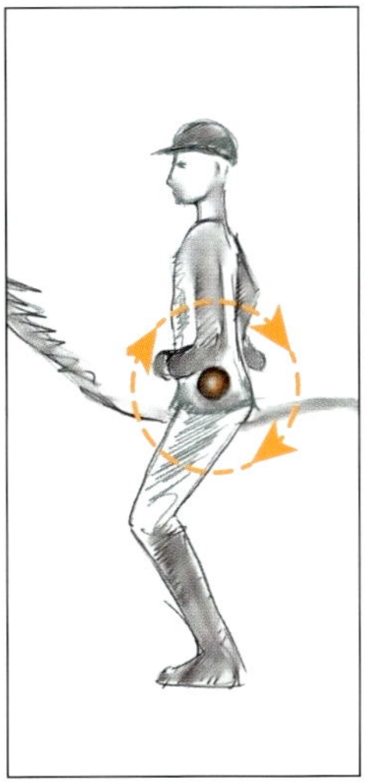

Wenn dies gut geklappt hat, dann machst du mit der Kugel Tempounterschiede im Schritt.
Später verkürzt du die Schritte solange, bis dein Pferd anhält. All dies versuchst du mit der Kugel zu erreichen. Falls du irgendeinen Unwillen von deinem Pferd spürst: Denke sofort an dich selbst und spüre deine innere Kugel. Übe dieses ›Einfangen‹ so lange, bis du ein gutes Gefühl dafür entwickelt hast.
Die Kugel kann sich auch in sich drehen. Das nutzt du, um seitwärts zu reiten.
So kannst du mit der Kugel Schenkelweichen üben. Am einfachsten ist es, wenn du auf die Viertellinie abwendest und von da aus, mit dem Bild der Kugel im Kopf, das Pferd zur Bande zurück dem inneren Schenkel weichen lässt. Spüre, wie wenig du machen musst, wenn du das Bild der Kugel nutzt. Achte darauf, dass das Schenkelweichen ruhig und im Takt erfolgt.

Höre zu, was dein Pferd dir sagt. Klappt etwas nicht, liegt es meist daran, dass dein Pferd dich noch nicht richtig verstanden hat.

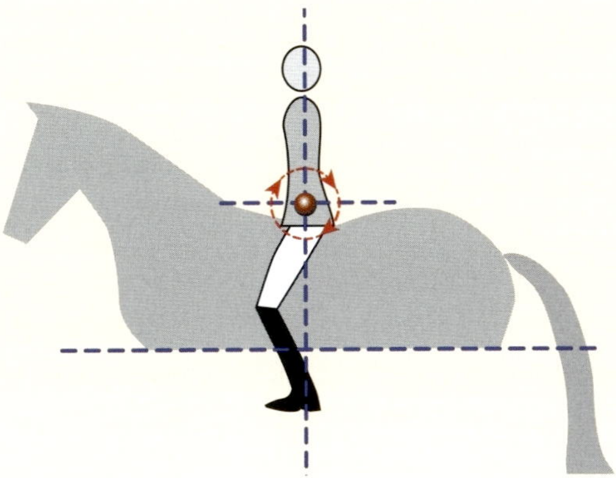

99 Übergänge sind alles!

Wo
Reitplatz

Verbessert beim Pferd
die Losgelassenheit, den Takt, die Aufmerksamkeit, die Reaktion auf die Hilfen, Koordination und Konzentration, die Balance, die Hinterhandaktivität

Hilft dem Reiter
aus der Körpermitte zu reiten, präzise, feine Hilfen zu geben, auf den Punkt zu reiten, sich besser zu konzentrieren und zu koordinieren

Gangarten
Schritt, Trab, Tölt, Galopp

Die Bedeutung des Reitens von guten Übergängen ist immens. Das vergessen leider viele Reiter in ihrem Alltag. Da ich immer so viele Menschen endlos im Kreis reiten sehe, hier eine nette Übung, damit es dir heute leichter fällt, an viele Übergänge zu denken.

Es ist kein Geheimnis, dass man durch das simple Reiten von Übergängen eine gymnastische Wirkung erzielt. Man bekommt das Pferd alleine durch die Tatsache, dass man Übergänge reitet, gesetzter und aufmerksamer. Zudem wird die Hinterhand aktiver.

Reite je nach Können, Lust und Laune einfach außen auf dem 1. Hufschlag, auf dem 2. oder auf dem 3. Hufschlag.
Aber Achtung: Nicht schummeln! Wenn du dich für den 2. oder 3. Hufschlag entscheidest, dann bleibst du schön in der Spur. Zur Unterstützung kannst du dir auch ein paar Hütchen rundherum in der Bahn aufstellen!
Die Übung wird im Schritt begonnen. Nun reitest du an jeder Seite (also 4-mal insgesamt) einen Übergang. Beginne mit ganzen Paraden. Die Stelle, an der du anhältst, bleibt dir überlassen. Es soll lediglich um die Qualität des Übergangs gehen. Nimmt man sich vor, an einem bestimmten Punkt anzuhalten, kommt es oft zu Hektik oder unschönem Reiten.
Achte beim Anhalten darauf, dass du dein Pferd durch halbe Paraden gut vorbereitet hast. Denke an dein Atmen, spüre deine Sitzknochen. Zum Anhalten selbst nimm gerne deine Stimme zur Hilfe. Mit einem schönen langgezogenen »Haaaalt« kannst du ein gutes Ausatmen erreichen und dein Pferd kann dich leichter verstehen!

Nun geht es weiter mit Schritt-Trab-Übergängen. An der einen Seite machst du einen Übergang zum Trab, dann an der nächsten einen Übergang zum Schritt usw.

Damit erreichst du, dass dein Pferd bei dir bleibt. Da die Übergänge unmittelbar aufeinander folgen, musst du dich sofort wieder auf den kommenden Übergang vorbereiten. Da du die ganze Seite hierfür zur Verfügung hast, entsteht aber eine feine Abfolge, ohne dass die komplette Übung hektisch wird. Wenn du dich selbst immer gut konzentrierst, wird dein Pferd sich mehr und mehr setzen und weder auf die Hand drücken, noch ins Rennen kommen.

Die Übung kannst du beliebig fortsetzen. Denke daran, immer wieder die Hand zu wechseln.
Mache dann Trab-Galopp-Trab-Galopp-Übergänge.
Oder Schritt-Trab-Galopp-Trab-Schritt-Trab-Galopp usw.
Schritt-Galopp-Schritt-Galopp usw.
Du kannst die Kombination auch beliebig anpassen, also z.B. Schritt-Galopp-Trab-Schritt-Trab-Galopp-Schritt. Dies fordert und fördert Koordination und Konzentration bei dir und deinem Pferd.

100 Das Pferd fühlen

Fühlen ist überhaupt das Stichwort fürs Reiten. Oftmals wird im Reitunterricht aber gar nicht von Fühlen gesprochen, da muss das Pferd immer nur dies und jenes tun.
Wir müssen uns aber immer bewusst bleiben, dass wir beim Reiten nichts erzwingen können.
Wir sollten erst lernen das Pferd zu fühlen, dann laden wir das Pferd ein, uns zu folgen!
Dies ist eine gute Übung, um besser mit dem Pferd zu kommunizieren. Du lernst, dein Pferd besser zu spüren.

Dem korrekten Anhalten muss ein großes Maß an Bedeutung gegeben werden. Das korrekte Anhalten auf allen vier Beinen ist ein Zeichen für ein gut ausgebildetes Pferd und für einen Reiter, der sein Pferd spüren kann. Das simple Anhalten, richtig ausgeführt, ist Gymnastik! Und diese dient dazu, dein Pferd gesund zu erhalten. Nicht umsonst wird dies bei jeder Reiterprüfung oder in jeder Dressurprüfung mit bewertet.

Ein junges Pferd wird immer offen anhalten, da es von Natur aus eine Schiefe mitbringt. Wenn wir uns nun auf ein nicht ausgebildetes Pferd setzen und an dieser natürlichen Schiefe nichts ändern, wird das nicht geschulte Pferd immer gleich (schief) anhalten. Dazu kommt nun unser

Wo
auf dem Reitplatz und im Gelände

Hilfsmittel
evtl. Spiegel, Helfer

Verbessert beim Pferd
die Reaktion auf die Hilfen, das Geraderichten, die Bauchmuskulatur

Hilft dem Reiter
besser mit dem Pferd zu kommunizieren, das Pferd besser zu spüren, das Pferd geradezurichten

Gangarten
Schritt, Trab, Tölt, Galopp

Reitergewicht. Man kann sich vorstellen, dass diese Schiefe sich mit dem zusätzlichen Gewicht immer mehr ausprägt. Das Pferd wird irgendwann gesundheitliche Probleme bekommen. Dies ist auch der Grund, warum ein Schulpferd immer wieder Korrektur geritten werden muss! Nur so kann pferdegerechter Reitunterricht ausgeführt werden.

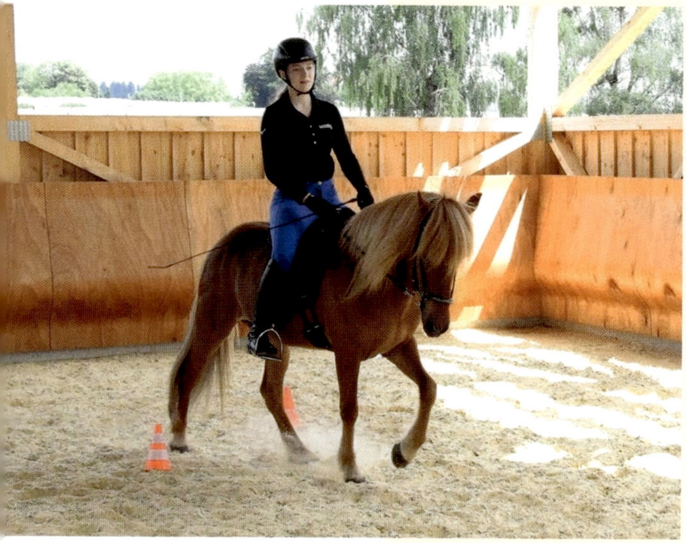

Dabei ist es recht einfach, die Hinterbeine zu spüren, man muss es nur ein wenig üben.
Bei dieser Übung ist es hilfreich, einen Reitplatz-Spiegel oder aber auch eine zweite Person dabei zu haben, die einen unterstützt. Diese muss kein Reiter sein!

Du reitest dein Pferd im Schritt warm und achtest dabei ganz besonders auf dein inneres Bein. Kannst du spüren, wie sich der Pferdebauch bewegt? Dann hältst du dein Pferd an.
Bleib nun ganz ruhig sitzen. Kannst du erahnen, wie dein Pferd mit seinen Vorderbeinen dasteht? Steht es mit beiden Beinen geschlossen nebeneinander? Wenn du keinen Helfer oder Spiegel hast, kannst du ganz vorsichtig nach vorne auf die Pferdeschulter herabschauen. Steht die Schulter links und rechts auf gleicher Höhe, stehen auch die Vorderbeine parallel.
Reite wieder im Schritt an und wiederhole die Übung.

Nun wird es etwas anspruchsvoller: Jetzt interessieren uns die Hinterbeine deines Pferdes. Achte bereits beim Anhalten darauf, was du spürst, eventuell kannst du bereits spüren, wie dein Pferd die Hinterbeine zum Stand bringt? Wenn nicht, ist es auch nicht schlimm, das kann man üben!

Es ist zugegebenermaßen eine kleine Herausforderung, wenn du nun keinen Helfer oder Spiegel hast, aber du kannst dir als weitere Option auch eine Kamera (bzw. das Handy) auf einen Pfosten oder die Bande stellen und dich selbst filmen. Dann bekommst du zumindest im Nach-

hinein ein Feedback, ob deine Einschätzung richtig war. Ansonsten heißt es: Fühlen, Fühlen, Fühlen!
Also: Bereits beim Anhalten versuchst du dir ein Bild zu machen, was genau du spürst. Vielleicht spürst du die Hinterbeine am Bauch deines Pferdes, vielleicht spürst du die Bewegung am Oberschenkel besser oder mit deinen Sitzknochen? All dies ist korrekt und möglich, es ist dein Gefühl!

Dein Pferd steht nun ruhig? Dann denke daran, dass du ebenfalls ruhig sitzen musst. Nun überlegst du dir, wo die Hinterbeine deines Pferdes stehen. Hast du das Gefühl, dass das innere Hinterbein weiter vorsteht? Dann würde dein Pferd wohl, wenn du losreitest, mit dem äußeren Hinterbein beginnen, richtig?

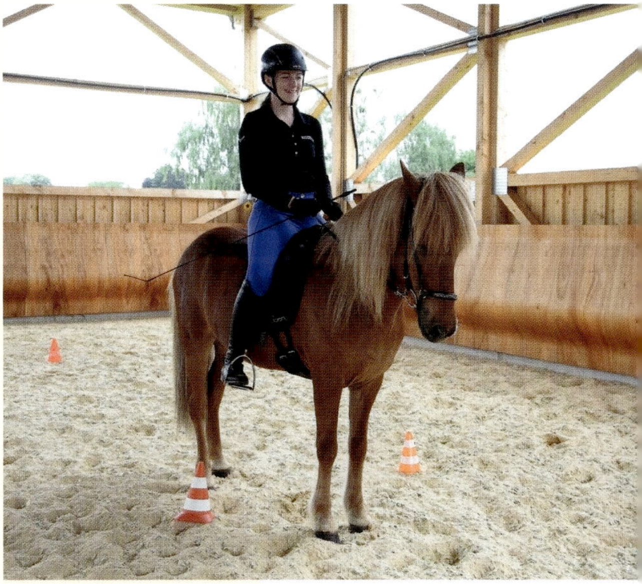

Also machst du die Probe: Du treibst dein Pferd mit deinem äußeren Schenkel. Geht das Pferd sofort los, hast du die Bewegung an deiner äußeren Seite gespürt? Dann war also deine Vermutung richtig! Bleibt das Pferd stehen, lässt sich sehr bitten und tritt dann schlussendlich eventuell mit dem anderen Bein an?

Wiederhole dies einige Male. Hält dein Pferd immer auf dieselbe Art und Weise an? Das ist gut, denn nun hast du einen guten Ansatz, wie du dein Pferd mehr ins Gleichgewicht bringen kannst.
Irgendwann wirst du die Hinterbeine deines Pferdes so gut spüren, dass du es auffordern kannst, immer mit beiden Hinterbeinen gleichmäßig unter den Körper zu treten.

Dann hast du beim Anreiten die Wahl! Welches Hinterbein soll beginnen? Es reicht aus, nur an dieses Bein zu denken, damit dein Pferd losgeht. So bist du in der Lage, dein Pferd beim Anhalten und Anreiten bereits so zu reiten, dass es Bauchmuskeln bilden kann. Diese braucht es, um dich tragen zu können!

TIPP

Treiben heißt nicht unbedingt, dass du etwas tun musst. Bei einem gut ausgebildeten Pferd reicht der Gedanke an deinen Schenkel oftmals aus. Erlaube deinem Pferd, auf feine Hilfen zu reagieren. Erst wenn das Pferd nicht reagiert, gibst du einen Impuls mit dem Schenkel. Dein Pferd kann so besser auf deine Hilfen reagieren, da du sie auf diese Weise sehr gezielt geben kannst! Musst du hingegen anfangs noch sehr viel mit dem Bein machen, so verwende besser die Gerte hierfür! Die Gerte sagt deinem Pferd: »Los geht's«, ohne dass du grobe Dinge mit deinem Körper machen musst. Denn ein Schenkeleinsatz, der mehr als ein kurzer Impuls ist, führt uns nicht zum Ziel.

101 Angaloppieren aus dem Schritt

Wo
auf dem Reitplatz und im Gelände

Verbessert beim Pferd
die Reaktion auf die Hilfen

Hilft dem Reiter
besser mit dem Pferd zu kommunizieren, präzise und feine Hilfen zu geben

Gangarten
Schritt, Trab, Tölt, Galopp

Zum Aufwärmen eignet sich für diese Übung Schulterherein. Abwechselnd mal nach links, mal nach rechts. Dabei kannst du dir vorstellen, dass du auf einer Uhr sitzt! Die Uhr zeigt auf 12 Uhr, wenn du geradeaus reitest. Wenn du Schulterherein reitest, zeigt die Uhr hingegen auf 1 oder 2 Uhr, wenn du nach rechts reitest, und auf 11 oder 10 Uhr wenn du nach links reitest.

Danach reitest du weiter im Trab.
Sobald du soweit bist, dass du mit Galopp beginnen kannst, hältst du an und lässt dein Pferd ein paar Tritte rückwärts treten. Beim Rückwärtsrichten denkst du bereits an das äußere Bein und reitest direkt im Schritt wieder los. Das Wichtigste hierbei ist, dass sowohl das Rückwärtsrichten als auch das Anreiten fließend erfolgen. Du kannst die Tritte/Schritte z.B. laut mitzählen. Eins, zwei, drei, vier (für rückwärts) – eins, zwei, drei, vier (für vorwärts).

Danach machst du dasselbe, DENKST aber beim Anreiten im Schritt bereits an Galopp! Sollte dein Pferd hierbei sofort mitgehen und angaloppieren, statt erst Schritt zu gehen, so ist das ein gutes Zeichen: Es hat deine Absicht richtig verstanden! Also keinesfalls in diesem Moment korrigieren, sondern eher loben.

Die Korrektur erfolgt in Ruhe beim nächsten Versuch: Du achtest nun zusätzlich darauf, dass deine Zügelhände dem Pferd im Schritt sagen: »Jetzt noch nicht!«
Erst wenn du nachgibst, nachdem du deinem Pferd quasi gesagt hast, was als Nächstes kommt, galoppierst du tatsächlich an.
Spüre bereits beim Rückwärtsrichten das äußere Hinterbein. Zum Angaloppieren selbst gibst du mit dem inneren Schenkel lediglich einen Impuls.

TIPP
Trabt dein Pferd an, statt anzugaloppieren, so hat es noch nicht verstanden, dass es tatsächlich auch aus dem Schritt angaloppieren soll. Vielleicht schafft es den Schritt-Galopp-Übergang auch noch nicht unter dem Reiter. In diesem Fall treibst du in dem Moment, in dem du eigentlich angaloppieren wolltest, feinfühlig weiter, bis es in den Galopp übergeht. Dann mit der Stimme deutlich loben. Du kannst auch fürs Angaloppieren ein Stimmkommando verwenden, um dem Pferd die Aufgabe zu erleichtern.

Wiederhole nun die Übung auf beiden Händen mehrmals.

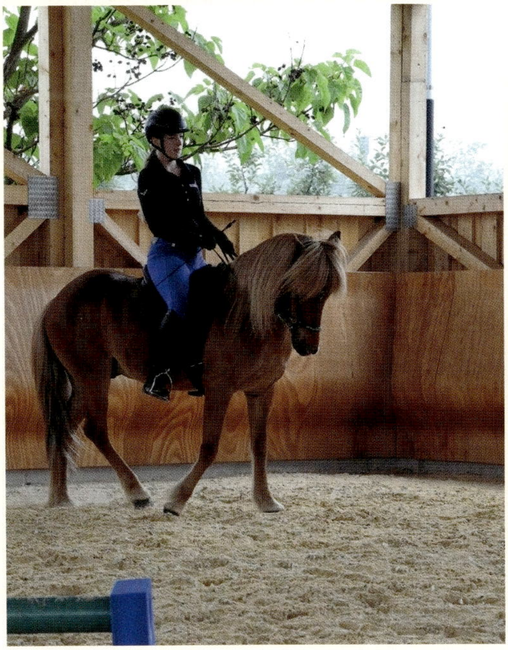

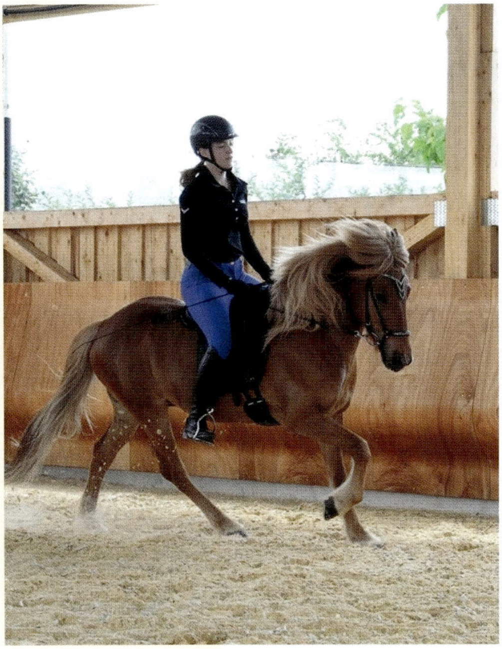

Zum Weiterlesen ...

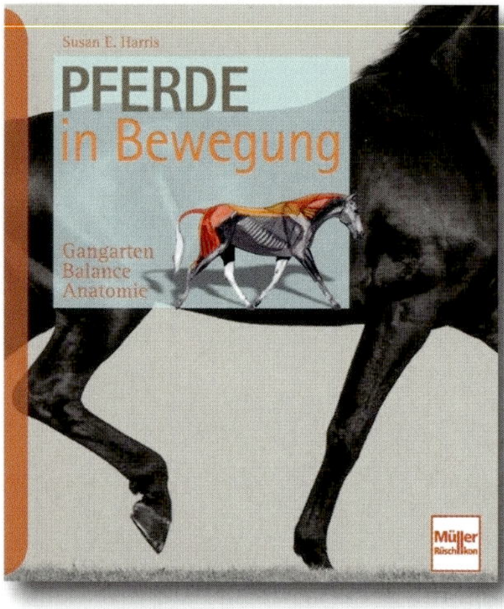

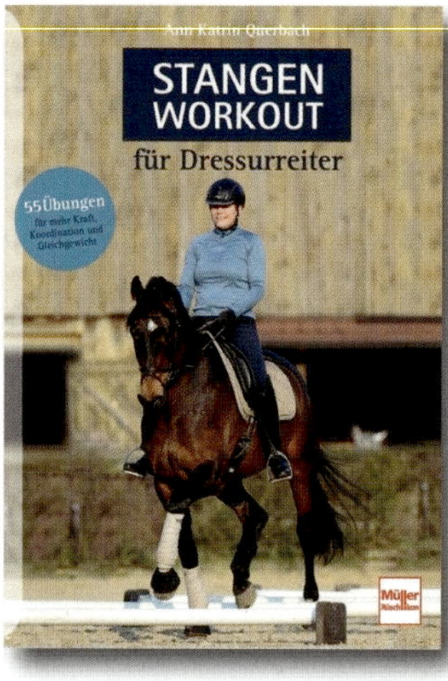

Ann Katrin Querbach
Stangen-Workout für Dressurreiter
55 Übungen für mehr Kraft, Koordination und Gleichgewicht
176 Seiten, 100 Bilder
ISBN 978-3-275-02195-6
€ 19,95 / € (A) 20,60

Susan E. Harris
Pferde in Bewegung
Gangarten – Balance – Anatomie
224 Seiten, 571 Bilder, 21 Strichzeichnungen
ISBN 978-3-275-02030-0
€ 34,90 / € (A) 35,90

Stand September 2022
Änderungen in Preis und Lieferfähigkeit vorbehalten

Überall, wo es Bücher gibt, oder unter
WWW.MUELLER-RUESCHLIKON.DE
Service-Hotline: 0711 / 78 99 21 51

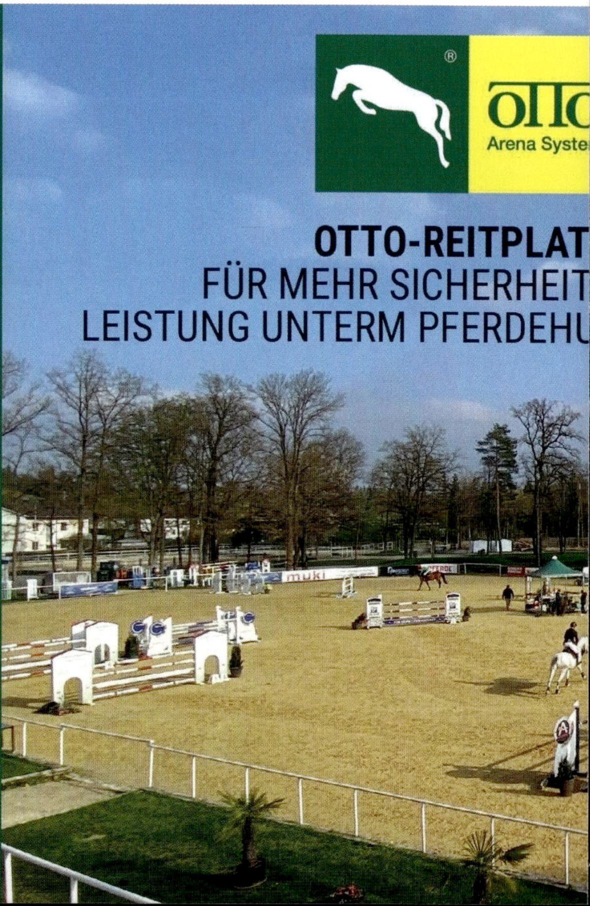